走近大音乐家
ZOU JIN DA YINYUEJIA

舒伯特

SHUBOTE

李丹丹 著

河北出版传媒集团
河北少年儿童出版社
·石家庄·

图书在版编目（CIP）数据

走近大音乐家. 2, 舒伯特 / 李丹丹著. – 石家庄：河北少年儿童出版社, 2024. 6. -- ISBN 978-7-5595-6807-6

Ⅰ. K815.76-49

中国国家版本馆CIP数据核字第2024B2K504号

PREFACE 前　言

如果把音乐比喻成一个神奇的艺术精灵，那么，音乐家就是它在人间的代言人。音乐家把自己的人生经历、生活感悟，化成一个个优美动听的音符，直击人们的心灵。

在西方音乐史上，有一位浪漫的"自由艺术家"，他在快乐时，创造出一首又一首美丽而忧伤的歌曲；在悲伤时，却谱写出情绪高昂、节奏明快的旋律。他就是鼎鼎大名的"歌曲之王"——舒伯特。

舒伯特是一位才华横溢、特立独行的音乐家。他出生在一个普通的教师之家，父亲、哥哥都是小学教师，收入低微，家境贫穷。但是，这个家庭里的每个人都对音乐情有独钟。

舒伯特从小就显露出卓越的音乐才华。他6岁学习乐谱，小学时就学会了钢琴、小提琴、风琴以及歌唱，11岁进入宫廷合唱团担任童声歌手，13岁就开始作曲，17岁写出了艺术歌曲《纺车旁的格丽卿》，18岁写出了不朽名曲《魔王》。21岁时，舒伯特为了能够专心作曲，不顾父亲反对，坚决辞去教师的职位，到维也纳做了一名"自由艺术家"。

在维也纳，舒伯特没有固定职业，居无定所，有时口袋里连一分钱也没有，经常吃了上顿没下顿，更是经常为买不起乐谱纸而发愁。虽然物质上非常贫穷，但是在精神上，舒伯特却是一个"富翁"。音乐的灵感总在冲击着他的脑海，优美的旋律随时随地都能从他的心底涌出，一首又一首动人的音乐作品在他的笔下诞生。

出众的音乐才华，很快为舒伯特吸引了无数朋友。他们围绕在舒伯特的身边，形成了"舒伯特小组"。在私人音乐会盛行的维也纳，舒伯特和他的朋友们打造了一个"舒伯特之夜"的小圈子。舒伯特的音乐从这个小圈子出发，飞向维也纳，飞向奥地利，飞向欧洲，飞向一切爱好音乐的人群。

在短短31年的生命历程中，舒伯特创作了1500余首音乐作品，包括歌剧、交响曲、管弦乐、室内乐、轻歌剧、歌曲以及序曲等音乐体裁。其中，仅仅歌曲的数量就超过600首，赢得了"歌曲之王"的称号。

按照世俗的眼光来看，舒伯特是不幸的。他的人生经历如此简单，一辈子没有奇遇，没有组建家庭，没有钱，经常入不敷出。他31岁便英年早逝，短暂的人生就像一首渐入佳境的乐曲，刚刚演奏到一半，就戛然而止，让亲人、朋友，以及无数热爱音乐的人们为之扼腕，唏嘘不已。

但是，舒伯特又是幸运的。他一生以音乐和朋友为伴，在音乐中尽情徜徉，在朋友们组建的小圈子里品尝成功的喜悦与失败的沮丧。他把人生的一切都留给了音乐，用天才和勤奋铸造了自己的"音乐王国"。

CONTENTS

目 录

第一章　琴声里的童年 / 001

　　天才的诞生 / 002

　　黄昏的家庭音乐会 / 004

　　一波三折的拜师路 / 008

　　命运的第一次转折 / 012

第二章　少年作曲家 / 019

　　痛并快乐的校园生活 / 020

　　推开古典音乐的大门 / 025

　　结交志同道合的朋友 / 027

　　雏鹰展翅 / 031

　　命运的第二次转折 / 034

第三章　峥嵘初显 / 039

　　加入教师行列 / 040

　　开启创作之春 / 043

　　《纺车旁的格丽卿》 / 047

　　《魔王》传奇 / 053

　　　　　原野上的小玫瑰 / 058
　　　　　命运的第三次转折 / 061

第四章 献身音乐 / 067
　　　　　自由艺术家生涯 / 068
　　　　　迈进创作之夏 / 072
　　　　　"舒伯特小组"和"舒伯特之夜" / 076
　　　　　青春明快的《鳟鱼》/ 081

第五章 成为"歌曲之王" / 085
　　　　　风靡奥地利 / 086
　　　　　迎来创作之秋 / 089
　　　　　失败的歌剧作者 / 093
　　　　　《未完成交响曲》的故事 / 097
　　　　　声乐套曲《美丽的磨坊姑娘》/ 101

第六章 在音乐中长眠 / 107
　　　　　奔向创作之冬 / 108
　　　　　和偶像贝多芬的友谊 / 112
　　　　　公开音乐会 / 116
　　　　　生命悲歌《冬之旅》/ 120
　　　　　人生绝响《天鹅之歌》/ 124
　　　　　是结束，也是开始 / 127

第一章

琴声里的童年

● 天才的诞生

在欧洲的多瑙河畔，有一座美丽的城市——维也纳。它是"欧洲的心脏"，也是闻名世界的"音乐之都"，还是我们的主人公——弗朗茨·舒伯特（Franz Schubert）的故乡。

1797年，弗朗茨·舒伯特出生于维也纳郊外的一个大家庭中。在舒伯特之前，这个家庭已经生育了十一个孩子，可惜只有三个活了下来。舒伯特是第十二个孩子。他出生时非常瘦弱，母亲一度担心他也活不下来。然而，舒伯特奇迹般地活了下来，成为这个家庭存活下来的第四个孩子。

舒伯特的父亲受过正规的师范教育，为了养家糊口，他用租来的公寓开办了一所学校，自己担任校长兼教师。舒伯特一家就住在学校的教职工宿舍。父亲的努力换来了丰厚的回报，在小舒伯特4岁那年，父亲买下了一栋独立的小房子，并在这里开设了一所新的小学。

这是舒伯特家的一件大事。

这不仅为小舒伯特提供了稳定的成长环境，还深深地影响

了父亲对舒伯特的人生规划。

童年的舒伯特,性格乖巧,长相普通。但是,父母很快察觉到了他的与众不同——超乎寻常的音乐天赋。

舒伯特小时候,常常到附近的一家钢琴作坊玩耍。看着作坊工人制作钢琴,小舒伯特常常幻想自己弹奏出美妙的乐曲。这样想着想着,他好像真的"听"到了旋律!

奇怪的是,附近并没有人在演奏。也就是说,这些旋律并不是外界真实存在的,而是舒伯特脑海中想象的旋律!

这真是一件奇妙的事情。

起初,舒伯特以为所有孩子都有这种奇妙的感受。但是,当他把这件事告诉哥哥或同龄朋友时，大家却都嘲笑他胡言乱语。对此，只有一个人相信他，那就是他的母亲。在母亲的鼓励下，小舒伯特持续不断地"听"到旋律。更奇妙的是，他不仅能"听"到，还能全身心地感知旋律。可是，他不知道怎么"抓住"这些旋律。

这时候，父亲给了他一个重要启示——学习。

6岁时，舒伯特进入父亲开办的小学，开始学习字母、数字和音符。

小舒伯特对音符尤其喜爱，他认读音符，抄写音符，开始把脑海中的音乐和纸上的音符联系起来。

很快，父亲又给了小舒伯特一把小提琴，手把手地教他通过演奏出这些音符，来感受旋律、理解音乐。

就这样，小舒伯特开始接触音乐，迈出了伟大作曲家的第一步。

● 黄昏的家庭音乐会

小舒伯特的父亲老舒伯特是一位清贫的教师，为了养活一大家子人，他不得不精打细算。但是，清贫的生活并未影响他对音乐的热爱。老舒伯特是一名资深的音乐爱好者。他多才多艺，擅长各种乐器，喜欢教孩子们学习音乐、弹奏乐器。小舒伯特的三位哥哥都跟着父亲上过"音乐启蒙课"。其中，小舒伯特的三哥学得最差，和母亲一样，没有音乐细胞。小舒伯特正好相反，从小就表现出超高的音乐天分。

很多乐曲，他演奏一遍就能记住。同样的乐器，在别人手里吱呀难听，在他手里却能流淌出优美的旋律。

很快，小舒伯特就可以独立演奏了。

父亲非常高兴，决定组建一个家庭乐队，全家人一起享受快乐的"音乐盛宴"。这支小小的家庭乐队，由四位家庭成员组成，包括两位哥哥、父亲和小舒伯特。其中，大哥和二哥分别拉第一小提琴和第二小提琴，父亲拉大提琴，小舒伯特拉中提琴。

这是一种非常经典的弦乐四重奏组合。虽然只有四种乐器，却构成了和谐、完美的音色，能够完整地演奏所有乐曲。四位成员，每位负责一件乐器，演奏一个声部。四个声部分别扮演不同的角色。弦乐四重奏在演奏时，有两个显著的特点。

特点一　分工明确，缺一不可。

第一小提琴，像是一位睿智又健谈的中年人，总是在聚会中滔滔不绝地发表高论；

第二小提琴，像是中年人的好朋友，低调、谦虚，附和中年人的观点，突出中年人的光彩；

大提琴，像是一位学识渊博、擅长总结的知识分子，对中年人的高论进行强调；

中提琴，像是一位善良又唠叨的女性，不管人们的话题是什么，她总要插嘴参与。

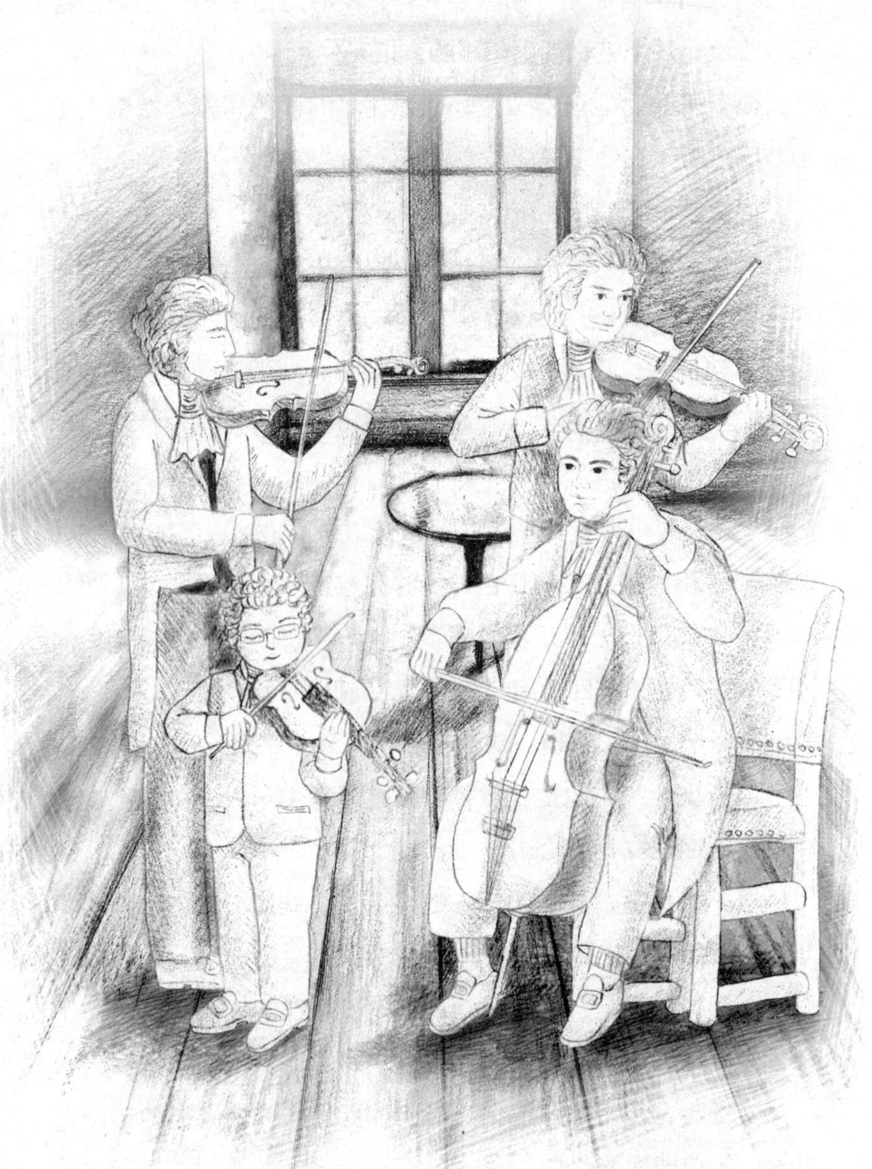

特点二　没有指挥，全凭默契。

弦乐四重奏，没有指挥。在演奏时，四个声部的组合全凭成员的自觉配合，非常考验乐手的默契度和配合度。成员在演奏的时候，要互相听、互相看，还要互相感受，及时调整自己的声部与其他成员相契合。弦乐四重奏的成员，一般都是彼此熟悉的人，比如，师生组合、同学组合、同事组合、家人组合等。

那么，小舒伯特家的弦乐四重奏表现怎么样呢？

两个哥哥的小提琴拉得欢快、活泼，有时候就像脱缰的野马，声音又响又随意。父亲的大提琴想要保持威严，他用尽全身力气压制两个过分活泼的小提琴，但有时力不从心。小舒伯特年龄最小，音乐天赋却最高，是整个家庭乐队的"灵魂"人物，在乐队里起着"领头羊"的作用。他的中提琴甜美、柔和、沉稳、有力地拉着其他三个伙伴，把或高或低的声音完美协调在一起，形成优美的合奏。

这样的合奏常常让母亲听得热泪盈眶，也让四位演奏者意犹未尽，回味无穷。

从此，这个家庭乐队每天黄昏或逢重要聚会时，都会奏响欢乐的乐章，一起享受美味的精神大餐。

在黄昏的音乐会上，有时候也会出现不和谐的声音——拉错音符。这通常是大提琴的责任。每当这个时候，小舒伯特就会第一时间喊："爸爸，出错了！"

这个小插曲，不仅没有影响大家的表演热情，反而让表演活动显得更加热闹、有趣了。

热闹的氛围、优美的旋律，调剂了小舒伯特枯燥无味的童年生活。音乐的种子在他心里悄悄地生根发芽，陪伴小舒伯特一路成长。

● 一波三折的拜师路

每一位伟大的作曲家背后，都有至少一位杰出的老师。舒伯特也不例外。

父亲，是小舒伯特的音乐启蒙老师。

舒伯特 6 岁开始在父亲开设的小学读书。老舒伯特既是校长，又是老师。他亲自教小舒伯特音符和乐谱。后来，还教授小舒伯特一门乐器——小提琴。小舒伯特学得又快又好。很快，他就可以独立演奏乐曲了。按照父亲的教学计划，小舒伯特还需要学习另一门乐器——钢琴。但是老舒伯特实在太忙了，他的教学计划完全跟不上小舒伯特的学习进度。老舒伯特只好把这个任务交给小舒伯特的大哥。

大哥，成为小舒伯特的第二位音乐老师。

大哥比小舒伯特大 12 岁，他的本职工作也是小学老师。小舒伯特上小学时，大哥已经毕业了，在父亲开办的学校当了一名助教。大哥接受"任务"后，开始教小舒伯特钢琴。但是几个月后，小舒伯特就拒绝了大哥的教导。因为大哥教导的知识，他早就自己学会了,而且比大哥弹得还要好。

大哥忍不住感慨:天哪,他真是个天才!天才,就像没有打磨的宝石,需要专业老师的指导,才能发出耀眼的光芒。父亲和大哥只能为小舒伯特进行业余音乐启蒙。但是,小舒伯特展现出来的音乐天赋太高了,必须得给他找一位专业的音乐老师。

于是,父亲向当地教堂的风琴师迈克尔·霍尔泽求助,请他指导小舒伯特学习音乐。霍尔泽先生不仅是风琴师,还是教堂儿童合唱团的领唱,他的音乐造诣可比小舒伯特的父亲高多了。

迈克尔·霍尔泽,成为小舒伯特的第三位音乐老师。

小舒伯特每周要到教堂跟随霍尔泽先生学习声乐、乐器演奏和音乐理论。

很快,霍尔泽先生从专业角度作出了判断:这是一个像莫扎特一样的音乐天才!

他发现小舒伯特简直就是一个天生的歌唱家。他的高音嘹亮、高亢,就像飞翔的云雀一样,能够升上高高的天空。霍尔泽先生只稍微指导了一下,小舒伯特就掌握了声乐技巧,成为教堂合唱团里当之无愧的高音第一人。

除了优美的高音,小舒伯特在乐器和音乐理论的学习上,也展现了极高的天赋。就连复杂的和声与高深的对位法,小舒伯特都能无师自通,举一反三。

到了后来,霍尔泽先生上课时,要么沉浸在小舒伯特演奏

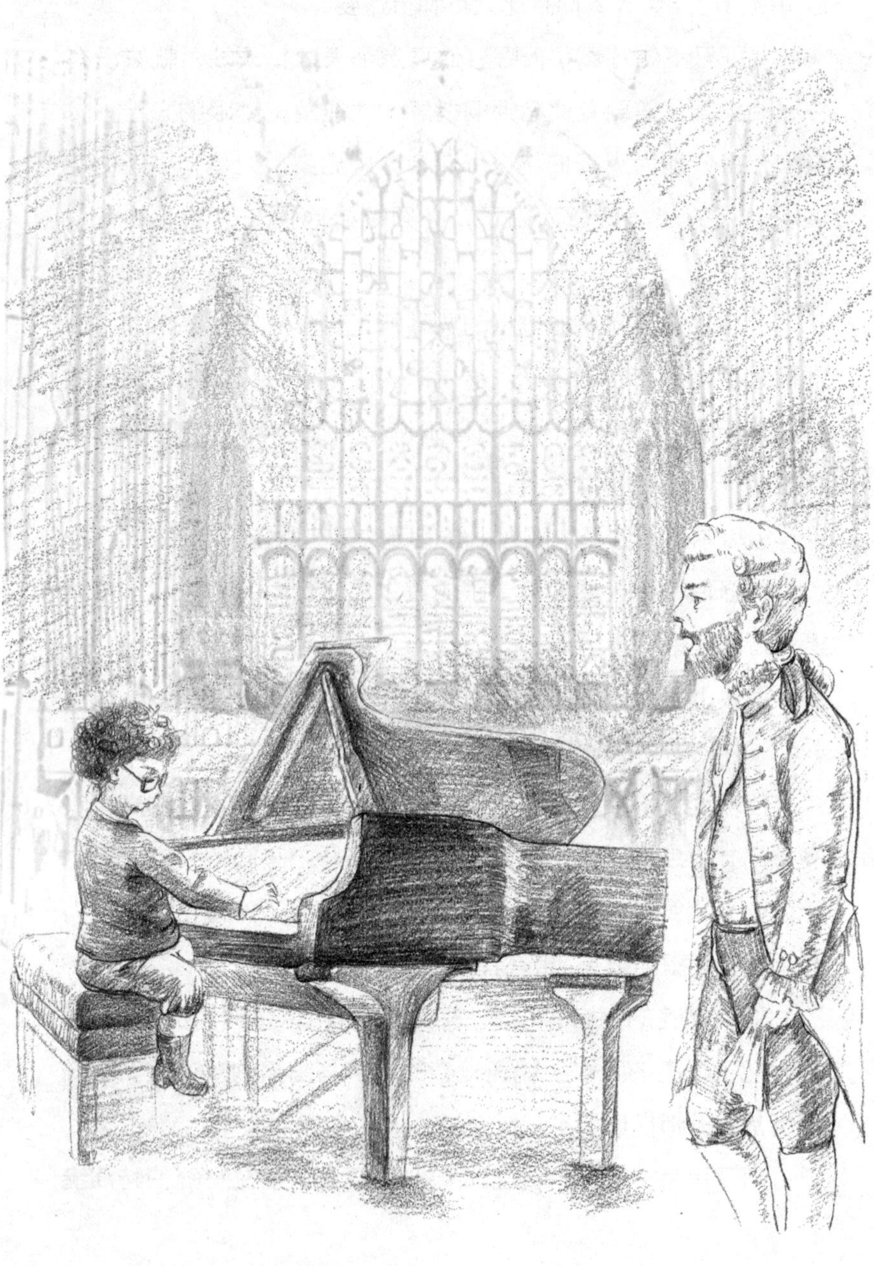

的美妙旋律中，要么目瞪口呆地看着舒伯特，惊讶得说不出话来。

天才，应该有更好的老师。只有一流的老师，才能培养出一流的学生。霍尔泽先生越来越深刻地意识到：小舒伯特需要更好的老师！

一天，霍尔泽先生在给小舒伯特上课时，再一次被他的音乐天赋深深震惊。他情不自禁地来到小舒伯特家中，找到小舒伯特的父亲，认真而且严肃地告诉他：必须为小舒伯特找到更适合的老师，才不会浪费他的天赋。

霍尔泽先生是社区音乐专家，他的判断肯定不会错。

儿子是个音乐天才！这个事实，让小舒伯特的父亲又骄傲，又头疼。骄傲就不用说了，头疼的是，去哪里找适合的老师呢？这件事成为困扰舒伯特全家的难题。

19世纪初期的维也纳，虽然是整个欧洲的"音乐之都"，但是还没有专门的音乐学校。小舒伯特要学音乐，只能请私人老师来教。

一流的音乐老师学费太贵了。小舒伯特的父亲虽然开设了一所小学校，但是收入并不多，生活中常常捉襟见肘，实在没有钱给小舒伯特交学费。

此外，小舒伯特的父亲还有一个"小心思"：音乐可以是一门特长，但是不能成为职业。在他看来，音乐家既辛苦又不赚钱，不如当教师。教师虽然赚钱不多，但是能够脚踏实地，有保障。所以，他早早就为儿子规划了"上学——读师范——当教师"的道路。

按照父亲的"剧本",小舒伯特将会上一所普通中学,然后努力考上师范,成为一名教师,在讲台上发光发热。

可是,小舒伯特的内心对音乐无比热爱,他深深地沉浸在音乐的世界里,内心深处对父亲给他的规划十分抗拒,却也无能为力。难道,他只能和父亲、哥哥们一样,成为一名热爱音乐的教师吗?

● 命运的第一次转折

1808年,小舒伯特即将小学毕业。

他仍然沉迷于音乐世界,把每天的家庭音乐会当成难得的精神大餐。他的音乐天赋也仍然让人赞叹,但他还没有找到适合的音乐老师。如果不出意外,他即将升入普通中学,走上父亲和哥哥们的老路。

就在这时,命运的转机出现了,小舒伯特的人生迎来了一次大转弯。

5月的一天,小舒伯特的父亲正在读报纸,突然他大喊大叫道:"好,好啊,这是个好机会啊!"

只见报纸上刊登着一则招聘启事,上面写着:宫廷合唱队招聘2名男童成员。

天哪,这可是一条爆炸性的好消息啊!

舒伯特

宫廷合唱队是为皇室服务的，属于皇家宫廷乐队。它是维也纳最古老、水平最高的音乐团体之一，在欧洲乃至全世界都享有盛名。

如果能够进入宫廷合唱队，就相当于进入了国家顶级合唱队，不仅能赢得社会荣誉，还能得到顶级宫廷音乐家的指导。

不过，这则宫廷合唱队的招聘启事有点奇怪。招聘主办方不是宫廷合唱队，而是宏威克特（Konvict）学校。

原来，宫廷合唱队的成员选拔模式，不是直接面向社会海选，而是优中选优，从维也纳最好的音乐团体中招募成员。

这种人才选拔方式有点类似于现在的体育选拔。

如果把宫廷合唱队比作国家队，把全国各个学校的音乐团体比作地方队，地方队就需要为国家队输送优秀人才，被选拔进国家队的优秀人才，平时还继续由地方队培养，但是可以获得宫廷音乐家的指导。

所以，报纸上的这则招聘启事，并不是宫廷合唱队发布的，而是向宫廷合唱队输送人才的学校之一——宏威克特学校少年合唱团发布的。

宏威克特学校的少年合唱团需要为宫廷合唱队输送10名队员。现在，宏威克特学校的少年合唱团需要补充2名队员（后扩充为3名），所以面向全社会公开招聘。让我们来看一看招聘条件：

招聘对象：10岁以上，身体健康，有一副好嗓子，会唱歌，具备文法初级班能力的少年。

招聘方式：统一考试。考试的内容是钢琴、小提琴、声乐。

招聘人数：2人（后扩增为3人）。

成员义务：加入宏威克特学校的少年合唱团和学生管弦乐队，在宫廷礼拜堂举行仪式时参加合唱。

招聘待遇：可以就读于宏威克特学校，接受专业的音乐教育和一般科目教育，住宿费和学费由校方负担。即使将来变声，只要文法课过关，也可以获得全额奖学金。

对比一下小舒伯特的资质。

年龄：11岁。

教育程度：小学即将毕业，有良好的书写和算术基础，具备文法初级班能力。具备音乐天赋，有出色的高音，会乐器。

教育需求：家境一般，亟须一位高水平的音乐教师。

通过对比可以看出，这个招聘就像是为小舒伯特量身打造的一样！

宏威克特学校是维也纳最好的学校之一，是中学、大学一体式教育。如果小舒伯特能被录取，作为艺术特长生进入这所学校，他不仅可以得到维也纳宫廷音乐家的专业指导，还可以享受免费教育，直到大学毕业！

对于小舒伯特这个穷小子来说，这真是一个天大的好消息！

老舒伯特当即决定：让小舒伯特参加这场特殊的招聘考试。

1808年9月30日，小舒伯特和父亲准时出现在宏威克特学校。这时，校园里已经挤满了前来考试的少年和陪同的家长。小舒伯特一出现，就由于上衣的颜色和样式过于老气，成为其他少年议论和嘲笑的对象。小舒伯特又窘迫，又害羞，恨不得快速逃离此地。不过，比起小舒伯特过时的上衣，人们更关心主考官——安东尼奥·萨列里。

他是维也纳音乐界鼎鼎大名的宫廷作曲家，也是莫扎特的竞争对手，还是伟大音乐家贝多芬的老师！

除了萨列里，其他考官也非常专业。他们准备了重重关卡，想要从报名者中挑选出最为杰出的少年。

很快，少年们排队进入考场，他们需要进行三场考试，成绩最好的前三名将会被录取。

第一场是理论考试。由算术题、历史题和语法题组成一张试卷。

这些考题难不倒小舒伯特，他第一个答完了试卷，迫不及待地想进入音乐专业的考试。

第二场是乐器考试，即乐器的演奏。

这一关，小舒伯特凭借其扎实的钢琴和小提琴演奏基本功，顺利通过。

第三场是声乐考试。萨列里等音乐大师亲自担任考官。

小舒伯特进入声乐考场后，一位考官递给他一张乐谱，要求他演唱出来。小舒伯特虽然紧张，但是并不怯场。他一张口，优美、清亮的高音就像云雀一样，直冲云霄，立刻征服了所有考官。

小舒伯特唱完后，考官又给了他一张新的乐谱。小舒伯特声情并茂地唱完后，所有的考官都满意地相视而笑，频频点头。

这一刻，他就像璀璨的珍珠，熠熠闪光。一下子，他从所有考生中脱颖而出，顺利通过了考试。

很快，小舒伯特收到了人生中第一个喜讯：弗朗茨·舒伯特成为三名幸运儿之一，进入宏威克特学校，同时正式成为宫廷合唱队的高音队员，享受国家助学金。

这场考试，从两个方面彻底改变了小舒伯特的命运。

首先，小舒伯特以艺术特长生的身份进入宏威克特学校学习。按照小舒伯特父亲的计划，原本小舒伯特只能读一所普通中学，长大后再读师范学校，成为一名小学教师。但是，通过这次考试，小舒伯特进入了维也纳最好的学校之一——宏威克特学校。

小舒伯特以艺术特长生的身份进入宏威克特学校学习，可以享受系统的文化教育。就算将来变声了，不能继续留在合唱队，只要品学兼优，也可以凭借奖学金继续在宏威克特学校就读，直到毕业。

其次，小舒伯特成为了宫廷合唱队的高音队员。

宫廷合唱队，是维也纳的顶级合唱团。能进入这个合唱队，不仅是一份荣耀，更可贵的是，可以接触到大量音乐家的杰出作品。这离小舒伯特的音乐梦又近了一步。

喜讯传来，小舒伯特高兴坏了。他立刻拿出乐器，和家人开开心心地弹起了弦乐四重奏。在一片欢庆中，小舒伯特迎来了新学校，并在那里成长为一名少年作曲家。

第二章

少年作曲家

痛并快乐的校园生活

> 我的音乐作品是从我对音乐的理解和对痛苦的思索中产生的,而那些从痛苦中产生的作品将给人带来欢乐。
>
> ——【奥地利】弗朗茨·舒伯特

1808年11月的一天,天空下起了蒙蒙细雨。小舒伯特戴着圆圆的眼镜,怀着难舍难分的心情,和父母、哥哥们告别,离开了温暖、热闹的家,前往新学校报到。

对新学校,小舒伯特又紧张,又期待。

在小舒伯特的印象里,学校是嘈杂的、热闹的。

他父亲开设的学校,就在一家人居住的小房子里。平时,家里进进出出的人非常多。尤其是每天黄昏家庭乐队演出时,喜欢音乐的邻居们,常常不请自来,一起享受音乐,幸福又温馨。

但是,宏威克特学校的气氛迥然不同。

宏威克特学校是一所寄宿学校,它紧邻富丽堂皇的教堂。

高大的教学楼庄严、肃穆,长长的围墙冰冷、坚固,光秃秃的墙壁呆板、正经,狭小的窗户上带着格栏……小舒伯特对这样的环境十分抗拒,觉得它与其说是一座学校,不如说是一座监狱。

更让他不适应的是宏威克特学校的校规。学校纪律森严,随处可见目光冷峻、手里拿着教鞭的学监们……这一切,都让小舒伯特十分陌生。

一下子从热热闹闹的家庭学校,到管理森严的寄宿学校,巨大的落差,让小舒伯特很不适应。他无时无刻不想念父母家人,想念黄昏时分快乐的家庭音乐会。然而,作为一名寄宿生,小舒伯特一周才能回一次家。他花费了好几个星期,才逐渐适应了严肃、刻板的学校氛围。

学校的氛围让小舒伯特感到窒息,枯燥乏味的文法课,则让小舒伯特备受折磨。

小舒伯特虽然是音乐特长生,但是在课程安排上与普通学生相同,必须接受系统的文化教育。这让他备感苦恼。尤其是枯燥乏味的文法课,对于小舒伯特来说,简直是一种另类的刑罚。每次上文法课时,他都像被压扁的蝴蝶一样,无精打采。

面对难以理解的、晦涩拗口的知识,小舒伯特除了拼命用功、死记硬背之外,没有其他办法。然而,即使他拼尽全力,在回答问题时,还是会结结巴巴,毫无逻辑。为此,他没少挨老师的批评。

除了精神上的折磨,小舒伯特还要忍着饥饿。虽然作为艺术特长生，小舒伯特能够获得一笔奖学金，足够支付学费和食宿费用。但是，学校的正餐间隔时间很长，课间休息时，学生需要自行购买面包或苹果充饥。小舒伯特家十分清贫，父亲每个月给他的一点点零用钱，往往在头几天就花光了，剩下的日子，小舒伯特不得不每天饿着肚子，盼着晚餐时间的到来。

有一次，小舒伯特实在忍不住给哥哥写了一封信。这是一封请求哥哥给予经济援助的信件。在这封信里，小舒伯特抱怨宏威克特学校的饭菜太差，午餐和晚餐之间相隔八个半小时。对一个正在长身体的少年来说，时间的确有点儿太长了。所以他希望友爱的哥哥给予他一些资助，让他在饥饿的时候买个苹果吃。

精神上的折磨和饥饿的痛苦，让小舒伯特的寄宿生活变得非常难熬。

幸好还有音乐。

音乐，就像一道光，给他灰暗的寄宿校园生活镀上了一层明亮的金色，让小舒伯特暂时忘记了冰冷的围墙、森严的纪律。音乐又像一道调味剂，把艰苦和窒息的寄宿生活变得丰富多彩，有滋有味。

宏威克特学校并不是一所专门的音乐学校，但是十分重视学生的音乐素养培育。小舒伯特需要学习小提琴、中提琴、大提琴、钢琴，以及音乐理论课程。这些课程简直太对小舒伯特的"口味"了。在音乐课上，他就像一块永远也不饱和的"知识海绵"，孜孜不倦地吸收着新知识。很快，他就凭借非凡的

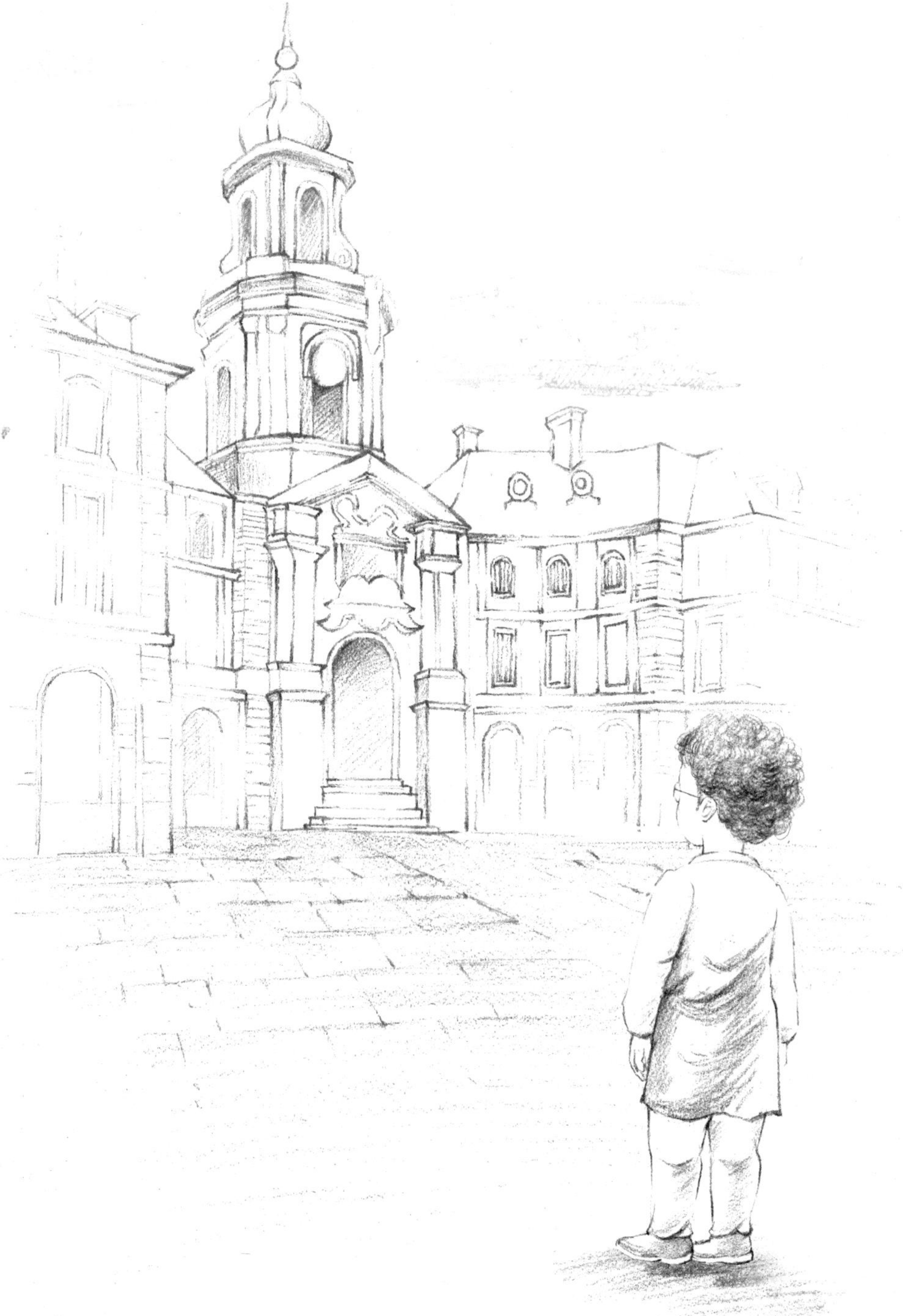

音乐特长，吸引了老师和同学们的注意。无论是小提琴课，还是钢琴课；无论是在宏威克特学校的学生管弦乐队，还是在宫廷合唱队，小舒伯特都凭借自己的音乐才华脱颖而出，成为学校的"明星"学员。

1808—1809学年的第一学期结束后，老师在小舒伯特评价单上指出："（他）有一种特别的音乐才能。"老师建议宫廷音乐部门对小舒伯特的音乐教育进行特殊关照。这样的评价，几乎贯穿了小舒伯特在宏威克特学校的整个求学生涯。

在宏威克特学校，几乎所有音乐教师都对小舒伯特的音乐才华赞不绝口。不管是哪一门音乐课，他的表现都十分耀眼。许多音乐教师往往在上完几节课后，就不再对他进行特别要求。因为他非同寻常的音准、节奏感，以及对音乐的领悟力，让许多音乐教师都望尘莫及，自叹不如。

为了让小舒伯特得到更好的教育，学校的一名音乐教师库那先生，把小舒伯特推荐给了贝多芬的老师——安东尼奥·萨列里。小舒伯特被允许破例在寄宿学习期间外出，跟随萨列里学习音乐理论和作曲。这是宏威克特学校校史上的一件绝无仅有的事情，也从一个侧面凸显了小舒伯特惊人的音乐天赋带给众人的震撼。

这段"痛并快乐"的学校生活，在小舒伯特的一生中起着重要作用。尤其是音乐教育，为小舒伯特营造了理想的音乐学习氛围，促使他朝着作曲家的方向迈出坚实的脚步。

● 推开古典音乐的大门

宏威克特学校校园里有着良好的音乐氛围。从 1808 年秋季开始,小舒伯特就成为宫廷合唱队的一员。此后的 4 年时间里,每逢星期天或特殊节假日,小舒伯特就会和伙伴们一起,穿上帅气的制服,在宫廷乐师的伴奏下,引吭高歌。

除此之外,小舒伯特还是宏威克特学校学生管弦乐队的一员。宏威克特学校的学生管弦乐队,也是维也纳出类拔萃的学校音乐团体之一。学校不仅有专门的音乐教师对管弦乐队进行指导，还严格筛选队员，并形成了勤加练习、奋发向上的良好作风。

小舒伯特入学后，凭借着其独特的音乐天赋，很快就成为学生管弦乐队的成员。起初，小舒伯特负责拉第二小提琴。随着小提琴演奏水平的不断提升，他很快就跃升为乐队的第一小提琴手，有时候还会担任乐队指挥。

小舒伯特十分喜爱学生管弦乐队，每次排练时，他早早就来到教室，点燃蜡烛，为自己或同伴的乐器调弦，分发乐谱，把乐器和乐谱排放整齐。排练结束后，他还会待到很晚，直到确认吹熄蜡烛后才离开。其他同伴觉得，这些琐事又杂乱又烦人，不愿意在这方面浪费时间，小舒伯特却乐在其中，心甘情愿地为同伴们服务。

这是一个充满活力的管弦乐队，队员有小学生、中学生，甚至大学生。他们都十分热爱音乐，几乎每天都要聚在一起进行排练。维也纳古典乐派的"三驾马车"——海顿、莫扎特、贝多芬的作品，是管弦乐队成员最喜爱的作品。

冬日的一天，小舒伯特和伙伴们在一起演奏莫扎特的《g小调第四十交响曲》。他们充满激情的演奏吸引了一大群观众。这些观众站在窗户外面凝神聆听，并且在每个乐章结束后，为他们热烈鼓掌。小舒伯特和队员们都十分感动，更加起劲儿地演奏剩下的乐章。

在日复一日、年复一年的演唱和练习中，小舒伯特学习到了大量声乐知识，认识了全部乐器，并且掌握了它们的发声特征。他接触到了各种各样的音乐体裁,尤其是海顿、莫扎特、贝多芬的交响曲和奏鸣曲。

这让小舒伯特逐渐形成了独立的音乐审美。他常常对演奏的音乐作品进行评价。每次听到庸俗的交响乐时,他会表现得非常不耐烦,有时候还会一边演奏一边抱怨乐曲的沉闷。然而,每当演奏莫扎特的《g小调第四十交响曲》时,小舒伯特就会激动得热泪盈眶,好像听到了天使在耳边歌唱。

这些经历,帮助小舒伯特推开了古典音乐的大门,为小舒伯特成长为一名作曲家插上了飞翔的翅膀。

● 结交志同道合的朋友

如果说音乐是小舒伯特学校生活的一道光,那么,朋友,就是另一道光。朋友,是小舒伯特的伙伴、知己,还是他的崇拜者和支持者。

在老师和同学们的眼里,小舒伯特是一个沉默寡言、举止拘谨的人,和同龄人的顽皮、活泼相比,他显得非常沉稳。实际上,小舒伯特的性格有点内向,不善言辞,也不爱打闹,更不擅长主动结交朋友。所以,老师和同学们总能看到小舒伯特一个人默默地来,默默地走。

有时候,同学们在操场上散步,其他人都三三两两地相谈甚欢,小舒伯特总是一个人安静地走在旁边,脸上挂着若有所

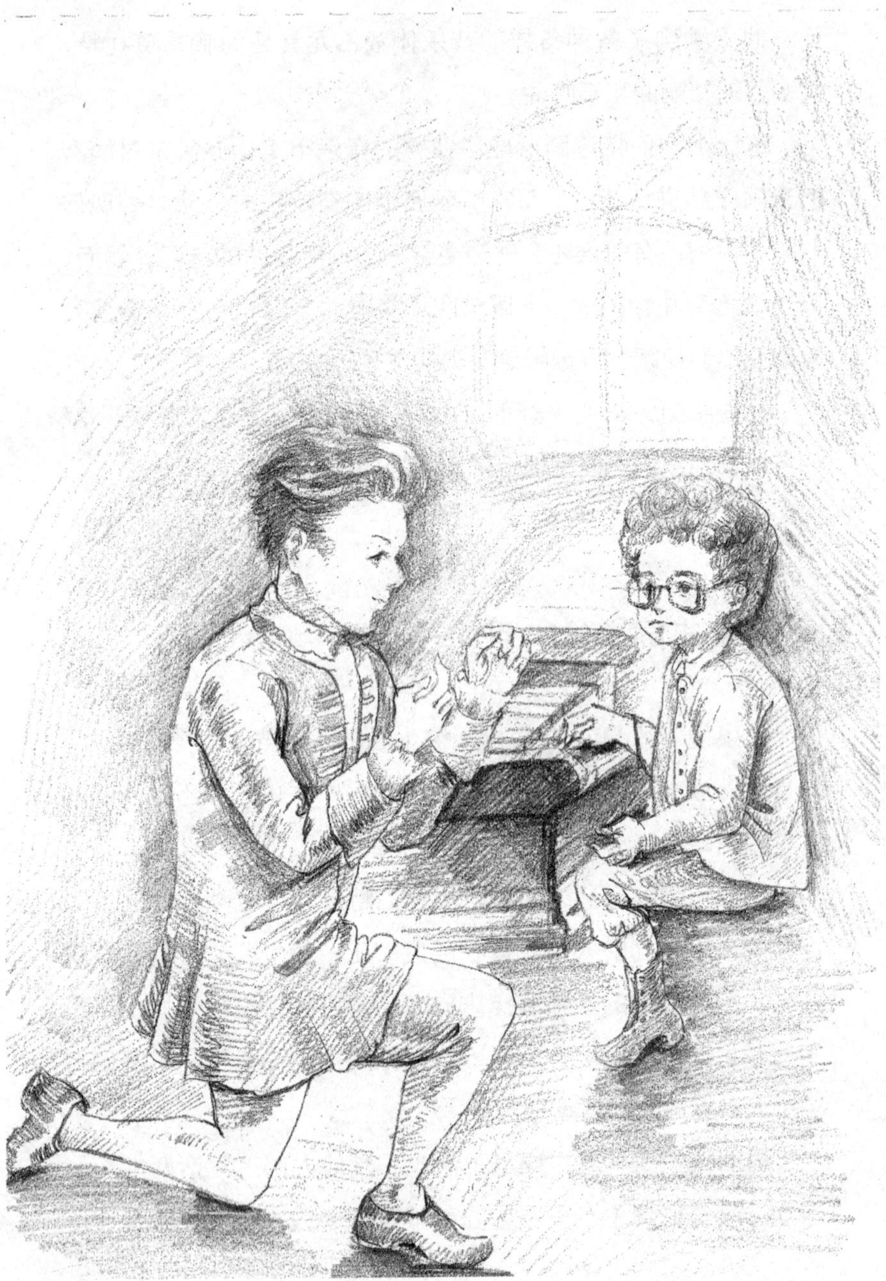

思的神情，似乎在倾听脑海中的旋律，又似乎在出神，显得与周围的环境格格不入。

其实，小舒伯特并不排斥集体活动。同学们并不觉得小舒伯特是个孤僻的"怪人"。虽然他不爱说笑嬉闹，却有一种独特的宁静而平和的气质，让人感到和蔼可亲。他还是众所周知的音乐天才。只要涉及音乐，小舒伯特就好像变了一个人，从沉默的"小透明"，变成活泼有趣、思维活跃、大放异彩的"焦点人物"。

音乐，不仅让小舒伯特表现出巨大的性格反差，还是小舒伯特结交朋友的重要纽带。

小舒伯特和好朋友——约瑟夫·冯·斯鲍恩的友谊就是通过音乐这个纽带建立起来的。

斯鲍恩比小舒伯特大 11 岁，当时正是宏威克特学校的高年级学生。他为人热情、慷慨，喜欢音乐，是学校管弦乐队的一员。小舒伯特恰好也是管弦乐队的一分子。两人共用一个乐谱架，所以彼此很快就熟络了。

1808 年的一个冬夜，小舒伯特正独自在寒冷刺骨、没有暖气的音乐教室里弹奏莫扎特的奏鸣曲。斯鲍恩经过教室时，听到了流畅、美妙的旋律后，他立即意识到弹琴人的音乐节奏感，要比自己远远高出一大截儿。于是，他推门走进教室，在一旁静静地聆听。

小舒伯特弹着弹着，就忘记了一切，全身心地投入音乐中。他突然灵感爆发，开始弹奏自己脑海中的音乐。斯鲍恩立即被这段像涓涓小溪一般流淌的陌生旋律所吸引。于是，他上前打断小舒伯特的弹奏，请求小舒伯特弹奏一曲自己创作的音乐作品。

小舒伯特一下子从沉醉中惊醒，羞得满脸通红。他窘迫地拒绝了斯鲍恩的请求。然而，斯鲍恩并没有放弃，他不断地鼓励小舒伯特。小舒伯特终于鼓起勇气弹奏起自己创作的乐曲。当流畅、欢快的乐曲从小舒伯特指尖流出时，斯鲍恩被震惊了。他如痴如醉地倾听，并不停地赞扬小舒伯特。看到自己的作品被朋友认可，小舒伯特开心极了。他从此敞开心扉，和斯鲍恩分享起自己对音乐、学习的感触。而斯鲍恩也成为小舒伯特一生最为忠诚、无私和热情的朋友。

斯鲍恩经常在小舒伯特需要的时候出现，当小舒伯特为买不起乐谱纸而叹气时，斯鲍恩为他送来大量乐谱纸。在能够外出的日子，小舒伯特经常和斯鲍恩一起，走出校门，到维也纳的剧院欣赏音乐剧。虽然他们只能买到票价最便宜的座位，但是丝毫不影响他们欣赏音乐的兴致。他们总是充满激情地谈论音乐和演员。斯鲍恩毕业后离开了宏威克特学校，但是他们的友谊并没有中断，后来斯鲍恩暂时离开维也纳，这段友情才告一段落。后来，斯鲍恩回归后，他的友情的纽带又重新连接在一起，并持续了舒伯特一生。

除了斯鲍恩之外，小舒伯特独特的气质和音乐才华，还吸引了许多志同道合的朋友。这些朋友有的学习法律，有的擅长文学或绘画。而音乐，则是他们共同的爱好。

音乐教室,是小舒伯特和朋友们最喜爱的"大本营"和"根据地"。他们经常在"大本营"聚会,一起弹琴、唱歌,在音乐的世界里徜徉。

从这个时候开始,音乐的纽带开始把小舒伯特和他的朋友们聚集在一起。一个以小舒伯特为中心的"朋友圈子"初步形成。在未来,他们将见证小舒伯特在音乐道路上的不断成长,为他摇旗呐喊,加油助威。

雏鹰展翅

小舒伯特究竟是从什么时候开始作曲的呢?这几乎是一个谜。

早在小舒伯特年幼时,他就经常听到脑海里的旋律。但是,保守的父亲并不希望小舒伯特将来以音乐谋生。到了宏威克特学校,小舒伯特得到了系统的音乐教育,他开始把脑海中的旋律变成真正的乐曲。

从这时候起,小舒伯特就开始尝试独立作曲了。他前期的作品大多是室内乐、钢琴曲或小提琴曲,是他为家庭音乐会创作的曲目。然而,这些作品大多没有保存下来。

1810年,13岁的小舒伯特创作了一首钢琴二重奏。他在这首作品上标注了确切的创作时间——4月8日至5月1日。这首作品成为小舒伯特所有作品中第一首有明确创作时间的作品。

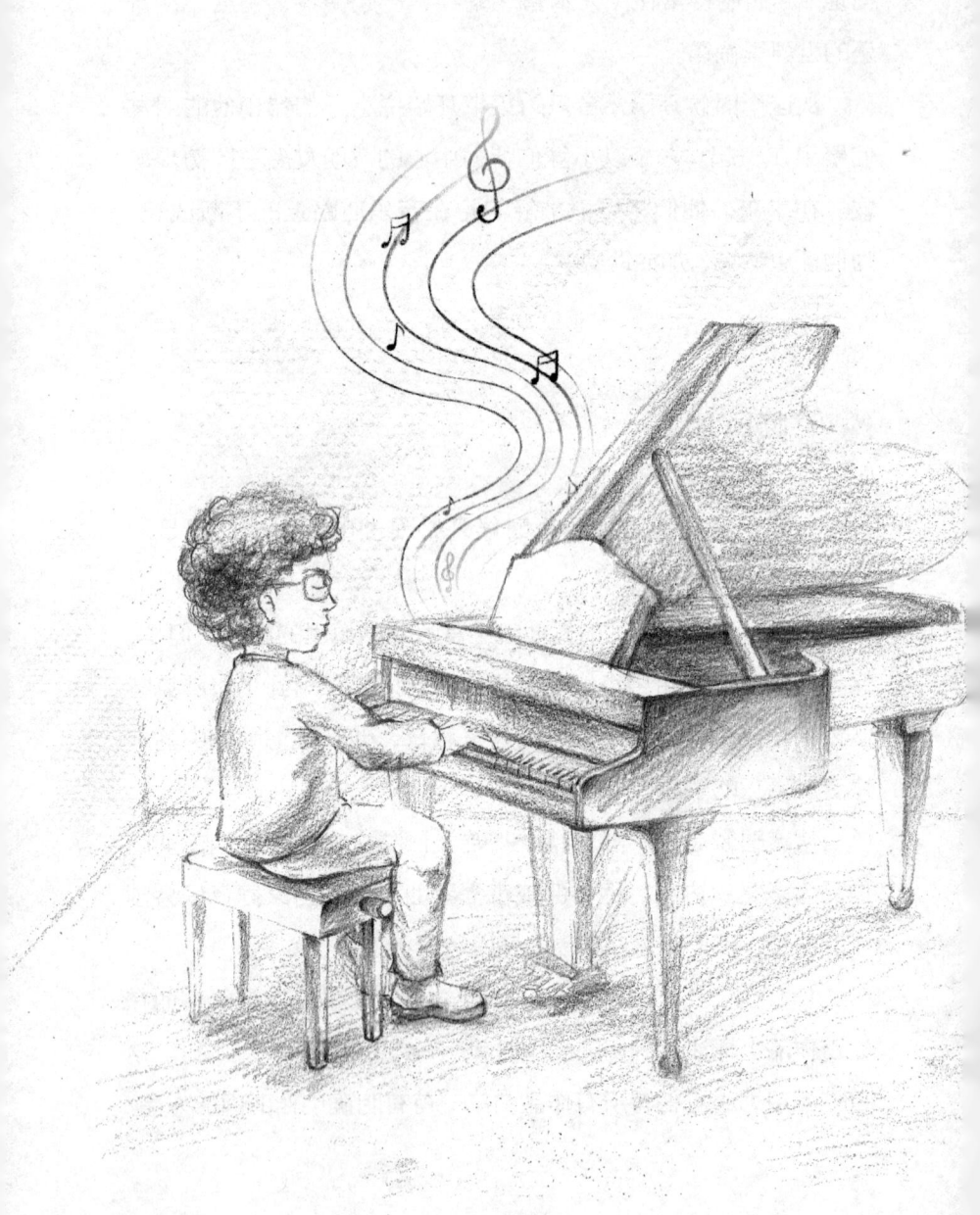

舒伯特

虽然这首作品稍显稚嫩，但是就像吹响了出征的号角，标志着小舒伯特作曲生涯的开始。

1811年3月，14岁的小舒伯特创作了一首歌曲《夏甲的哀歌》。这是一首民谣歌曲，也是一首相当成熟、艺术造诣较高的作品。据说，安东尼奥·萨列里就是看到这首乐曲后，才答应成为小舒伯特的老师的。除了《夏甲的哀歌》，小舒伯特还创作了《弑父者》等歌曲。

1812年，这位少年作曲家爆发出了让人震惊的能量。这一年，小舒伯特创作的作品更多了，包括三部轻歌剧、一部钢琴与管弦乐序曲、一部小步舞曲、两首弦乐四重奏、一首b小调三重奏，以及一首圣歌。这些早期作品，虽然有一定的模仿痕迹，但是已经表现出强烈的独立精神。

小舒伯特几乎把所有业余时间全部献给了音乐。宏威克特学校的老师和同学们，经常看到小舒伯特独自待在音乐教室里弹琴。他弹奏的旋律十分陌生，是大家从来没有听过的曲子。

冬天，没有暖气的音乐教室冷得让人发抖。有时候，手指都冻得发抖，根本没有办法弹琴。小舒伯特却依然坚守在音乐教室，甚至练成了不用钢琴也能作曲的"绝技"。

每当灵感来临时，小舒伯特就一边哼着旋律，一边迅速在纸上记下旋律，记录下脑海里独特的灵感。但是，小舒伯特太贫穷了，就连最便宜的乐谱纸，甚至普通纸张，他都买不起。他不得不控制作曲的频率。他常常无奈地感叹，要是有足够的乐谱纸，可以天天作曲，那该有多好啊！

他作曲的速度实在太快了。这不像是在作曲，更像是在用音乐记述生活的情感。别人用文字来写日记，小舒伯特却是用音乐来记录情感和思想！他的每张乐谱上都标注了日期，如果按照时间顺序依次倾听，就可以从音乐旋律中清晰地观察小舒伯特的成长变化。

或许从这时候起，小舒伯特就确立了自己的人生坐标：把生活融入音乐，用音乐记录生活，在音乐里探寻生命的真谛。

● 命运的第二次转折

1812年，沉浸在音乐海洋里的小舒伯特，迎来了现实的沉重打击。

这一年，小舒伯特温柔善良的母亲去世了。

不久，小舒伯特变声了。

变声，这个简单的词语，对小舒伯特来说，就像一大片乌云挡住了金色的阳光。变声后，他再也无法唱出完美的高音。曾经在宫廷合唱队的辉煌结束了！小舒伯特带着遗憾退出宫廷合唱队，成为宏威克特学校的一名普通学生。

变声后，小舒伯特将其音乐才华全部倾注到了作曲上。在课堂、在音乐教室、在操场、在食堂……他无时无刻不在作曲，已经到了走火入魔的地步。晚上，同学们都已经睡着了。小舒伯特却不惜违反熄灯的规定，始终点着蜡烛，在微弱的烛光下贪婪地阅读诗歌。这些迷人的诗歌最后全部变成了音乐的旋律，把他的小脑袋挤得满满的。他又着急地到处寻找乐谱纸，把脑海中的音乐写出来。可是，脑海里的音乐实在太多了，一大摞乐谱纸很快就用光了。没有乐谱纸，小舒伯特就在数学练习本上写满密密麻麻的乐句。

这样疯狂的结果是，他的学习成绩一落千丈，尤其是数学，更是跌落谷底，一塌糊涂。除了音乐老师，所有老师都对他的表现非常不满。

紧接着，更大的打击来了。

期末考试时，他的成绩单上第一次出现了"二级"评定。

这是一个糟糕的信号。

宏威克特学校是一所综合学校，也是一所精英学校，具体课程除了音乐，还包括拉丁文、数学、自然、物理、地理、文学、绘画、法文、意大利文、历史等文化课程。每隔一段时间，学校就会对学生的成绩进行统计，划分为优秀、一级、二级三个等级。

"优秀"，代表这名学生十分出色；

"一级"，代表这名学生通过了考试；

"二级"，代表这名学生没有通过考试。

一旦成绩被评定为"二级"，就必须离开学校。

小舒伯特并没有立刻离开学校。

成绩公布后，小舒伯特迎来了学校的严厉警告。

1813年10月，奥匈帝国皇帝签署了一份文件，在这份文

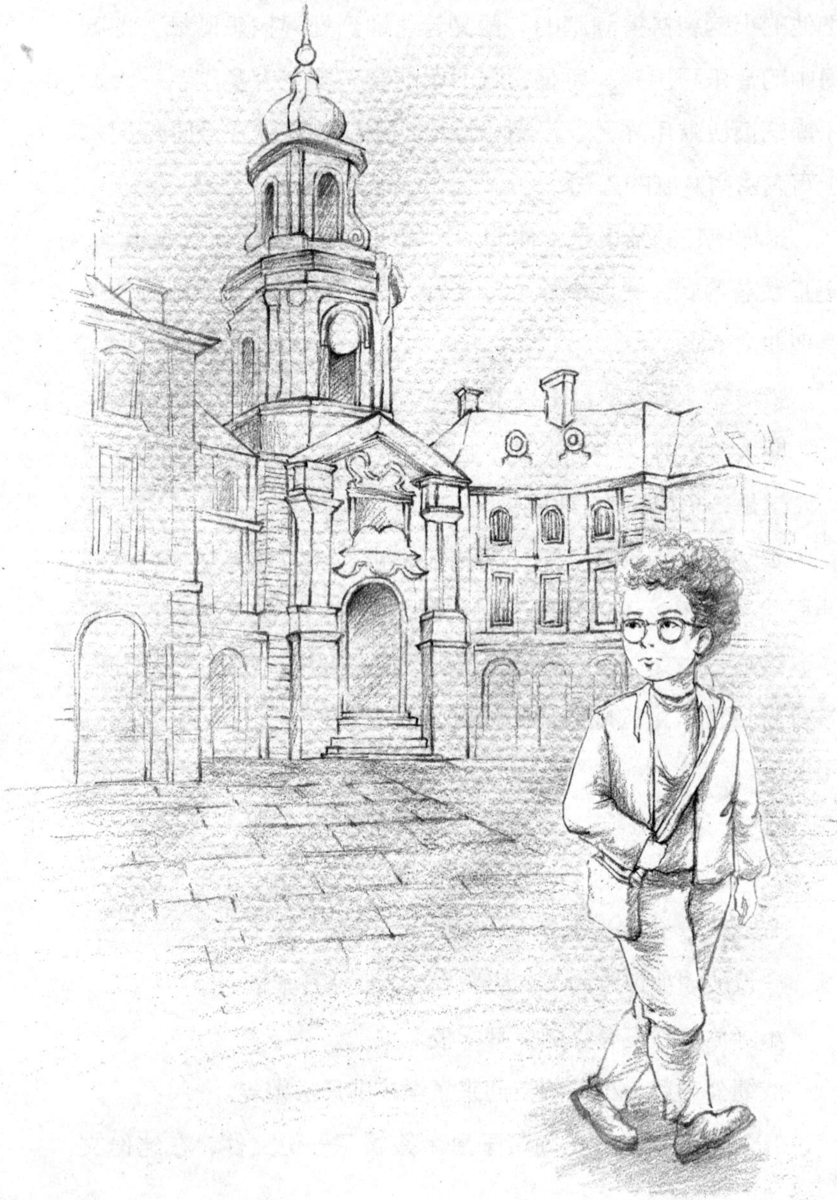

件中，他严厉地告诫小舒伯特获得奖学金的主要条件是文化课成绩一定要过关。歌唱和音乐才能只是次要条件，不能起到决定性的作用。

这份文件类似于一次严厉的警告，又像是一份"最后通牒"。它警示小舒伯特，不要一味沉迷音乐，否则，即使他表现出了非凡的音乐才华，如果文化课成绩不过关，他也不能继续获得奖学金。而一旦失去了奖学金，小舒伯特交不起学费，就只能退学。

在"最后通牒"发布的同时，学校为小舒伯特提供了一个补考的机会，这是最后的机会。如果小舒伯特想要继续在宏威克特学校读书，就必须全力以赴地通过补考，并且纠正自己的行为，把文化课学习放在第一位，把音乐放在第二位。

小舒伯特的成绩下降，也引发了父亲的怒火。父子之间爆发了激烈的冲突。小舒伯特热爱音乐，梦想着成为一名音乐家。然而，在父亲的印象里，音乐家都是贫穷的、窘迫的，就连天才莫扎特也无法摆脱贫困的窘境。父亲要求小舒伯特立刻认清现实，回归正轨。

但是，不管是学校的警告，还是父亲的斥责，都不能阻止小舒伯特继续沉迷音乐。他一意孤行，不分白天黑夜不停地作曲，甚至更加放肆。白天上课时，他经常看着窗外走神，沉浸在音乐的世界里不能自拔，晚上躺在床上仍然在构思乐曲。

小舒伯特深深地意识到，音乐对于他来说，不是茶余饭后的消遣，也不是生活空虚时的调剂品，而是生活的全部，甚至是生命的全部！

  1813 年 11 月，小舒伯特告别了宏威克特学校，告别了学校的管弦乐队，奔向了更加广阔的天地。

  离开学校后，小舒伯特并没有放弃音乐。他继续跟随萨列里学习。1813 年底，小舒伯特创作出了自己的第一部交响曲——《D 大调第一交响曲》。这部交响曲带有明显的古典音乐痕迹，但抒发了个人的浪漫主义情怀。它似乎指明了舒伯特未来音乐发展的方向：古典主义音乐和浪漫主义音乐的融合。

第三章

峥嵘初显

● 加入教师行列

离开宏威克特学校后,舒伯特面临着一个难题:靠什么谋生?

他想要成为一名音乐家,但是父亲坚决反对。为此,父子俩不止一次发生争吵。原本温馨和谐的家庭关系,一度十分紧张。

这时,舒伯特还没有成年,如果离开父亲的资助,他连最便宜的面包和乐谱纸都买不起。可怜的舒伯特只好遵从父亲的规划,准备当一名教师。这个决定让他和父亲重归于好。在父亲的安排下,舒伯特很快进入一家师范学校,开始了为期近一年的培训。

每周一至周六,舒伯特需要在师范学校学习。对他来说,这些课程既枯燥又无聊。每天上课时,他都像被霜打的茄子一样,提不起半点精神。但是,一到周日,舒伯特就像天空中的飞鸟、小河里的游鱼一样,充满了活力。他要么到萨列里家学习作曲;要么回宏威克特学校看望朋友,和同学们一起弹奏,

分享音乐的快乐；要么和斯鲍恩一起去剧院听歌剧，然后找一个小馆子边吃夜宵边讨论音乐，过得充实又快乐。

1814年8月，舒伯特从师范学校毕业，获聘到父亲开办的学校教书，并担任助理教师。看起来，他的待遇似乎还过得去：在家免费住宿和吃饭，每月可以获得少量工资，周末还可以和家人一起举行温馨的家庭音乐会。

实际上，舒伯特并不热爱教师这一职业，在教学方面也没有天分，读师范，当教师，纯粹是为了遵从父亲的心愿。在实际教学中，他并不是一名合格的教师，对于教学，他并没有太多的耐心。

舒伯特所带的班级是小学最低年龄组。这些孩子正处于调皮的年龄。他们经常大喊大叫，上课时也不能安安静静地坐着。舒伯特需要绞尽脑汁，和孩子们斗智斗勇，把Ａ、Ｂ、Ｃ和１、２、３塞进他们的大脑。这让舒伯特感到十分劳累，身心俱疲。

有一次上课时，舒伯特突然想到一句诗歌，他的心灵好像被狠狠地撞了一下，优美的旋律瞬间充满了他的大脑。舒伯特情不自禁地朗诵起诗歌，紧接着不由自主地发呆了片刻。学生们听到诗歌，也瞬间安静下来，一声不响地坐在椅子上，陪着舒伯特发呆。

舒伯特动了，他迅速打开琴盒，拿出小提琴，给学生们演奏了一首歌曲。这首歌曲正是他刚刚在脑海中创作的作品。舒伯特边拉琴、边唱歌，歌曲的旋律深沉又感人。小学生们原本对音乐一窍不通，却神奇地听懂了这首歌曲。

演奏结束后，学生们呼啦一下涌到舒伯特的身边。他们又跳又闹，争先恐后地亲吻他的手，爬到他的身上嬉闹。从刚才的音乐里，他们感受到了老师火热的内心，看到了老师严肃的外表下那颗纯洁和真实的心灵。

这样的情景经常发生在舒伯特的课堂上。不管是语言课，还是数学课，都能被他变成音乐课。他全身上下，每时每刻都散发着音乐的气息。哪怕是在提问时或讲课时，他随手在桌子上敲击的声音，都包含着一种特别的节奏。

舒伯特这种行为引发了父亲的强烈不满。作为校长，父亲有责任维持学校的严肃氛围，推进教学计划。他要求舒伯特必须严格遵循学校规定，按照教学计划讲课，不能随意把其他课程改成音乐课。

舒伯特非常无奈。然而，无论是调皮的孩子、嘈杂的工作环境，还是低得可怜的薪水，都不能阻止舒伯特热爱音乐。音乐已经成为他生活和生命里不可或缺的一部分。

● 开启创作之春

1814 年，舒伯特 17 岁了。他长成了一名结实的青年：个子矮小，身材稍微有点胖，显得非常结实，又大又圆的脑袋上长着浓密的褐色卷发。他的前额和下巴稍微突出，脸上挂着一副厚厚的眼镜，眼神柔和而又明亮，嘴巴总是紧闭着。在谈论音乐时，他的表情会变得无比生动，眉飞色舞，神气逼人，透露出他天才的创造力。

他仍然不爱说话，对音乐却更加热爱，尤其不能容忍别人诋毁他心爱的音乐和音乐家。

有一次，舒伯特和几位朋友听完歌剧，一起去吃夜宵。他们虽然离开了剧院，但心绪仍然深深地沉浸在歌剧里，几个人兴奋而大声地讨论自己的感受，丝毫不在意别人的反应。这时候，邻桌一位客人对他们大喊大叫的行为十分不满，忍不住出言嘲笑他们对音乐的热情。朋友们还没来得及反驳，舒伯特就"噌"地一下站起来和邻桌争辩。

他越说越激动，把杯子里的啤酒都洒出来了。要不是旁边的人及时把他们拉开，说不定平时沉默寡言、温和善良的舒伯特就要挥拳头打人了呢。朋友们看到舒伯特的表现，都大吃一惊。没想到，他为了维护自己喜欢的音乐和音乐家，居然这样"出格"。

这件事情当然是个意外，在大多数时间，舒伯特都沉浸在自己的世界里，忙着倾听脑海中的旋律，默默地创作一首又一首精彩的乐曲。

1814年，舒伯特所在的社区教堂需要创作一首弥撒曲。这首弥撒曲将在教堂隆重的纪念庆典时演出。霍尔泽先生把这个任务交给了舒伯特。

舒伯特很快就完成了这首《F大调弥撒曲》。他的创作速度简直快得令人不可思议。更加让人惊讶的是，他并不像其他作曲家一样，在安静的工作室里进行创作。他是在嘈杂的课堂上，在低年级小学生的吵闹声中，旁若无人地完成了创作。

那么，这首乐曲的效果怎么样呢？

1814年秋天，《F大调弥撒曲》在社区教堂进行了首次公演，这次公演获得了巨大成功。10天后，这部作品应邀在皇家圣奥古斯丁教堂演出，同样获得了成功。

弗朗茨·舒伯特这个名字迅速传遍了整个社区。朋友、邻居、老师们纷纷向他祝贺，夸赞他是社区里一颗冉冉升起的音乐新星。就连平时节俭、吝啬、反对舒伯特创作音乐的父亲，也破天荒地花费重金为他购买了一架钢琴。

《F大调弥撒曲》的成功，还点燃了舒伯特的创作激情。

舒伯特

　　1814—1816年，舒伯特迎来了创作的春天。

　　1814年，舒伯特根据歌德的名著《浮士德》，创作了一首艺术歌曲——《纺车旁的格丽卿》。这是舒伯特第一首成熟的艺术歌曲，也是一首情感丰富的歌曲。歌曲通俗、易懂，达到了歌词和曲调的完美融合，丝毫看不出雕琢的痕迹。这是舒伯特歌曲生涯的开始，也是西方音乐史上浪漫主义艺术歌曲的起源。

　　除了这首艺术歌曲，舒伯特还创作了弦乐四重奏等器乐作品。

　　1815年是舒伯特的创作"丰收年"。这一年舒伯特的创作激情更加澎湃，总共创作了200多部音乐作品。仅仅艺术歌曲，就多达144首！平均不到2.5天创作一首歌曲。有一天，他甚至一口气创作了8首歌曲！这些歌曲绝大部分取材于歌德和席

勒的诗歌、戏剧，也有一些歌曲取材于朋友的诗歌。除了歌曲之外，舒伯特还创作了多部弥撒曲、交响乐、弦乐四重奏、钢琴奏鸣曲等音乐作品。

1816 年，舒伯特创作了 160 多部音乐作品，包括合唱曲、奏鸣曲、舞曲、交响曲，以及艺术歌曲。

舒伯特的创作速度简直太快了，作品就像是从脑海里流淌出来的一样。所以有人说，他的音乐不是创作出来的，而是像河水一样"流淌"出来的！这个比喻是对舒伯特音乐才华的褒奖。

舒伯特不仅创作音乐作品的速度快，创作方式也与众不同。别的作曲家在创作时，都是边创作，边演奏，以便随时修改和调整。舒伯特却不一样。他在创作时很少使用钢琴，总是直接伏在狭窄的桌案上，在乐谱纸上进行创作。他脑海里的旋律太多了，常常写完一首，紧接着就开始写另一首。有时候，写着写着，舒伯特突然找不到灵感了。他就用手指在桌子上敲打节拍，寻找合适的音符。敲着敲着，灵感又慢慢回来，舒伯特就又开始在纸上快速而流畅地写下乐曲的旋律。

在短短几年时间里，舒伯特创作了大量杰出的音乐作品，包括《纺车旁的格丽卿》《魔王》《红玫瑰》《摇篮曲》等经典作品。每一首作品创作完成后，舒伯特都会仔细地抄写一遍，在干净、整齐、新鲜出炉的作品上标注好日期。

朋友们每次看到舒伯特的新作品，都会情不自禁地拿去试着弹奏或演唱。舒伯特也很慷慨地把这些作品借给或送给朋友。

所以在舒伯特创作早期，许多珍贵的作品手稿，常常一转眼就消失得无影无踪。

起初，舒伯特试图把丢失的作品重新写出来，可是常常因为这样或那样的事情耽搁，许多珍贵的作品就这样消失不见了。

多么让人遗憾啊！

● 《纺车旁的格丽卿》

中世纪时期，一位名叫浮士德的老学究准备自杀。他刚想喝下毒酒，复活节的钟声突然响起。浮士德想起了少年时期的美好，放弃了自杀。第二天就是复活节，人们纷纷走出家门，走进大自然，到郊外踏青，尽情享受明媚的春光。

浮士德和助手跟随人流，出城踏青。回城时，他们发现了一只黑狗，并把它带回家。这只黑狗是魔鬼的化身，魔鬼趁机引诱浮士德签订了一份协议：生前，魔鬼满足他的一切愿望；死后，他的灵魂归魔鬼所有。

魔鬼让浮士德喝下了一碗施了法术的汤药。浮士德瞬间从老学究变成了一位风度翩翩的青年。返老还童的浮士德，迫不及待地到大街上感受青春的活力。在教堂前，浮士德遇见了一位天真无邪、纯朴可爱的少女——格丽卿。他对格丽卿一见钟情，在魔鬼的帮助下，单纯的格丽卿也深深地爱上了浮士德。

为了能和浮士德在夜晚相会，格丽卿让母亲服下安眠药入睡。没想到，药量过大，毒死了母亲。她的哥哥气愤地和浮士德决战，却被浮士德杀死。母亲和哥哥的死让格丽卿精神崩溃，痛苦万分。她亲手溺死了自己和浮士德的孩子，被抓进了监狱，判处死刑。

浮士德听说格丽卿的悲惨遭遇后，来到监狱，想要把格丽卿救出去。然而，格丽卿已经疯了。她拒绝了浮士德，选择了死亡。

这是《浮士德》里的一个经典故事，也是《浮士德》里的第一个悲剧。

17岁的舒伯特读到这个故事时，瞬间思如泉涌。他从少女格丽卿的视角，写下了自己的第一首艺术歌曲《纺车旁的格丽卿》。这是舒伯特第一首大获成功的艺术歌曲。

"艺术歌曲"是一种独特的音乐体裁，在西方有近千年的历史。但是，直到17世纪之后，艺术歌曲才开始成为一种独立的音乐体裁。伟大的音乐家海顿、莫扎特、贝多芬都曾经谱写过许多艺术歌曲。这些艺术歌曲和普通的歌曲不同。普通的歌曲侧重人声的演唱，没有伴奏，清唱也别有风味。艺术歌曲用钢琴伴奏，钢琴伴奏和人声演唱不可分割。它们就像是你一言、我一语，相互交流，缺一不可。如果没有钢琴伴奏，只有人声演唱，艺术歌曲的效果就会大打折扣。

舒伯特继海顿、莫扎特、贝多芬后，发扬了艺术歌曲这一体裁，并且把艺术歌曲推动到一个前所未有的高度。

艺术歌曲《纺车旁的格丽卿》取材非常独特，它并不是《浮

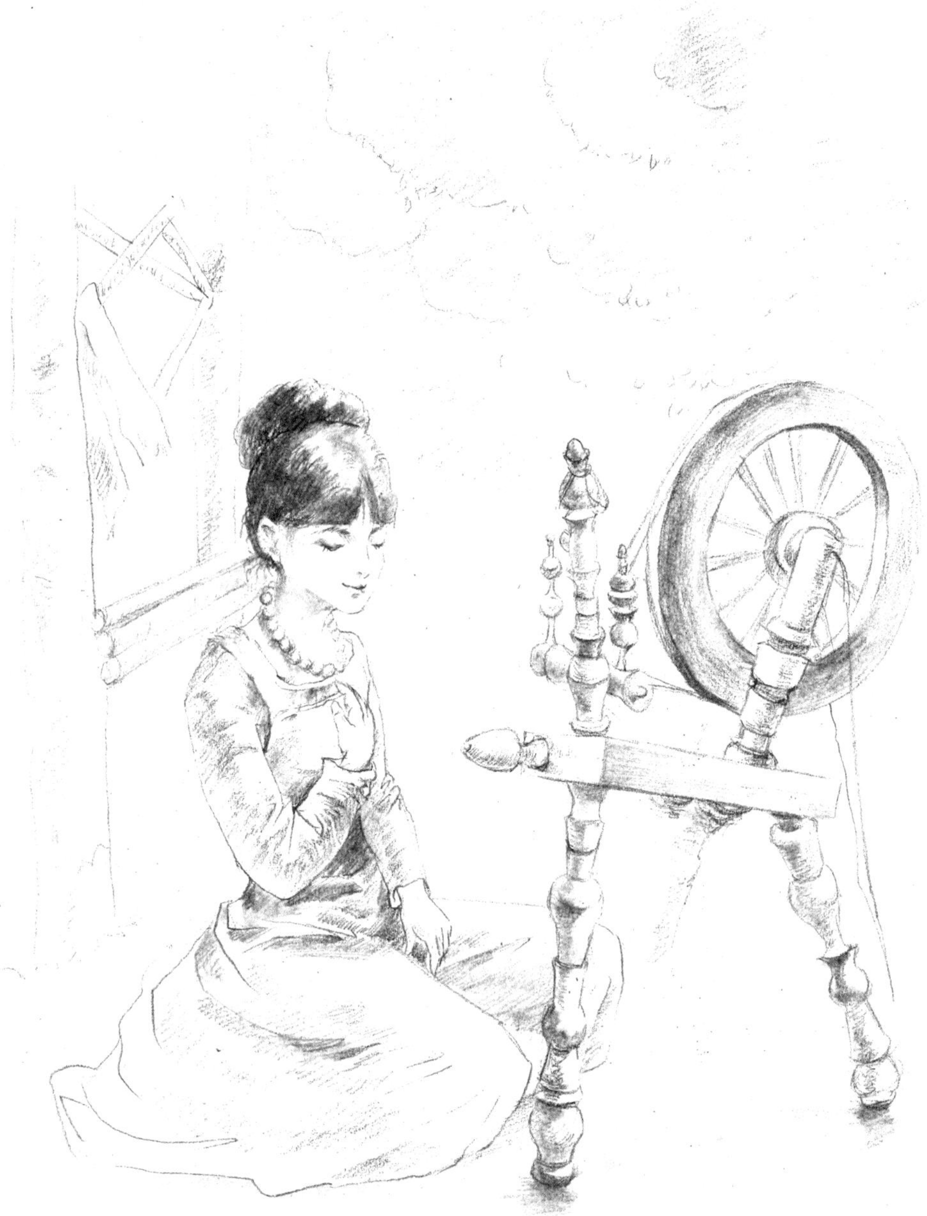

走近大音乐家

士德》整个悲剧的重现，只截取了格丽卿和浮士德初次见面后，她一边纺线、一边思念浮士德的场景。这时候，一切悲剧都还没有发生，少女格丽卿尽情地享受爱情的甜蜜和烦恼。

  这首艺术歌曲的歌词，是歌德的诗作，也是格丽卿的独白。

  我的心绪不宁，
  心事重重，
  我再也不能平静，
  不能平静。

  我若失去他，
  就会失去生命，
  全世界都使我悲痛。

  我终日昏昏沉沉，
  我的神智模糊不清，
  我的心绪不宁，
  心事重重，
  我再也不能平静，
  不能平静。

  我伏在窗前等待他经过，
  我走出房门盼他来临，

他举止高尚,
他仪表堂堂,
他面带微笑,
他目光炯炯。

他言辞优雅,
谈笑风生,
他的拥抱,
他的亲吻……

我的心绪不宁,
心事重重。

我内心焦虑思念他,
我只想走上前把他留住,
和他亲近,
一直到我们不得不离分。

我的心绪不宁,
心事重重。

从歌词里可以看出,格丽卿的内心非常不安,她时而开心,时而激动;一会儿深思,一会儿烦恼;一会儿狂热,一会儿悲伤。

舒伯特用敏锐的洞察力捕捉到了格丽卿复杂多变的情感。为了充分表现格丽卿的情感，舒伯特运用了三大武器。

第一个武器：变化分节歌。

分节歌是奥地利的经典民歌形式。舒伯特将这种古老的民歌旋律进行了创新，形成了一种变化分节歌。整首歌曲分成三个小节，每个小节开头的旋律都一模一样，但是乐峰和乐尾各不相同，在诗歌和音乐之间建立起一种均衡、和谐的关系，把主人公跌宕起伏的心绪表现出来。

第二个武器：旋律的变化。

《纺车旁的格丽卿》的旋律十分悠扬、闲适。然而，它的旋律并不是一成不变的，而是根据歌词的变化，一会儿高、一会儿低，层层递进、跌宕起伏，表现出强烈的戏剧性特点。

第三个武器：钢琴伴奏。

舒伯特的所有歌曲中，钢琴伴奏都占有举足轻重的地位。在《纺车旁的格丽卿》中，钢琴伴奏就像一个万能的魔法棒一样，一会儿模仿纺车转动的声音，一会儿深情地描摹爱人浮士德的样貌，一会儿表现格丽卿的焦虑不安，一会儿表达格丽卿的热情和激动，把格丽卿激动、复杂的心思完美表达出来。

《纺车旁的格丽卿》拉开了舒伯特歌曲创作生涯的大幕，在西方音乐史上树立起了一座巍然的里程碑。

●《魔王》传奇

《魔王》是舒伯特 18 岁时创作的一首艺术歌曲,也是舒伯特鼎鼎大名的代表作。

在舒伯特所有的艺术歌曲中,这首歌曲最为独特。有人评价说,即使舒伯特只创作了这一首艺术歌曲,他也会名留音乐史。由此可见,《魔王》在舒伯特艺术歌曲中具有十分重要的地位。

《魔王》的诞生、内容、流传和改编,都十分传奇。

1815 年 10 月的一天,舒伯特的好朋友斯鲍恩和诗人梅尔豪费尔一同来看望舒伯特。朋友们走进房间时,舒伯特正在大声地朗诵歌德的诗集,其中一首名叫《魔王》的小诗引发了舒伯特浓厚的兴趣。他边朗诵边来回踱步,越读越激动。

突然,他来到桌前,拿起笔开始快速地作曲。朋友们急忙屏住呼吸,生怕打断了他的创作思路。屋子里只能听到笔尖在纸上"沙沙"的声音。仅仅过了几分钟,舒伯特就完成了创作。直到这时,他才看到朋友们的到来。

舒伯特开心地迎接朋友们,向他们展示新鲜出炉的"大作"。目睹了舒伯特整个创作过程的朋友们,争相传阅曲谱。他们急切地想知道这首歌曲的效果。但是,舒伯特的家里没有钢琴。于是,一行人带着乐谱匆匆忙忙地跑到宏威克特学校去

弹奏、修改。

一到宏威克特学校，舒伯特就直奔钢琴室。斯鲍恩很快找来了一位少年充当演唱者，并请来库那先生担当指导。整首歌曲旋律优美，而且没有一段重复的旋律。他们试唱时，吸引了大量学生围观。到了晚上，学校的学生已经开始四处传唱舒伯特的这首《魔王》了。

这就是艺术歌曲《魔王》诞生的传奇故事。

其实，歌德的诗歌《魔王》，也有一个非常传奇的诞生故事。

据说有一年大诗人歌德去乡村旅行，留宿在一家小旅馆里。

他听周围的村民讲述了一个当地发生的真实事件。一位村民的孩子生了病，村民爱子心切，连夜抱着孩子去看医生。但是，回到家才发现，孩子已经在返回的路上去世了。歌德听到这个悲伤的故事后，立即联想到了民间传说中魔鬼的故事。他以这件事为原型，创作了一首叙事诗歌《魔王》。

这首诗十分短小，只有32行。

和《浮士德》这部前后写了60多年、长达12000余行的"大制作"相比，诗歌《魔王》显得非常袖珍。

这首诗歌却讲述了一个惊心动魄的故事，像一出精彩的舞台剧一样，紧张、刺激，剧情跌宕起伏、妙趣横生。它成功地引起了舒伯特的关注，并被改编成了一首艺术歌曲。

在舒伯特之前，还有许多作曲家对这首诗歌感兴趣，尝试着给它谱曲。就连大音乐家贝多芬也对这首诗歌十分着迷，曾经想要为它谱曲，最终却放弃了。

舒伯特的艺术歌曲《魔王》面世后，立刻以巨大的感染力和影响力在社会上传唱开来，成为最受人们认可的《魔王》作曲。

《魔王》的诞生富于传奇色彩，它的内容也非常传奇。

《魔王》涉及叙述者、父亲、儿子、魔王四个角色。叙述者讲述了一个寒冷冬天的夜晚，一位父亲紧紧地抱着生病的儿子，骑着马在浓雾笼罩的森林里奔跑的故事。中间穿插着父亲、儿子和魔王的对话。

突然，儿子害怕地躲进父亲的怀里。

父亲："孩子，你为什么害怕得捂住了脸？"

儿子："父亲，难道你看不到藏在黑暗里的魔王吗？他身穿长袍，头戴冠冕。"

父亲看不到魔王，只能尽力安慰儿子，告诉他黑暗处没有魔王，只有浓雾。

儿子不但看到了魔王，还听到了魔王的声音。它狡猾地用有趣的游戏、鲜艳的花朵、闪着金丝的衣服、会跳舞的同伴……一次又一次引诱孩子走向黑暗。

可怜的孩子越来越害怕，只能一遍遍用痛苦和尖厉的声音向父亲求救。父亲只能一边安抚孩子，一边加快速度。

终于，黑暗中的魔王失去了耐心，它凶恶地扑向孩子，要把孩子带走。孩子惊恐地尖叫，拼命地抓着父亲。父亲被孩子的痛苦所感染，恐惧地抱紧孩子，马不停蹄地往家赶。然而，当他们好不容易赶到家时，父亲才发现孩子已经没有了呼吸。

舒伯特以其天才的创造力，用钢琴伴奏把这四个角色的旋律区分开来，成功地刻画了平静的叙述者、焦急而悲痛的父亲、惊恐的孩子、狡猾的魔王四个鲜明的角色。整首艺术歌曲气势恢宏，一气呵成，从头到尾没有一段重复的旋律。

艺术歌曲《魔王》创作出来后，舒伯特的朋友们纷纷建议他给大诗人歌德写一封信，附上用歌德诗歌谱曲的曲谱。然而，舒伯特太害羞了，他没有勇气提笔给歌德写信。

舒伯特

1816年，仗义的好朋友斯鲍恩只好代替他写了一封信，并由舒伯特亲自誊抄了一遍曲谱。这一次，他们大概寄出了包括《魔王》在内的16首曲谱。可惜，这封寄托着希望的信件石沉大海，一去无踪，没有收到任何回信和反馈。

直到1830年4月，81岁高龄的歌德受邀参加了一场音乐会，音乐会上演奏了舒伯特的艺术歌曲《魔王》。歌德在一瞬间就被这首歌曲的旋律深深地征服了，他感动得热泪盈眶，情不自禁地热烈鼓掌，对这首歌曲赞不绝口。演唱会结束后，歌德关切地询问这首歌曲的作者。然而，此时舒伯特已经去世两年了。

在寄信给歌德的同时，舒伯特和他的朋友们也积极联系出版商，想要出版部分艺术歌曲的曲谱。《魔王》是其中的代表作品。然而，当时舒伯特只是一个名不见经传的小人物，出版商们看不到这些珍贵曲谱的价值，纷纷拒绝舒伯特。

直到1821年，在好朋友们的资助下，舒伯特才自费出版了《魔王》的曲谱。曲谱出版后，很快就被抢购一空。之后，《魔王》的曲谱多次重版，在全世界流传开来。

《魔王》流传开来后，以巨大的感染力和影响力，吸引了世界各地的无数作曲家。

例如，匈牙利作曲家李斯特·弗伦茨把艺术歌曲《魔王》改编成钢琴独奏曲，法国作曲家艾克托尔·路易·柏辽兹把它改编成了管弦乐曲。

其中，李斯特改编的钢琴独奏曲《魔王》，既忠实于舒伯特的原作，又具有独特之处。在舒伯特去世数十年后，李斯特带着钢琴独奏曲《魔王》走遍了欧洲，在8年内召开了1000多场演奏会。这些演奏会既彰显了李斯特的艺术造诣，又为传播舒伯特的音乐成就作出了巨大贡献。

● 原野上的小玫瑰

  1815年冬天的一个夜晚，大街上一片冷清。18岁的舒伯特在学校练完琴后，走在回家的路上。路过一家旧货店门口时，他突然看到一个小男孩儿正瑟瑟发抖地站在寒冷、寂静的街头。小男孩儿的手中，拿着一件旧衣服和一本旧书。

  聪明的舒伯特立刻明白了，贫穷的小男孩儿想要卖掉这两样东西。可是，寒冷的夜晚，谁会买这些呢？舒伯特充满同情地看着小男孩儿，小男孩儿也用忧郁、无奈、噙满泪水的双眼看着舒伯特。这时，善良的舒伯特虽然已经开始工作了，但是每个月的薪水少得可怜，甚至连买乐谱纸的钱都不够。他把全身的衣兜都掏了一遍，把身上所有的钱都给了小男孩儿，买下了小男孩儿的旧书。

  小男孩儿高兴地拿着钱跑远了。舒伯特看着小男孩儿的身影消失在街头后，边往家的方向走，边翻看那本旧书。突然，他看到了书中的一首小诗——《野玫瑰》。他情不自禁地站在寒风中昏暗的路灯下读了起来。

舒伯特

少年看见
原野上的一朵小玫瑰，
她是那样的鲜嫩，像清晨一样美好，
少年快快地跑过去，走近细看，
小小的玫瑰让他欣喜满怀。
小玫瑰，小玫瑰，小小的红玫瑰，
原野上的一朵小玫瑰。

少年说：我要把你折下来，
原野上的一朵小玫瑰！
玫瑰说：那我扎你，
叫你永远将我思念，
但我还是不愿受此"折"难。
小玫瑰，小玫瑰，小小的红玫瑰。
原野上的一朵小玫瑰。

少年折下
原野小玫瑰；
小玫瑰抵抗着，奋力刺击，
可悲怨叹惜也无济于事，
她只能受此苦难。
小玫瑰，小玫瑰，小小的红玫瑰，
原野上的一朵小玫瑰。

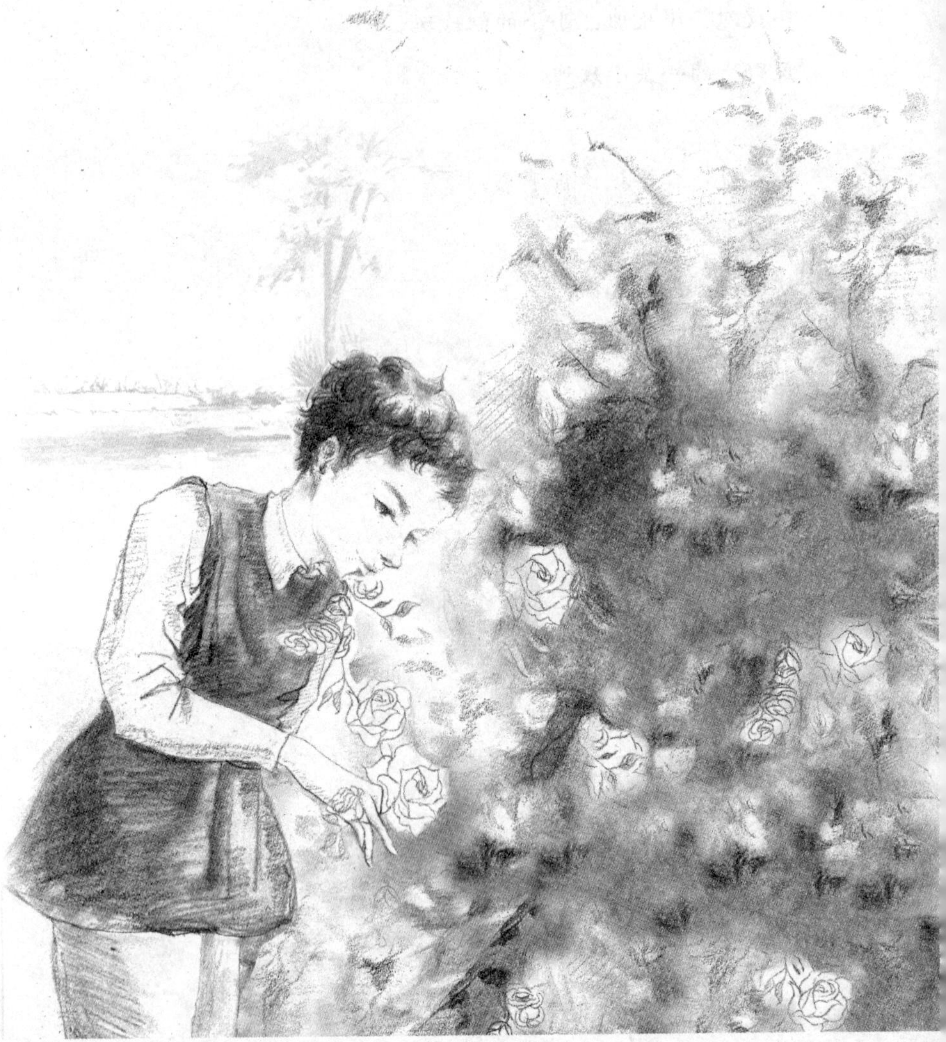

这首小诗是歌德根据德国的民歌《花蕾》改编而成的。原来的民歌《花蕾》是一首劝谕性诗歌，具有强烈的说教意味，教育人们不要轻易去毁坏鲜花，否则，就得不到果实。歌德却化腐朽为神奇，把这首小诗改编成了一首角色鲜明、有强烈的戏剧冲突的诗歌。

虽然这首诗歌只有短短的三小段，却用优美的语言描述了一个充满戏剧性的故事。

在这个寒冷的深夜，舒伯特着迷地读着这首诗歌。他仿佛闻到了远方的荒原上野玫瑰的芬芳，看到了少年青春顽皮的背影。这首诗歌深深地触动了他的心灵。突然，他的脑海里出现了一个个音符，这些音符在他的脑海里不停地跳跃，最终形成了一段清新自然的旋律。

舒伯特急忙跑回家中，迅速地把脑海中的旋律写了出来。一首清新、美妙、脍炙人口的艺术歌曲《野玫瑰》就诞生了。

这首艺术歌曲，用德国经典的分节歌形式来谱曲。整首歌曲旋律简单，歌词通俗易懂。乍一看，这首歌曲好像平淡无奇，却有一种返璞归真的美，数百年来流传不衰。

● 命运的第三次转折

1814—1816 年，舒伯特创造了音乐史上的一个小小奇迹。

他在不到两年的时间里，写了将近400首音乐作品！这是一个不小的数目，比许多作曲家一辈子创作的作品还要多。

但是，舒伯特越来越不开心。

起初，他发现自己被"绑"在了学校。每天上课时，看着窗外明亮的阳光，舒伯特非常想到阳光下一边散步、一边作曲。但是，作为一名小学助理教师，他不得不待在单调的教室里，从早忙到晚，教授他不喜欢的学科，想方设法驯服淘气的学生。

每当他想要静下来作曲时，班级里调皮的学生就会出来捣乱，把他气得暴跳如雷，方寸大乱，再也抓不住一丝音乐的灵感。

他反复思考，窝在一个小学校里，放弃自己成为一名音乐家的梦想，过着不快乐的生活，只为了获得少得可怜的工资。这样的生活是自己想要的吗？

很快，舒伯特给出了明确的答案：不是。这样的生活，不是他想要的。

于是，他开始积极寻找其他工作机会。一天，他在报纸上看到了一条招聘信息：某座城市的一所学校招聘音乐教师。这份工作有着丰厚的报酬，正是舒伯特梦寐以求的工作。他很快写了一封正式的求职信，并请老师萨列里帮忙写了一封推荐信。

在等待消息的日子里，舒伯特和萨列里的关系却变得有点微妙。

萨列里作为一位意大利作曲家，希望舒伯特学习老式意大利声乐作品，舒伯特却更愿意向海顿、莫扎特和贝多芬等音乐巨匠学习。萨列里在检查舒伯特创作的作品时，发现了他"明修栈道，暗度陈仓"的做法，这让萨列里十分生气。

他非常严厉地批评了舒伯特，对他的作品百般挑剔和批评。一开始，舒伯特老老实实地听着萨列里的批评，认真完成萨列里布置的任务。但是，伴随着舒伯特音乐审美逐渐成熟，他更愿意倾听自己内心的声音。有一次，萨列里又对舒伯特刚完成的作品大肆批评。舒伯特忍不住进行了反驳。这导致舒伯特和萨列里的关系产生了裂缝，最终分道扬镳。

不久，舒伯特听说萨列里的另一位学生获得了舒伯特看好的那份音乐教师工作。舒伯特彻底丧失了这个工作机会。

俗话说，福无双至，祸不单行。可怜的舒伯特工作不顺利，爱情的小船也遭遇了搁浅。

这期间，舒伯特一直爱慕着一位邻家姑娘——特丽莎·葛罗伯。

特丽莎·葛罗伯长得并不漂亮，但是她有一副美妙动人的歌喉，是社区教堂合唱团的女高音歌手，也是舒伯特《F大调弥撒曲》公演时的主唱。特丽莎不仅会唱歌，还会弹奏钢琴和风琴。共同的爱好，让两位年轻人情不自禁地被对方吸引。他们经常在一起排练，舒伯特弹琴或指挥，特丽莎唱歌，配合得十分默契。

隐秘而又甜美的恋情，为舒伯特带来了丰富的灵感。他为特丽莎写下了一首又一首浪漫的歌曲，尽情倾诉着自己对爱情的渴望。

然而，爱情不能代替面包，浪漫的歌曲无法填饱肚子。舒

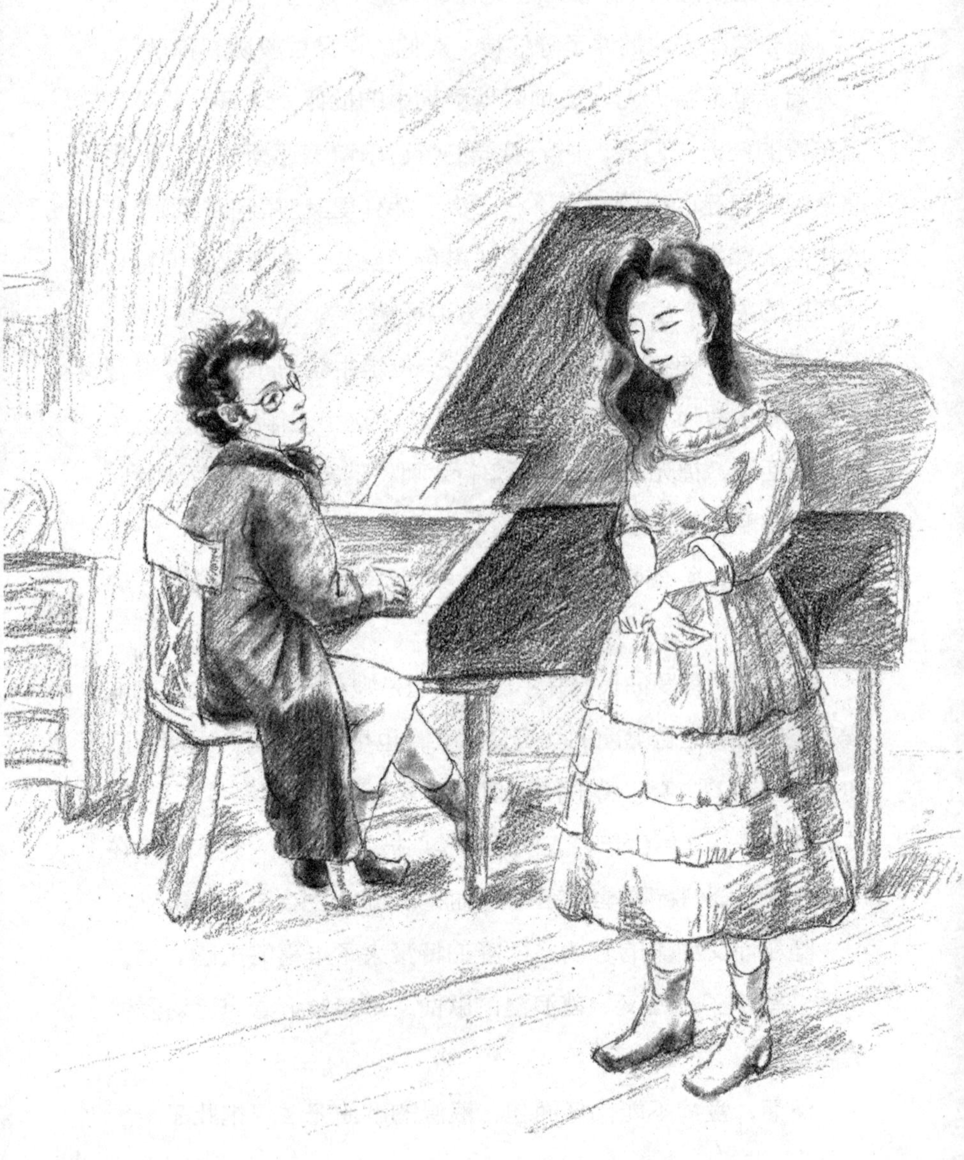

伯特要想结婚，就必须找到一份稳定的、工资可观的工作。可是，舒伯特却失败了。特丽莎等了又等，最终她抛弃了浪漫的歌曲，选择嫁给一位面包师。

这是舒伯特一生中仅有的一次恋爱经历，在此之后，舒伯特再也没有坠入过爱河，却创作出一首又一首充满了爱意的乐曲。

工作和爱情接连碰壁，舒伯特感到心灰意冷。难道他这辈子只能和父亲、哥哥一样，当一名小学教师吗？

这时，一个作曲订单改变了舒伯特的想法。

1816年6月，一位教授请舒伯特帮忙创作一首乐曲，并付给他100弗罗林的酬金。这是舒伯特第一次为了赚钱而作曲。他用心创作了一首《普罗米修斯》，这首乐曲在教授生日的时候进行了公演，获得了一致好评。

这个特殊的经历，坚定了舒伯特靠音乐谋生的信心。

1816年秋天，舒伯特正式向父亲提出辞职。父亲支持儿子在业余时间作曲，但是坚决反对儿子成为一名没有稳定工作、没有固定收入、整天到处游荡的音乐家。舒伯特却不愿意把宝贵的时间浪费在教学上。父子二人爆发了激烈的争吵。父亲的激烈反对，并不能改变舒伯特执着的决定。

这一年，他作出了影响一生的重要抉择：辞职，做一名纯粹的、自由的艺术家。

第四章

献身音乐

自由艺术家生涯

维也纳是一个音乐的国度,"交响乐之父"海顿、"天才"莫扎特、"乐圣"贝多芬……在这里扬名四海,铸就辉煌。他们就像一面面旗帜,为世界各地的音乐家指明了方向。每一年,都有无数音乐家和音乐爱好者,怀着伟大的抱负和理想涌进维也纳。

舒伯特就是其中之一。

1816年,舒伯特从小学辞职后,兜里揣着作曲得来的100弗罗林,怀着激动的心情,只身一人来到繁华的维也纳,追求自由与梦想。

然而,任何自由都是有代价的。

舒伯特生活的年代,正是奥地利历史上的"白色恐怖"时期。从1814年起,奥地利政府不断加强专制统治。到了1819年,奥地利政府开始对图书、音乐、报刊等采取严厉的审查制度,不允许任何反动的思想或言论出现。维也纳作为奥地利的首都,笼罩着一种黑暗的、令人窒息的恐怖氛围。

舒伯特

尽管如此,维也纳作为奥地利的中心城市,仍然弥漫着歌舞升平的氛围。无论是贵族还是中产阶级,甚至是平民都心甘情愿地沉浸在音乐之中。在那时候的维也纳,音乐活动随处可见,剧院、广场、咖啡店、小酒馆……到处都有各种音乐活动。尽管对于贵族和中产阶级而言,音乐只是一种单纯的娱乐消遣活动,他们崇尚虚幻的快乐,倡导及时行乐的消极思想。然而,从客观上来看,维也纳人的这种态度,也造就了维也纳的音乐黄金时代。

在维也纳的街头,音乐家随处可见。舒伯特作为一名"非著名"音乐人,想要获得成功,有两条道路可以选择。

第一条道路,是找到一位可靠的赞助人。

这类赞助人通常是有权有势的贵族。得到他们的支持,音

乐家可以受聘良好的职位，全身心创作音乐。但是，当时的王室贵族阶层所喜爱的艺术，是华丽、空虚、注重享乐的音乐。

这和舒伯特追求的音乐截然不同。舒伯特出身平民，他深刻地了解社会的黑暗。他的音乐作品歌颂大自然、歌颂一切美好的事物，充满欢乐和幸福。同时，舒伯特也不回避黑暗，勇敢地揭露社会和生活中的假、恶、丑。

例如，《魔王》里的阴险狡猾的"魔王"，《红玫瑰》里调皮的小男孩儿，《鳟鱼》里险恶的"渔夫"等。

正是由于舒伯特歌曲中有对真、善、美的弘扬和对假、恶、丑的揭露，才使他的音乐具备了一种深刻的思想，从而获得了永恒的艺术魅力。

第二条道路，是获得出版商的青睐。

19世纪初期，伴随着印刷技术的发展，印刷成本越来越低，作曲家如果得到出版商的认可，仅仅依靠出售乐谱，也可以实现名利双收，获得一定的社会地位，成为一名自由音乐家。

这也是舒伯特选择的道路。

然而，舒伯特是一位年轻的、没有任何名气的作曲家。而且他的许多作品有一定的演奏难度，所以许多出版商一开始并不看好他，不肯出版他的作品。

这两条道路，舒伯特一时半会儿都没有走通。他很快就承受了自由的代价。舒伯特没有固定的工作，为了节省房租，他只能暂时寄居在一位朋友家里。后来，这位朋友的一位远房亲戚到来，急需使用房子。舒伯特只好搬出朋友家，独自在外租房居住。他白天创作,中午找个街边小酒馆吃饭,晚上则和朋友们一起聚会,演奏音乐。

很快,舒伯特兜里的100弗罗林就花光了,成了一名窘迫的、债台高筑的"失败音乐家"。看来,他必须先想方设法赚钱了。

机会很快就来了。

1818年夏天,一位小有名气的伯爵,聘请舒伯特为女儿的家庭音乐教师,这份工作的报酬十分丰厚。按照当时贵族的生活习惯,伯爵一家要在夏天离开维也纳,到位于匈牙利乡下的别墅度假,冬天再回到维也纳。舒伯特作为家庭音乐教师,也要暂时离开维也纳,到陌生的乡村生活。虽然他并不想离开维也纳,但最终还是接受了这份工作。

匈牙利乡村的夏天,风景优美,气候宜人。一开始,舒伯特对周围的一切充满了新鲜感。他每天只需要抽出几个小时为伯爵的女儿上音乐课,其他时间都可以用来创作、散步,欣赏美景。这种悠闲、自在的生活,为他带来了大量灵感。

然而,时间一长,舒伯特发现这里没有一个人真正热爱音乐、懂得音乐,他们只是把音乐当作一种消遣。这让舒伯特和周围的环境显得格格不入。而且舒伯特的性格偏内向,不擅长与人交际。伯爵一家和别墅佣人的虚伪、客套,逐渐成了一道沉重的枷锁,压得舒伯特喘不过气来。

他无比想念维也纳,想念朋友们,只有朋友们的来信才能让他感到开心和幸福。

1818年冬天，舒伯特迫不及待地摆脱了家庭音乐教师的职位，回到维也纳，回到了朋友们中间。从此以后，舒伯特再也没有从事过其他职业，而是成为一名真正的自由艺术家。

● 迈进创作之夏

自从1818年舒伯特辞去家庭音乐教师的职位，重新回到维也纳之后，他的行为越来越像一名典型的自由艺术家了。

自由艺术家舒伯特的一天，是这样安排的：

他上午总要睡到10点左右才起床，简单洗漱后，马上就进入工作状态，一直到下午两三点才停下来休息和吃饭。之后，舒伯特和朋友们会合，一起弹琴、散步、谈论音乐。晚上，则是令人愉快的娱乐时间。舒伯特往往和朋友们一起到小酒馆聚会。他们常常一边喝酒，一边读书唱歌，谈天说地，直到深夜才结束聚会。

他的积蓄很快就花光了，变得一贫如洗，不管是住宿还是吃饭，都需要朋友的接济。但是，在这段时间里，舒伯特的创作兴致十分高涨。

1817年，舒伯特创作了大量器乐曲和大约60首艺术歌曲。其中，艺术歌曲《致音乐》《鳟鱼》最为杰出。

《致音乐》歌词简单、直白，没有任何夸张的辞藻进行修饰。就是这样一首简单、朴素的小诗，舒伯特却化腐朽为神奇，为它谱写出了一段极其优美而荡气回肠的旋律,娓娓道来地赞美了音乐的魅力,表达了他对音乐的热爱和积极向上的乐观精神。

舒伯特还于1817年开始创作他的第六首交响曲——《C大调第六交响曲》,并于1818年完成创作。除此之外,舒伯特还于1818年创作了一首歌剧《孪生兄弟》。这是舒伯特的第一部歌剧,他期待借此敲开维也纳剧院的大门,可惜这个愿望并没有实现。

1819年,舒伯特和好友到奥地利北部旅行,在阿尔卑斯山明媚的夏日风光中,舒伯特度过了一段难忘的自然之旅。他并不是空手而归,而是创作了著名的室内乐《鳟鱼五重奏》和一首A大调钢琴奏鸣曲。这一年舒伯特还创作了大量的歌曲、e小调前奏曲,以及几首弥撒曲和合唱。

1820年,对于舒伯特来说,是一个非常重要的年份。这一年,舒伯特的音乐事业有了很大起色。但是一起意外,打断了他蒸蒸日上的事业。

1820年,舒伯特的第一部歌剧《孪生兄弟》上演。这并不是一部成功的歌剧,但是对于舒伯特来说,它开了一个好头。很快,舒伯特创作了第二部歌剧《魔琴》的配乐。不久,《魔琴》顺利演出。很遗憾,演出效果也不尽如人意。失败是成功之母,舒伯特还年轻,假以时日,他一定能创作出成功的歌剧。

但是,1820年发生的一件事,则为他的音乐事业蒙上了一层阴霾。

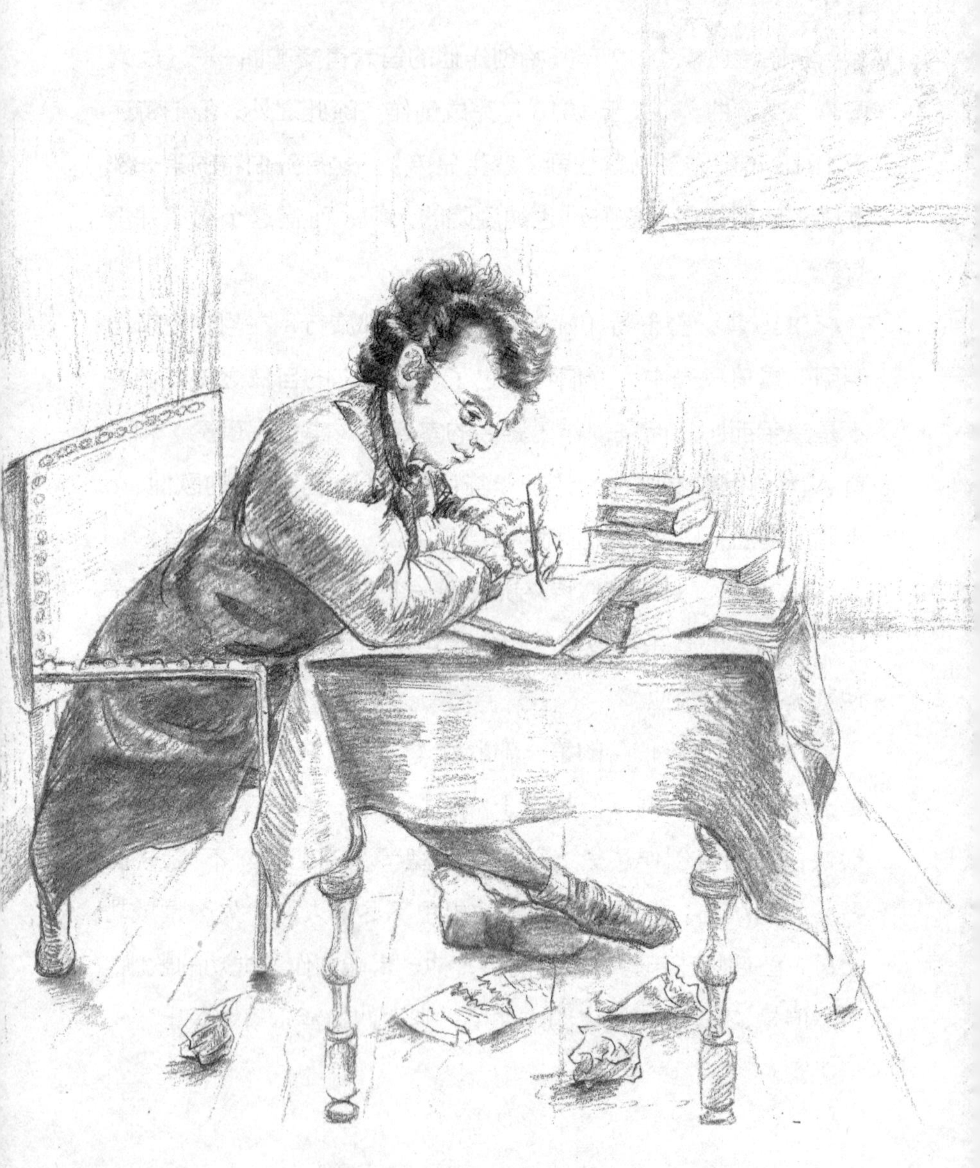

舒伯特

当时,奥地利正处于"白色恐怖"时期,许多追求自由的志士聚集在维也纳。他们有的是诗人、作家,有的是音乐家、画家……他们相互结成伙伴、朋友,彼此争论、影响,在政府部门严密的监督下散播自由的种子。1820年3月,舒伯特和朋友们正在一位诗人朋友家聚会。警察突然冲进来,指控这位诗人朋友发表过违反法律的言论。诗人毫不畏惧,和警察发生了激烈的冲突。

舒伯特和其他几个朋友也被波及。他们一起被抓到了警察局,遭受了严格的审查,在警方的记录中留下了案底。

按照当时奥地利的相关法律,民间就业、出版,甚至结婚和旅行等事宜,都需要经过警察的同意。对一位年轻的音乐家来说,在警察局留下案底,是一件非常糟糕的事情。

这件事结束后,舒伯特的诗人朋友被驱逐出境,永远离开了维也纳。舒伯特为了避免被审查,在创作音乐时,连笔迹都变了。

这个意外的小插曲,并没有打断舒伯特的创作激情。

1817—1820年,舒伯特就像一只追求光明和幸福的蜜蜂一样,孜孜不倦地作曲,创作了大量杰出的音乐作品。他的音乐灵感,似乎永远都不会枯竭。

有一次,舒伯特两手空空地参加朋友们的聚会,一张乐谱也没有带。朋友们感到失望极了。舒伯特很快就觉察到了朋友们的情绪。他迅速从口袋里拿出一首诗歌,当场进行创作。这一次,他并没有把乐曲写在纸上,而是直接把脑海里储存的旋律演奏出来。朋友们听着美妙的旋律，都深深地被他的天分所震惊。

舒伯特在创作音乐时非常专注，总是忽视周围的人和事。有人说，舒伯特所有的音乐都是在一种"迷离恍惚"的状态下完成的，好像他真的能听见脑海中的旋律一样。

实际上，任何天才都是努力和勤奋共同造就的。舒伯特热爱音乐，喜欢作曲。他虽然是一位自由艺术家，却十分勤奋。舒伯特是一个十分感性的人，总是能被身边的人和事激发灵感，所以他养成了时时刻刻记录下灵感的习惯。他随身携带一个本子，不管在什么场合，只要有了灵感，就快速记录下来。因此，人们发现，舒伯特的音乐作品，有的是在盥洗室里诞生的，有的是在床上诞生的，有的是在餐桌上诞生的，还有的是在散步中诞生的……

除了随时记录灵感之外，舒伯特还花费了大量时间修改已完成的音乐草稿，让音乐作品变得更加完美。舒伯特去世后，人们在整理他的乐谱时，发现歌剧《魔琴》的乐谱中有大量修改痕迹。除了歌剧之外，他的交响曲乐谱上也留下了多达几千处修改痕迹。甚至可以说，舒伯特的交响曲，是"改出来的"。

● "舒伯特小组"和"舒伯特之夜"

自由艺术家舒伯特贫穷、落魄，有时候甚至连饭都吃不饱。

但是，他有一笔无比珍贵的"财富"——一群志同道合的朋友。

这些朋友有诗人、歌唱家、演奏家、律师、公务员……每个人的职业、志向、个性、家庭背景都不相同，但是他们都欣赏、喜欢舒伯特的音乐。就这样，以舒伯特为纽带，形成了一个"朋友圈"。这个特殊的"朋友圈"，又被称为"舒伯特小组"。

"舒伯特小组"是一个奇特的集体，小组成员大多是贫穷的青年，在物质上和精神上形成了一种有意思的互助现象。他们经常彼此帮助，甚至把帽子、大衣、衬衣、领带、皮靴拿出来共享，一起分享喜悦与忧伤，讨论艺术的真谛。

对于舒伯特来说，"舒伯特小组"的朋友们是他的精神支柱。在舒伯特远离维也纳的日子里，他最想念的不是家人，而是朋友们。朋友们不仅时常从经济上接济舒伯特，还从精神上支持舒伯特。朋友们的热情为舒伯特带来了极大的慰藉，促使他的创作欲望越来越强烈。

朋友们还非常关心舒伯特的音乐事业，不遗余力地为他四处奔走和宣传。例如，斯鲍恩十分关注舒伯特音乐的出版事宜。他多次把舒伯特的作品推荐给出版社。舒贝尔则不厌其烦地把舒伯特推荐给一个又一个有影响力的人物。

"舒伯特小组"几乎每周都聚会，舒伯特毫无疑问是聚会的核心。每次"舒伯特小组"聚会时，只要舒伯特一出现，朋友们就把他围起来，翻找他口袋里新谱的乐曲，尽情演奏和歌唱他的作品。后来，人们给这些聚会取了一个形象的名字——"舒伯特之夜"。

当时的维也纳有各种形式的音乐活动，包括剧院公开的、半公开的演出活动，以及私人室内音乐会。这些音乐活动吸引了形形色色的作曲家、演奏者、歌唱家和听众。作曲家的音乐作品通常借助这些音乐活动进行传播。

18世纪末19世纪初期，维也纳的私人室内音乐会十分兴盛。私人室内音乐会，类似于音乐沙龙，它并不需要庞大、专业的管弦乐团进行伴奏，只需要一架钢琴、几台弦乐器，人们就能够聚在一起演奏美妙的音乐。所以，在当时，不管是家庭内部，还是同事、朋友之间，都十分热衷举行私人室内音乐会。一时间，私人室内音乐会成为一种音乐时尚，风靡整个维也纳。就连贝多芬的许多作品，都被改编成适合私人室内音乐会的形式。

"舒伯特之夜"就是一个私人室内音乐会活动，活动主题围绕舒伯特音乐作品展开。舒伯特的音乐作品，尤其是艺术歌曲，短小精悍，感情充沛，十分适合在私人室内音乐会上演奏或歌唱。

参加"舒伯特之夜"的人员数量不固定，有时只有几个人，有时则有几十人，甚至上百人。有的时候，甚至舒伯特本人也不到场。不管舒伯特在还是不在，参加"舒伯特之夜"的人们，都聚在一起演奏、歌唱舒伯特的音乐作品。

在舒伯特作品的流传过程中，有一个人功不可没。他，就是维也纳著名歌唱家弗格尔。

舒伯特

弗格尔在宫廷歌剧团工作，他已经50多岁了，有着丰富的演唱经验，但为人十分傲慢。舒伯特的好朋友舒贝尔经人介绍认识了弗格尔，立刻向弗格尔推荐舒伯特。然而，弗格尔根本不屑于关注这个没有名气的乐坛小卒，因此，他拒绝了舒贝尔。舒贝尔并没有放弃，仍然持续不断地向弗格尔推荐舒伯特。

终于有一天，弗格尔接受了邀请。

这天晚上，舒伯特和他的朋友们早早地聚在一起，焦急地等待弗格尔的到来。约定时间到了，弗格尔准时出现。舒伯特激动得语无伦次，结结巴巴地向弗格尔致意。然而，当弗格尔

看到传闻中才华横溢的舒伯特是一个矮小、笨拙、貌不惊人的小胖子时，他的态度既傲慢又冷淡，根本不回应舒伯特的问候。舒伯特尴尬极了。

这时，弗格尔拿起桌上的一叠乐谱，冷淡地开口试唱。舒伯特坐到钢琴前为他伴奏。在唱第一首歌曲时，弗格尔只是敷衍地哼唱了一会儿，唱完后，淡淡地评价了一句："还不错！"接着他又低声唱了其他几首歌曲。唱到最后，弗格尔的态度越来越友好，也越来越热忱。但是，弗格尔只是轻描淡写地评价了舒伯特的音乐就离开了。弗格尔走后，舒伯特和朋友们面面相觑，都不明白弗格尔的真实意图。

实际上，弗格尔已经被舒伯特的才华深深折服，虽然弗格尔并没有当面夸赞舒伯特，但是在背地里热情地为舒伯特宣传。之后，弗格尔又参加了几次"舒伯特之夜"的聚会，每次都歌唱舒伯特的作品。他越来越敬佩舒伯特的艺术才能，从舒伯特的歌曲里汲取了新的艺术激情，尤其对《魔王》等歌曲赞不绝口。后来，弗格尔和舒伯特成为亲密的朋友，弗格尔成为"舒伯特之夜"的常客，和大家一起演唱和分享舒伯特的音乐。

弗格尔作为一名有实力的歌唱家，在维也纳，甚至在奥地利乐坛上都拥有举足轻重的地位。他经常在维也纳的各种音乐活动上演唱舒伯特的歌曲，还邀请舒伯特一起演奏、一起旅行。经过弗格尔的演唱和推介，舒伯特的名字和歌曲开始在维也纳流传，逐渐受到公开或半公开音乐活动的重视。一些音乐报刊开始报道舒伯特的名字和作品。

默默无闻的自由艺术家舒伯特,在经历了一系列的失败和窘境之后,终于看到了一丝希望的曙光。

● 青春明快的《鳟鱼》

鳟鱼,是德国、奥地利一带常见的淡水鱼,它不仅是当地人餐桌上的美味,还是文学家和艺术家喜爱的创作题材。

1782年,德国诗人舒巴特以鳟鱼为题材,写了一首寓意深刻的小诗《鳟鱼》。这首小诗,讲述了一条自由的小鳟鱼被阴险的渔夫钓上岸的悲惨故事。

在一条明亮的小河里,一条自由又快乐的小鳟鱼像箭一样欢畅地游玩、嬉戏。这时,一位渔夫拿着钓竿,出现在河岸旁。清澈的河水像镜子一样倒映出了岸上的情景,小鳟鱼轻松灵活地游来游去,远远地避开一切危险。突然,阴险的渔夫用力把河水搅得浑浊不清。河里的小鳟鱼不能辨别方向,惊慌失措地胡乱冲撞,最终咬住了钓钩,被渔夫钓上了岸。

诗歌的作者舒巴特,借助小鳟鱼的悲剧,劝诫人们,要擦亮眼睛,认清生活中的陷阱,不要像小鳟鱼一样被阴险的渔夫抓住。

1817年,20岁的舒伯特读到这首小诗,被小鳟鱼的自由和欢快所感染,创作了艺术歌曲——《鳟鱼》。

这首歌的曲调轻松、明快。它抛弃了小诗浓重的悲剧色彩和深沉的说教口气，重点展现了小鳟鱼的快乐和自由。聆听这首歌曲，人们仿佛能够看见小鳟鱼灵动的身影。虽然小鳟鱼被阴险的渔夫抓住，但是歌曲的结尾处流露出一种乐观情绪，似乎预示着自由欢乐的美好终将到来。

舒伯特的好朋友弗格尔十分喜爱这首《鳟鱼》，经常在各种场合演唱、推广这首歌曲。

1819年夏天，弗格尔邀请舒伯特一起到他的故乡施泰尔旅行。施泰尔位于阿尔卑斯山北部，风景优美，是夏季避暑的好地方。对于舒伯特来说，这既是一次自然之旅，也是一次艺术之旅。

舒伯特和弗格尔一路上欣赏风景，并在一些漂亮的小镇短暂停留，弹琴、唱歌，为居民们表演音乐。到达施泰尔后，弗格尔把舒伯特介绍给当地喜爱音乐的朋友们。美丽的自然风光和热情似火的新老朋友，点燃了舒伯特的创作激情。

和朋友聚会时，舒伯特弹琴，弗格尔再次唱响了那首美丽的《鳟鱼》。它明快的曲调，青春的旋律，立刻深深打动了一位名叫鲍姆加特纳的绅士。这位绅士请舒伯特以这首歌曲为主题，创作一首好听的室内乐。舒伯特愉快地答应了。之后，他们继续在壮美的阿尔卑斯山中徜徉，呼吸清新的空气，欣赏优美的景色，度过了一段愉快的时光。

在旅行结束时，舒伯特创作了一首《鳟鱼五重奏》，送给鲍姆加特纳。

《鳟鱼五重奏》是一首弦乐五重奏，也是舒伯特艺术成就最高、备受后人喜爱的一首室内乐。这是一首风格清新活泼、富有诗意的乐曲，也是一首曲调新颖大胆、与众不同的室内乐。

一般来说，五重奏的经典组合，是一台钢琴、两把小提琴、一把中提琴、一把大提琴组合。但是，由于鲍姆加特纳擅长大提琴，舒伯特便对传统的五重奏组合进行了大胆改编，改成了钢琴、小提琴、中提琴、大提琴、倍大提琴组合。

此外，室内乐通常有四个乐章，《鳟鱼五重奏》却有五个乐章。其中第四乐章，就是艺术歌曲《鳟鱼》。整首乐曲的旋律新颖、明丽，洋溢着青春的气息，蕴藏着无限的活力，让听过的人久久不能忘怀。

这正是舒伯特的特别之处，他总是能把生活中平凡或美好的场景，变成一首又一首优美的乐曲。

第五章

成为"歌曲之王"

● 风靡奥地利

1821 年,在一个个"舒伯特之夜"的传播下,舒伯特成为维也纳乐坛一颗冉冉升起的新星。

维也纳爱好音乐的人们吃惊地发现,在他们居住的城市里,有一位才华横溢却默默无闻的作曲家。他的作品通俗易懂,优美动人,居然没有被出版商出版过。

这是一个极为奇特的现象。

舒伯特的名字和音乐明明已经在维也纳家喻户晓了,人们却买不到他的乐谱。如果乐谱能够成功出版,舒伯特不仅可以得到可观的报酬,还能够引起音乐界的关注,获得更多演出机会。

早在 1816 年,舒伯特的好朋友斯鲍恩就曾把舒伯特的一些乐谱寄给音乐出版商。然而,当时的舒伯特籍籍无名,音乐出版商并不看好他。五年后,舒伯特的名字传遍了维也纳的大街小巷,朋友们觉得出版乐谱的时机成熟了。所以,一些朋友把舒伯特的乐谱《魔王》寄给维也纳的几家大出版商。

这些出版商却出奇地谨慎，他们觉得舒伯特的名气还不够大，而且一些歌曲的伴奏难度太大，所以他们仍然不愿意购买舒伯特音乐作品的版权。

面对出版商的拒绝，舒伯特的朋友们并没有放弃。他们决定凑钱出版《魔王》的乐谱，然后由出版商代理销售。这一次，有一位名叫迪亚比利的出版商同意了。

很快，《魔王》的乐谱出版了。朋友们组织了一场大型"舒伯特之夜"音乐会，在音乐会上宣布了这个好消息，当晚就卖出了近100册乐谱！其余寄存在出版商手中的乐谱，很快也销售一空。

《魔王》乐谱的成功，为舒伯特的音乐出版开了一个好头。

精明的出版商立刻重新评估了舒伯特的音乐价值。他们终于同意购买舒伯特的乐谱。从 1821 年至 1828 年，舒伯特出版了近 100 部音乐作品，其中大部分是艺术歌曲。这些艺术歌曲，借助出版商传遍了奥地利、德国等地。这些歌曲通俗易懂，有的欢乐、有的忧郁、有的痛苦、有的深情、有的高亢、有的低回、有的颂扬、有的悲泣……丰富的情感从优美动听的旋律里汩汩流出，引发了无数平民和知识分子的共鸣。

为了感谢舒伯特创造的这些不朽的音乐瑰宝，人们把"歌曲之王"的桂冠送给了他。

现在，舒伯特终于成为一位名利双收的自由艺术家。在乐谱没有出版前，舒伯特经常到处借债，在饭馆和酒馆赊欠账单。乐谱的成功出版，让舒伯特获得了大量稿酬。在第一次领到稿酬时，朋友们就替舒伯特还清了所有的债务，除此之外，还剩余了一大笔钱。而且未来如果乐谱再次出版，舒伯特还会源源不断地获得稿酬。这些稿酬如果计划得当，舒伯特就不会再受贫穷之苦了。

然而，舒伯特缺乏经济头脑。他的性格又敏感，又腼腆。他虽然已经 20 多岁了，但是实际生活经历十分匮乏。他习惯了和朋友们一起聚会的生活，没钱时借债，拿到稿酬后又大手大脚，很快就把钱花光了，又回到了入不敷出的窘境。

此外，舒伯特不擅长交际，更不擅长和狡猾的出版商打交道。例如，《魔王》第一次出版大获成功。舒伯特再次和出版商交易时，本来可以继续保留《魔王》的版权，从中获得可观的收益。而实际情况却是舒伯特以极低的价格，就把《魔王》以及其他十二部作品的版权卖给了出版商，并且是一次性买断，没有任何额外收益。朋友们听到这个消息后，又生气，又惋惜，舒伯特却好像一点也不在乎。

出版商就像吸血鬼一样，明明靠着舒伯特的曲谱赚得盆满钵满，却疯狂地压榨舒伯特，不愿意多付给他一个硬币。有一次，舒伯特把一首曲谱寄给出版商，要求100弗罗林。但是出版商只寄给他20弗罗林，并且告诉舒伯特：如果他对这个价格不满意，那就必须再把20弗罗林寄回给出版商。舒伯特不甘心，却又无可奈何，因为他急需用钱去买面包填饱肚子。

整个维也纳都沉醉在舒伯特的美妙的音乐里，但是舒伯特穷得叮当响。为了拿到更多稿酬，舒伯特只能一首接着一首不停地作曲。有时候，他甚至通宵达旦地工作。这种超负荷创作，严重损害了他的健康。他的生命就像疯狂燃烧的蜡烛，在不经意间迅速缩短。

● 迎来创作之秋

自从乐谱出版后，舒伯特的音乐事业就呈现出一派欣欣向荣的景象。越来越多的维也纳人了解到舒伯特的音乐，许多在宫廷音乐机构工作的音乐家，都纷纷夸赞舒伯特的音乐。

舒伯特并没有被暂时的成功迷惑，他更加努力创作，迎来了生命中的创作之秋。

1821年，舒伯特创作了新歌剧《阿方索与埃斯特蕾拉》，这是一部被舒伯特寄予厚望的歌剧。然而，最终结果让人失望，直到舒伯特去世后，这部歌剧才在剧院上演。

虽然歌剧创作让人失望，但是，舒伯特的其他音乐作品十分受欢迎。尤其是舒伯特的艺术歌曲最受欢迎。1822年，维也纳的一家音乐报刊对舒伯特的艺术歌曲进行了详细报道。舒伯特的作品开始在维也纳私人、半公开，甚至公开音乐活动中上演，这极大地提升了舒伯特的影响力。

同年，舒伯特创作了多首艺术歌曲，以及降A大调弥撒曲、《未完成交响曲》（b小调交响曲的两个乐章），以及著名的钢琴独奏曲——《流浪者幻想曲》。

1823年，舒伯特创作了多首杰出的艺术歌曲，钢琴奏鸣曲、歌剧音乐，以及声乐套曲《美丽的磨坊姑娘》等。这一年4月，舒伯特被授予格拉茨市音乐协会的荣誉会员，并于8月成为林茨音乐家协会的荣誉会员。

1824年是舒伯特的另一个丰收年。这一年，舒伯特创作了e小调长笛和钢琴变奏曲、a小调弦乐四重奏、降A大调变奏曲、a小调奏鸣曲等。

正当舒伯特的音乐事业蒸蒸日上之时，他的健康每况愈下。长期高强度工作，以及不良生活方式损害了他的健康。

1822年是舒伯特一生中的分水岭。在此之前，舒伯特就像是一位不断朝着山顶冲锋的运动员，他的歌曲已经风靡了整个

舒伯特

奥地利,他的歌剧开始在剧院上演,他的名字见诸报端,一个又一个音乐协会邀请他加入……这时,舒伯特才刚刚25岁,他就像是维也纳乐坛一颗前途无量的新星,假以时日,必将散发出夺目的光彩。

然而,这一切在1822年发生了重大转折。这年夏天,舒伯特被诊断患上了梅毒。以当时的医疗条件,没有办法治愈这种疾病。所以,一旦患上这种疾病,就相当于被提前判处了"死刑"。

从此以后,舒伯特的身体和心灵都饱受疾病的折磨。他的音乐创作事业也遭遇了前所未有的危机。

突如其来的疾病改变了一切,舒伯特的生活习惯发生了重大变化。

以前,舒伯特喜欢和朋友们待在一起,朋友们就像是他生命中的一道阳光,照亮了他落拓不羁的岁月。"舒伯特之夜"室内音乐会是他最喜爱的活动,和朋友们一起弹琴、唱歌是他创作灵感的来源之一。然而,舒伯特生病后,"舒伯特之夜"室内音乐会再也不像以前一样让他愉悦了。舒伯特离开了维也纳市中心,离开了朋友们,搬回了父母家进行治疗。他每天读书、散步、写作,过着简朴和规律的生活。

疾病还改变了舒伯特的心情。在1822年之前,舒伯特虽然屡屡遭受生活的打击,但是他一直对生活抱有希望。即使失恋、失业,流落街头,身无分文,舒伯特的音乐中也依然充满光明。然而,1822年之后,舒伯特感到前所未有的悲观和失望。1823年,舒伯特在写给朋友的信中,描绘了自己的心情。他向朋友倾诉自己的绝望,感觉一切事情都变得越来越糟糕。他甚至悲观地希望自己一觉不醒,因为第二天醒来,就会感受到更深刻的悲伤。

这是一种绝望的悲伤。然而,不管绝望和悲伤多么沉重,也无法改变舒伯特对音乐的热爱。对舒伯特来说,音乐不仅是他的事业,还是他的精神寄托,是他一生的追求。

1823—1824年,舒伯特经历了一段难熬的岁月。为了治疗疾病，他不得不严格限制自己的饮食，还积极尝试新疗法。治疗过程相当痛苦。他剃光了头发，疲惫地卧床休养。即使这样，舒伯特仍然在病床上坚持进行音乐创作。

疾病使舒伯特的音乐风格也发生了极大改变。1822—1824年，舒伯特创作了几部弦乐四重奏、八重奏，以及几首歌曲，还创作出了他的第一部声乐套曲——《美丽的磨坊姑娘》。这是一部具有重大意义的作品，被誉为西方艺术歌曲发展的转折点。疾病让舒伯特的身心备受折磨，给他带来了极大的痛苦，而他却用这种痛苦，提升音乐的魅力，推动音乐事业更上一层楼。

除了新作品的诞生，1824年还发生了一件对舒伯特影响极大的事情，那就是贝多芬音乐会的召开。

1824年5月，贝多芬在维也纳举行了一场公开音乐会，这也是贝多芬此生的最后一场音乐会。在这场音乐会上，贝多芬的《第九交响曲》进行了首演，已经完全耳聋的贝多芬亲自参与指挥。这部巨大的、精彩的作品深深地震撼了所有观众。观众先后五次报以雷鸣般的掌声，对贝多芬和他的音乐表示敬意。

舒伯特观看了这场史无前例的音乐会。他萌发了一个想法：举办一场公开的个人演唱会。这个想法，直到1828年才得以实现。

失败的歌剧作者

在舒伯特生活的年代，艺术歌曲作为一种新的音乐体裁，在上流社会并不普及。歌剧,才是最受上流社会欢迎的音乐体裁。舒伯特作为一名自由艺术家,要想在维也纳乐坛站稳脚跟,必须有拿得出手的歌剧。

舒伯特很早就开始了歌剧的创作。

1818年,在好朋友弗格尔的推荐下,舒伯特应维也纳皇家剧院邀请创作一部歌剧。1819年春天,舒伯特完成了这部轻松愉快的滑稽歌剧,名为《孪生兄弟》。很快,维也纳皇家剧院确定了《孪生兄弟》的公演时间。这是舒伯特作品的第一次公演,意义非凡。然而,公演日期临近时,著名的意大利歌剧作曲家焦阿基诺·安东尼奥·罗西尼到维也纳进行巡回演出。罗西尼的到来,彻底打乱了《孪生兄弟》的公演计划。一时间,包括维也纳皇家剧院在内,所有维也纳的剧院都忙着上演罗西尼的歌剧。

直到1820年夏天,舒伯特的歌剧《孪生兄弟》才终于迎来了公演。这次公演由弗格尔担任主唱,他完美地诠释了角色,公演取得了极大的成功。舒伯特本人穿着破旧不堪的外衣观看了演出。演出结束时,观众热烈地鼓掌,舒伯特又激动,又开心。但是,他太腼腆了。观众热情地呼唤歌剧作者上台谢幕,舒伯特却说什么也不肯上台。报幕员只好说作者不在现场。演出结束后,舒伯特和朋友们举行了庆功会,一起狂欢到深夜。

尽管歌剧的公演获得了成功,维也纳的评论界对此却并不感兴趣。《德累斯顿晚报》的记者甚至对这部歌剧进行了严肃批评。冷清的舆论,似乎暗示了这部歌剧的命运。仅仅公演了6

次,《孪生兄弟》就被剧院舍弃了。

第一部歌剧的悲惨结局,虽然让舒伯特稍微有些遗憾,但是他并不气馁,依然对歌剧创作充满了信心。

不久,维也纳河畔剧院委托舒伯特为一部三幕剧《魔琴》创作配乐。这是一部严肃题材的歌剧,剧本并不十分出色。但是,舒伯特灵感爆发,只用两个星期就完成了配乐。这些配乐辉煌美妙,非同凡响。舒伯特和朋友们都十分期待这部歌剧的演出。然而,由于排练太过仓促,《魔琴》公演时十分混乱,观众看得云里雾里,那些完美的配乐也没有凸显出来。

对这部明显公演失败的歌剧,剧评家们毫不留情地进行了批评。只有舒伯特的一位好友在报纸上发表了一篇正面评论,在这篇评论中,好友热情地赞扬了舒伯特的配乐,但这并不能改变《魔琴》失败的结局。仅仅演出了几场,《魔琴》的名字就从剧院的演出单上消失了。由于演出失败,舒伯特应得的报酬也没有收到。

尽管经历了两次失败,舒伯特却仍然无法放弃歌剧。1821年,舒伯特和好朋友舒贝尔合作,创作了一部新的歌剧。这是一部典型的意大利歌剧,有着意大利歌剧的典型剧情和戏剧创作手法。舒贝尔创作剧本,舒伯特谱曲,他们每天兢兢业业地工作到深夜,用了一年时间才把这部歌剧打磨完成。他们满怀信心,希望这部歌剧能一炮打响。

然而,期望有多大,失望就有多大。维也纳的所有剧院都拒绝上演这部歌剧。尽管这是一部杰出的歌剧,后来还曾受到

"钢琴之王"李斯特·弗伦茨的由衷称赞。而在当时,这部歌剧却遭遇冷遇。

对于舒伯特来说,这是一个不小的打击。不过,他仍然没有放弃歌剧。

1823年,舒伯特再次鼓起勇气,创作了一幕歌剧《密谋者》。这是一部情绪高昂、格调欢快的歌剧,讲述了一个古希腊喜剧作家的故事。和前几部歌剧相比,这部歌剧的创作水平大大提高。然而,这部歌剧的命运和之前的歌剧一样,遭到了维也纳所有歌剧院的拒绝。直到1861年,舒伯特去世33年后,这部歌剧才在维也纳进行了首演。

除了《密谋者》,舒伯特在1823年还创作了两部歌剧,它们也和前面的歌剧一样,有的连出演的机会都没有,有的虽然成功上演,但很快就销声匿迹了。

从1818年至1823年,这五年来,舒伯特在歌剧上投入的精力最大,然而最终颗粒无收,成果惨淡。作为一名歌剧作者,舒伯特无疑是失败的,而导致他失败的原因是多方面的。

歌剧是一种综合性艺术,对剧本、音乐、现场演出的调度都有很高的要求。舒伯特虽然是一名杰出的作曲家,但是他遇到的歌剧剧本,都称不上好剧本。剧本是一出歌剧的基本载体,歌剧的所有要素,包括音乐,都必须围绕剧本展开。因此,如果剧本不好,就算音乐再动人,现场的编排调度再合理,也无法吸引和打动观众。可以说,剧本的平庸直接影响了舒伯特歌剧的效果。

除此之外，舒伯特歌剧的失败还和当时维也纳的主流审美有关。当时，维也纳流行的歌剧是意大利老式歌剧。这类歌剧的编排十分华丽、辉煌，思想却十分空虚，推崇享乐主义，麻痹人民的意志。这些深受奥地利皇室和贵族的喜爱。舒伯特创作的歌剧，精致、唯美，注重思想和情感的表达，不能迎合维也纳统治者的喜好，自然无法获得成功。

尽管歌剧的失败让舒伯特备受打击，他却并没有放弃歌剧，直到去世之前，他仍然在孜孜不倦地创作歌剧。

《未完成交响曲》的故事

1822年，舒伯特创作了b小调交响曲的两个乐章。这是一部没有完成的交响曲。

一般来说，交响曲有四个乐章，因此，人们把这部交响曲称为《未完成交响曲》。由于这部交响曲是舒伯特创作的第八部交响曲，所以又被称为《b小调第八交响曲》。

舒伯特为什么没有完成这部交响曲呢？从创作时间来看，《未完成交响曲》创作于舒伯特患病前。因此，有人认为，疾病改变了舒伯特的心境，他没有办法再延续乐曲的原有风格，所以只能暂时搁置这部乐曲。可惜几年后，舒伯特就去世了。他再也没有机会完成这部作品了。

还有人认为，舒伯特写完两个乐章后，发现乐章的结构和内容已经很完美了，就没有写另外两个乐章。但是，他可能出于某种顾虑，并没有发表这部作品。

不管是什么样的原因，总之，《未完成交响曲》被舒伯特夹在了一个笔记本里，后来，被舒伯特一位朋友收藏起来。1828年舒伯特去世后，这位朋友一直珍藏着这部作品。直到30多年后，舒伯特的音乐已经传遍了大半个欧洲，人们好像蜜蜂追逐花蜜一样，发掘舒伯特的乐曲。整个维也纳处于一种痛失天才、发现天才、追忆天才的氛围中。

这时，这位朋友的弟弟写了一封信，把这个珍贵的收藏信息，透露给了一位维也纳交响乐团的指挥家。然而，这位指挥家却没有重视这个信息。他到处奔波寻找舒伯特有价值的音乐，却一次又一次错过《未完成交响曲》。直到1865年，这位指挥家才终于拜访了舒伯特的那位朋友，在一个抽屉里找到了这部《未完成交响曲》。

指挥家拿到《未完成交响曲》后，不由得眼前一亮。他立刻就被这部"残缺"的作品吸引了。虽然从乐章上来看，这是一部没有写完的交响曲，但是，不管从内容上还是从形式上来看，它都是一部堪称"完美"的作品。

1865年冬天，《未完成交响曲》在维也纳进行了首次公演，立刻引发了社会的巨大轰动。

在《未完成交响曲》之前，维也纳流行的是贝多芬式的交响曲——结构严谨、气势恢宏、大气磅礴。舒伯特的《未完成交响曲》却开辟了另一种截然不同的交响曲风格。这部交响曲

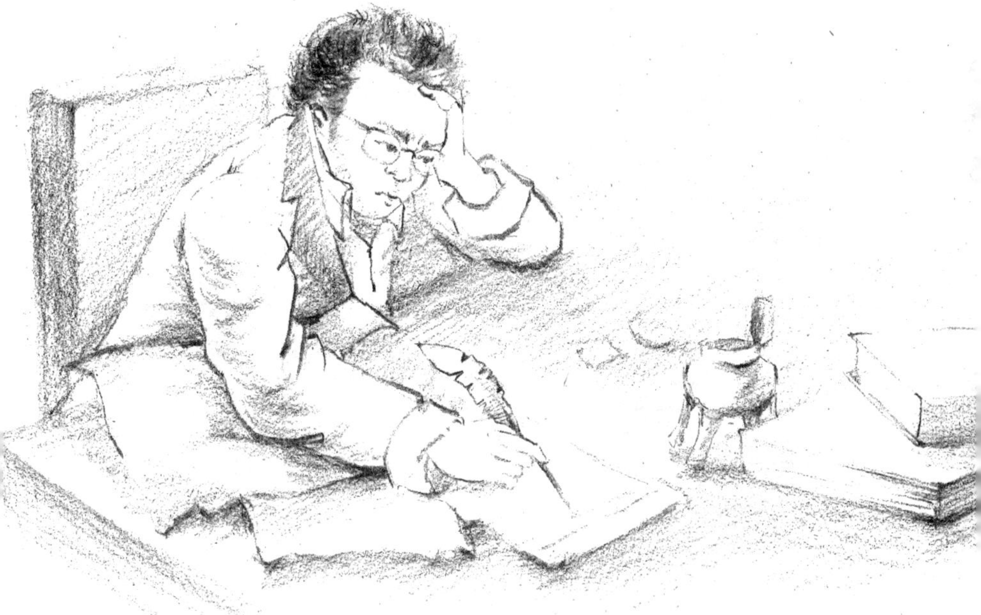

旋律清纯、优美，情趣生动、细腻，带有一种鲜明的个人式的忧伤，具有强烈的浪漫主义特质。它开辟了浪漫主义交响曲的新篇章，在西方音乐史上具有里程碑式的意义。

1928年，在舒伯特逝世100周年之际，人们为他举行了隆重的纪念活动。有人提出要续写舒伯特的《未完成交响曲》。相关组织者召集了大量音乐界人士，试图把《未完成交响曲》补充完整。然而，他们经过大量努力后，证明所有的续写都是徒劳的、多余的。这部《未完成交响曲》就是音乐界的"断臂维纳斯"，本身就带有一种残缺的美，是音乐史上的一部"千古绝唱"。

《未完成交响曲》的总时长只有短短20分钟。虽然简洁，但是它所塑造的音乐形象十分鲜明。整部交响曲仿佛塑造了一位内心矛盾的人物形象。

第一个乐章，开头以弦乐器奏出低沉而紧张的旋律，仿佛是来自地底的声音一般，让人头皮发麻，感到压抑和痛苦。这个旋律就像一片乌云一样，笼罩着整个乐章。之后，双簧管和单簧管弹奏出像叹息、又像哭泣的声音，好像主人公的内心，无比凄凉和痛苦。但是紧接着，大提琴演奏出优美而抒情的声音，它欢快、轻盈，好像主人公在寻找梦幻中的希望。突然，强烈的和弦响起，主人公似乎想要反抗黑暗，为实现理想而抗争。黑暗与光明展开了激烈的争斗，最终低沉的旋律占据主导，好像黑暗再次吞没了主人公。

与第一个乐章相比,第二个乐章显得十分安详和恬静。优美和抒情的旋律,似乎主人公不再直接与黑暗抗争,而是转向大自然中,寻求暂时的安宁。

《未完成交响曲》深刻地表现了舒伯特复杂而矛盾的内心世界,它创造性地把抒情性和戏剧性结合在一起,形成了独特的音乐风格,通俗、易懂,被称为交响乐界的"流行乐"。《未完成交响曲》从1865年第一次演出后,100多年来长演不衰,成为舒伯特最受欢迎的作品之一。

声乐套曲《美丽的磨坊姑娘》

声乐套曲是一组在结构上相互独立,在情节上却有一定的联系的多首歌曲组成。声乐套曲的发明者是舒伯特的偶像、伟大的音乐巨匠——贝多芬。1816年,贝多芬创作了德国第一部声乐套曲《致远方的爱人》,这部声乐套曲被誉为"不朽的音乐情书"。舒伯特在贝多芬的基础上,发扬了这种音乐体裁。

1823年,舒伯特根据奥地利诗人威廉·缪勒的一组诗歌,创作了一首声乐套曲《美丽的磨坊姑娘》。

磨坊,是17—19世纪德国和奥地利农村常见的建筑。从17世纪开始,伴随着欧洲农业的发展,磨坊手工业应运而生。当时,在德国和奥地利,出现了许多青年磨工。他们年轻力壮,怀着对爱情的美好向往,在一个又一个乡村磨坊之间旅行、打工。久而久之，关于磨坊的爱情故事和歌谣流传开来。到了19世纪初期，磨坊爱情故事已经成为诗歌和音乐的重要题材。就连大名鼎鼎的歌德，都写过磨坊爱情故事相关的诗歌。

威廉·缪勒的《美丽的磨坊姑娘》组诗，就诞生在这样的背景下。《美丽的磨坊姑娘》组诗，共25首诗歌，讲述了一个长篇磨坊爱情故事。

舒伯特在一位朋友家做客时，无意间看到了威廉·缪勒的一本诗集。在他阅读这首组诗时，音乐的灵感就像泉水一样涌出。于是，舒伯特向朋友借了这本诗集。返回家后，他很快就为其中的10首诗歌谱了曲。不久，舒伯特就因病住院了。但是，他并没有放弃这组诗歌。在病床上，舒伯特坚持完成了《美丽的磨坊姑娘》的另外10首诗歌的谱曲。

声乐套曲《美丽的磨坊姑娘》没有照搬《美丽的磨坊姑娘》组诗，而是挑选了其中的20首诗歌——《流浪》《到哪儿去》《停步》《感谢小溪》《工余》《疑问》《忍不住》《早晨的问候》《磨工之花》《泪雨》《我的》《休止》《绿色的琴带》《猎人》《嫉妒与骄傲》《可爱的颜色》《讨厌的颜色》《憔悴的花朵》《磨工与小溪》《小溪催眠曲》。

整首声乐套曲讲述了一个凄美的爱情故事。一位青年沿着小溪去流浪。他独自一个人上路，但是并不孤单。他把小溪当作朋友，对小溪倾诉自己的理想。小溪把青年带到一座白杨树旁的磨坊前。这时，一缕悦耳的歌声从磨坊里传出，瞬间就俘获了青年的心。

他到磨坊前询问，原来，歌声是磨坊主的女儿——一位美丽的磨坊姑娘唱的。青年为了赢得磨坊姑娘的芳心，留在磨坊中做磨工。他每天清晨早早起床工作，不怕苦，不怕累，只是一心想着心爱的姑娘。他向小溪讲述他的爱情，告诉小溪自己心底的秘密。他想象着自己生出了千万只手臂，把磨盘推得飞快，让磨坊姑娘看到自己，爱上自己。他把磨坊姑娘的名字刻在树皮上，在她的窗前种满鲜花。他相信，总有一天，会赢得磨坊姑娘的爱情。

然而，正当青年陷入爱情的幻想时，一位情敌——英俊的猎人出现了。他英勇的身姿，一下子就吸引了磨坊姑娘的注意。很快，磨坊姑娘与猎人坠入爱河。青年磨工失恋了。他伤心、失望，一下子失去了生活的希望。他来到小溪边，对小溪倾诉自己的不幸。最后，青年投入小溪中，用潺潺流动的溪水埋葬了自己的爱情和生命。

这部声乐套曲每一首之间环环相扣，就像是一出跌宕起伏的戏剧，又像是一篇美丽动人的音乐抒情小说。

舒伯特在声乐套曲《美丽的磨坊姑娘》中，显示了高超的音乐技巧。他用音乐塑造了青年、小溪、猎人的鲜明形象。青年磨工勤劳、天真、为爱痴迷；小溪清澈、善解人意，是青年亲密的伙伴；猎人英勇、霸道。

除了鲜明的人物形象，舒伯特还用音乐旋律来推进剧情。前面11首歌曲的基调活跃开朗，青年积极、乐观，对未来充满了美好的幻想。伴随着猎人的出场，后面9首歌曲突然变得沉重，青年变得犹豫、嫉妒、悲伤，在经历了痛苦后，仍对未来充满幻想。

声乐套曲《美丽的磨坊姑娘》在西方音乐史上占有极其重要的地位。它既是舒伯特艺术歌曲创作的转折点，又是西方音乐史上第一部浪漫主义风格的声乐套曲，是西方艺术歌曲的重要里程碑。

第六章

在音乐中长眠

● 奔向创作之冬

虽然疾病几乎压垮了舒伯特,但是,他并没有被疾病真正打倒。经过一段时间的调理后,舒伯特的疾病暂时得到了控制。虽然生活总是给予他各种打击,但他总是能够重新振作起来。

生病的头两年,舒伯特和朋友们分开了。一些好朋友结婚,成立了家庭;一些好朋友为了寻求其他出路,暂时离开了维也纳。舒伯特则为了治病,在家和医院间徘徊。和好朋友的分离,让身受病痛之苦的舒伯特备感煎熬。他不断地写信给好朋友,倾诉自己的不幸,回忆曾经热闹的"舒伯特之夜"。不管信的开头写得多么消沉和伤感,信的结尾却总是充满希望。他和朋友们分享自己的创作,以及未来的计划。这些计划雄心勃勃,彰显了舒伯特在逆境中崛起的信心。

1825年夏天,舒伯特和好朋友弗格尔一起到奥地利北部长途旅行。这是一次愉快的自然之旅。在长达四个月的时间里,他们一起去了施泰尔、林茨等地。一路上,他们重温了阿尔卑斯的美丽风光,还兴致勃勃地游览了好几个风情各异的小镇。

舒伯特

这是舒伯特人生中不多的一次长途旅行。在大自然中，舒伯特的心情逐渐好转。他向朋友们宣布，要创作一部伟大的交响曲。然而这部交响曲因为种种原因遗失了。

1825年，舒伯特回到了久违的维也纳。这时，他的好朋友舒贝尔等人也回到了维也纳。舒伯特开心地和好朋友们相聚，沉浸在老友重逢的喜悦中。朋友的陪伴让舒伯特仿佛回到了之前的美好时光，他开始精神抖擞地投入创作，迎来了人生中的最后一个创作高峰。

舒伯特拥有别人羡慕的天赋，他居住的房间十分简陋，有时候甚至连钢琴都没有，但是他好像并不在乎环境。只要给他一张桌子、一支笔，他就能一首接一首不停地创作音乐，就好像音乐真的"住"在他的脑袋里一样。

在维也纳，流传着许多舒伯特"瞬间"创作名曲的故事。

例如，艺术歌曲《摇篮曲》诞生的故事就十分传奇。传说舒伯特还没有成名的时候，经常吃了上顿没下顿。有一天，他一直不停地作曲，直到肚子饿得咕咕叫才出门找吃的。由于兜里没有钱，舒伯特在街上徘徊，想着能不能遇到一位熟人。然而，他等了好久也没有遇到认识的人。舒伯特只好走进一家小餐馆，在一张桌子前坐下。这时，他看到桌子上有一张旧报纸，上面刊登着一首朴素的小诗。舒伯特看到小诗，一下子就想起了慈爱的母亲。他迅速从口袋里掏出纸笔，一边哼唱，一边迅速写好曲谱。接着，舒伯特把曲谱交给了餐馆老板，换来了一顿午餐。

艺术歌曲《听，听，云雀》的诞生也具有强烈的传奇色彩。据说，舒伯特有一天和朋友们一起在维也纳的郊外散步。到了吃饭时间，他们信步走进了一家饭店。桌子上放着一本莎士比亚的诗集。舒伯特随意翻开诗集，看到了一首小诗。瞬间，音乐的灵感撞击着他的心灵。舒伯特想要作曲，可是没有纸张。朋友把菜单翻过来，舒伯特就在菜单的空白处记录下了这首名曲。

其实，这些故事只是美好的传说。如果认为舒伯特作曲并不需要努力，那就大错特错了。

1825年底至1826年，舒伯特遵守着严格的作息时间。他每天清晨六点开始伏案工作，直到第二天凌晨一点才休息。他一天里十几个小时连续工作，中间除了抽一会儿烟之外，其他几乎什么也不做。

1826年，舒伯特再次开始为歌德的诗集谱曲。然而，正当舒伯特准备全身心地投入创作时，他悲哀地发现自己又没钱了。

虽然自从作品出版以来，舒伯特时不时地可以收到稿酬，这些稿酬加起来足以应付生活。然而，舒伯特并不善理财，有了钱就大手大脚，很快就陷入了新一轮的经济危机。甚至有一次，一位好朋友来邀请舒伯特出门旅游，可是他翻遍了家里所有的抽屉，也找不到一双没有破洞的袜子。

为了应对经济危机，舒伯特萌发了找一份稳定工作的想法。当时皇家宫廷乐队的副指挥位置出现了空缺。舒伯特在朋友们的鼓励下，写了一封求职信，并且亲自带着作品去面试这个岗位。舒伯特的大名虽然已经在民间广泛传播，奥地利皇帝和贵族却并不喜欢他的音乐风格。所以，舒伯特的求职以失败告终。

这次求职经历让舒伯特非常失望。好朋友弗格尔向他伸出了援助之手，他把舒伯特推荐给维也纳的管弦乐队做教练。在排练时，一位歌手抱怨舒伯特的歌曲，音太高了，让他重写。舒伯特拒绝了这个提议，也因此失去了这份工作。

既然找不到合适的稳定工作，舒伯特只能寄希望于出版。然而，出版商要么付费低，要么不愿意付费。

1826年夏天，舒伯特想再次到林茨旅游，可是因为没有钱，只好作罢。虽然生活一团糟，但是舒伯特仍然保持着高涨的创作激情。这一年夏天，他创作了《G大调第十五弦乐四重奏》。这是舒伯特一生中最为壮丽和高贵的四重奏，充满了现代气息，在私人音乐会上演奏时大获好评。然而，这么杰出的作品，出版商却不愿意出版。

就在舒伯特的生活捉襟见肘时，他被维也纳音乐之友协会评选为荣誉会员，该协会还为他寄来了一大笔钱。舒伯特十分感动。1828年，舒伯特创作了他的《C大调第九交响曲》，并把它赠送给维也纳音乐之友协会。

除了《C大调第九交响曲》之外，1827—1828年，舒伯特还创作了《音乐的瞬间》《即兴曲》《C大调幻想曲》《降E大调第二钢琴三重奏》等乐曲，以及艺术歌曲《小夜曲》，并谱写了另一部声乐套曲——《冬之旅》。

舒伯特曾经说过："我来到这个世界，除了作曲，没有别的目的。"1928年10月，舒伯特的病情开始恶化，在生命的最后时刻，他依然坚持创作。

● 和偶像贝多芬的友谊

音乐是世界上美丽的语言之一，在人类几千年的音乐史上，涌现出了无数杰出的音乐巨匠。他们的人生经历、音乐故事让人神往，尤其是音乐家之间互相推崇、相互提携的故事格外动人。

在这些故事中，舒伯特和他的偶像贝多芬之间的友谊却有点不同。

舒伯特和贝多芬生活在同一个时代，不过，舒伯特比贝多芬小整整 27 岁。舒伯特刚刚出生时，贝多芬已经小有名气了。1801 年，舒伯特 4 岁时，贝多芬已经创作出了著名的《月光奏鸣曲》。1804 年，舒伯特上小学时，贝多芬创作出了《英雄交响曲》。1808 年，舒伯特进入宏威克特学校时，贝多芬创作出了《田园交响曲》。

舒伯特第一次接触到贝多芬的音乐时，就被深深地吸引了。

走近大音乐家

在宏威克特学校，舒伯特最喜欢的音乐就是莫扎特和贝多芬的音乐。成为一名作曲家后，舒伯特的许多作品中都可以看到贝多芬的影子。人们因此称舒伯特是"小贝多芬""女贝多芬"。然而，奇怪的是，舒伯特虽然和贝多芬共同生活在维也纳，但是两个人之间几乎没有往来。

其实，贝多芬经常在维也纳举行半公开或公开音乐会，也常常出现在出版社里，还喜欢到维也纳的酒馆里喝酒，或在街上散步。舒伯特和贝多芬生活在同一个城市，如果舒伯特想认识贝多芬，肯定有许多机会。

然而，舒伯特太腼腆了。他虽然崇拜偶像，但是不敢主动结交偶像，也不敢迈进贝多芬的社交圈。有时候，两人甚至同时出席一些小型音乐会，舒伯特却不敢上前介绍自己，因此错失了许多机会。

1822年，舒伯特在音乐上取得了一些成绩后，才在朋友的陪同下，鼓起勇气拜访了贝多芬。舒伯特带着一首变奏曲，希望得到贝多芬的指导。那时，贝多芬已经失聪了，饱受疾病的折磨。他个头不高，骨架结实，有着宽阔的额头和一双睿智的大眼睛，脸部的肌肉隆起，就像钢筋铁骨一样，沟壑分明。贝多芬对待音乐十分严肃，舒伯特见到威严的偶像后，连问候语都说得结结巴巴，显得很拘谨。

贝多芬询问了舒伯特几个问题，希望舒伯特亲手把答案写下来。然而，舒伯特太激动了，他的手好像冻僵了一样，不能动弹。贝多芬因为失聪，不愿意和人们多交谈。他迅速地看了一遍舒伯特带来的曲谱，指出了其中一处不精准的和声。不过，贝多芬的态度并不严厉，他温和地宽慰舒伯特，这并不是什么大问题。

然而，舒伯特更加窘迫了，没有勇气再待下去。走出屋子后，舒伯特过了很久才镇静下来。他对自己糟糕的表现后悔极了，但是，他再也没有勇气去见贝多芬了。

贝多芬晚年饱受疾病的折磨，他变得失眠、易怒，行为举止十分怪异，亲戚和朋友都远离了他。有一次，贝多芬的精神状态糟糕透了，几乎无法再进行音乐创作。贝多芬的管家就拿了几部舒伯特的作品给他看。在这之前，贝多芬以为舒伯特只创作了几首歌曲，得知他居然创作了几百首歌曲后，吃惊得不得了。

一连几天，贝多芬都在仔细地阅读、品味舒伯特的作品。他毫不吝啬地夸赞舒伯特的作品，对舒伯特的才华十分欣赏。除了歌曲之外，贝多芬还提出，想看一看舒伯特创作的歌剧和钢琴曲。但是，由于病情反复，贝多芬的这个愿望并没有实现。

1827年初，贝多芬病重的消息，像长了翅膀一样，传遍了整个维也纳。舒伯特听到消息后，连忙和朋友一起来到贝多芬家。舒伯特与贝多芬再次会面，并进行了最后的告别。

1827年3月26日，天空突然下起了瓢泼大雨，一代"乐圣"贝多芬在维也纳去世。维也纳的民众纷纷自发地聚集到贝多芬生前的公寓，向贝多芬的遗体告别。舒伯特和他的朋友们也来到这里，向偶像道别。三天后，人们为贝多芬举行了隆重的葬礼，超过两万名维也纳人参加了这次葬礼。在葬礼上，有36位音乐家怀着沉痛的心情，护送贝多芬的灵柩。舒伯特正是其中之一。他默默地跟随灵柩，穿过维也纳市中心，直到墓地。

偶像的去世，让舒伯特备受打击。伟大的贝多芬去世了，下一个离开的人是谁呢？

送别贝多芬后，舒伯特和朋友们来到一个小酒馆。他拿过酒瓶，倒了一杯酒，向朋友们提议，用这杯酒祭奠刚刚离世的"乐圣"贝多芬。大家神情严肃地一饮而尽。紧接着，舒伯特又倒了一杯酒，提议为下一位逝去的人干杯。朋友们听后，都觉得太不吉利，不由得皱起眉头连连抗拒。但是舒伯特不管不顾，一口气喝完了杯中酒。

没想到，一语成谶。仅仅过了20个月，舒伯特就跟随偶像贝多芬的脚步离世了。

● 公开音乐会

1823年，舒伯特观看了贝多芬最后一场个人音乐会。此后，舒伯特就萌发了一个想法：举办一场公开的个人音乐会，即公开音乐会。然而，出于种种原因，这个愿望一直没有实现。

公开音乐会是当时维也纳一种十分流行的音乐演出形式，也是一种可以公开面向观众售票、自负盈亏的商业音乐会。贝多芬一生中曾多次举行公开音乐会，从中赚取生活费。

舒伯特

公开音乐会通常有专门的承办者,负责安排音乐会的一切事宜。例如,租借场地,聘请乐队、歌唱家,组织排练,印制海报、节目单,以及出售门票等琐碎事宜。所有这些开销都要从音乐会的利润中扣除。所以,并不是每场公开音乐会都能够营利。就连贝多芬的公开音乐会,有时也会出现亏损。

对于舒伯特来说,他近年来已经积累了一定的名气,作品也足够优秀,完全可以举办一场公开音乐会。

1828年初,在朋友们的帮助下,舒伯特终于举办了他此生唯一一次公开音乐会。他把音乐会的日期定在3月26日——这是贝多芬去世的纪念日。在贝多芬逝世一周年之际,舒伯特用这种浪漫的方式来纪念自己的偶像。

在这次音乐会上,舒伯特为观众奉献了最新、最好的作品。音乐会的节目单上,既有《G大调第十五弦乐四重奏》《降E大调第二钢琴三重奏》等器乐作品,也有《在河上》等艺术歌曲。舒伯特的好朋友弗格尔负责演唱,舒伯特本人作为伴奏者,出席了这次音乐会。

整场音乐会非常成功,演出大厅里人山人海,座无虚席。每首作品结束后,都赢得了观众热烈的掌声。人们惊讶地发现,继贝多芬之后,维也纳居然又出现了一颗才华闪耀的新星。

然而,和音乐会现场观众的热烈不同,社会舆论居然一片冷清。第二天,维也纳的音乐报刊完全忽视了这场音乐会,没有对它进行一则报道。在维也纳之外,柏林、莱比锡、德累斯顿等地的音乐报刊,也只发了一则冷冰冰的短消息。

走近大音乐家

原来，1828年3月至7月，意大利小提琴家、作曲家尼科洛·帕格尼尼正在维也纳举行巡回演出。当时，帕格尼尼已经成为名震欧洲的小提琴音乐家，被誉为"小提琴之神"和"音乐之王"。帕格尼尼神乎其神的小提琴技巧，让所有人目眩神迷，如痴如醉。他所到之处，总会持续地引发观众的热情，人们哪怕倾家荡产，也要得到他的演出门票。

和如日中天、犹如彗星一般闪耀的帕格尼尼相比，舒伯特就像一颗刚刚发出光亮的小星星一样，不引人注意。

尽管社会反响不尽如人意，但幸运的是，舒伯特凭借公开

舒伯特

音乐会赚得了一大笔钱。在还完了所有欠债之后，舒伯特买了一架崭新的钢琴。从此，他终于告别了租借别人乐器的生活。

早在1814年，舒伯特刚刚崭露头角时，父亲曾经为他买过一架钢琴。然而，舒伯特辞去教师职位时，并没有带走钢琴。之后，这架钢琴被他赠送给了哥哥。这么多年来，舒伯特身为一名作曲家，居然连自己的钢琴都没有！有时候，舒伯特写完一首曲子，兴冲冲地跑到朋友家，迫不及待地想要借用钢琴演奏时，却发现钢琴前有人演奏。他只好怏怏不乐地离开。

实际上，舒伯特刚成为自由艺术家时，的确很贫穷。但是自从作品出版后，他获得的稿酬完全可以购买一架新钢琴。然而，舒伯特选择了以其他方式把钱花掉，所以才一直没有自己的钢琴。

公开音乐会是舒伯特生命最后阶段的辉煌乐章。它让舒伯特和朋友们看到了新的希望。帕格尼尼的到来，让整个维也纳陷入一种既虚幻又璀璨的音乐世界。舒伯特和他的朋友们也不例外。虽然帕格尼尼抢了舒伯特的风头，但是舒伯特对帕格尼尼十分崇拜，大方地邀请朋友一起去听帕格尼尼的音乐会。在帕格尼尼的音乐会上，他们好像又回到了以前的快乐时光。殊不知，疾病早已在快乐的日子投下了阴影。

● 生命悲歌《冬之旅》

19世纪初期，德国和奥地利还生活着许多优秀的诗人。舒伯特喜爱读书，经常通过阅读诗歌寻找灵感。诗人威廉·缪勒就是舒伯特欣赏的诗人之一。

缪勒和舒伯特生活在同一个时代，只比舒伯特大3岁，是一位才华横溢的德国诗人。1816年，缪勒出版了他的第一本诗集。之后，缪勒一边在欧洲各国游历，一边发表诗歌作品。他非常喜爱古希腊诗歌，对古希腊的诗歌进行了深入、独到的研究，因此被称为"希腊人缪勒"。他的诗歌对德国诗人海涅等产生了深远的影响。

在舒伯特生活的年代，缪勒虽然不像歌德、席勒一样有名，他的诗歌却有一种独特的伤感之美，深深地打动了舒伯特。

如前文所述，早在1823年，舒伯特就以缪勒的诗歌为歌词，谱写了声乐套曲《美丽的磨坊姑娘》。1827年，舒伯特再次把缪勒的《冬之旅》组诗谱写成了声乐套曲。

和《美丽的磨坊姑娘》诗集不同，《冬之旅》组诗并不是有完整情节的连续性叙事诗。舒伯特在谱曲时，打乱了原有的诗歌顺序，让整部声乐套曲成为一首完整的音乐叙事诗。

声乐套曲《冬之旅》包括24首艺术歌曲，分别是《晚安》《风标》《冻泪》《冻僵》《菩提树》《泪河》《在河上》《回顾》《鬼

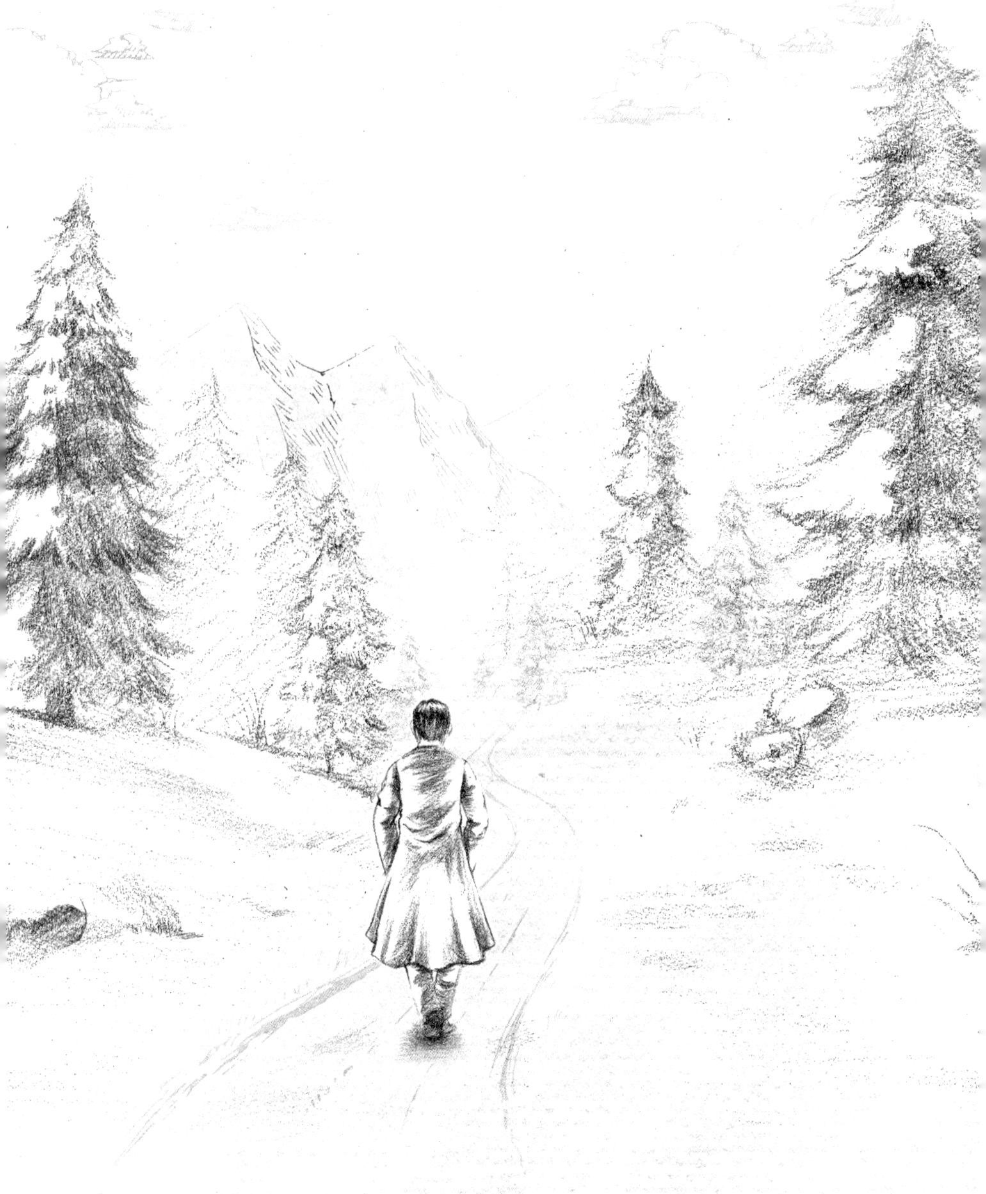

火》《休息》《春梦》《孤独》《邮车》《白发》《乌鸦》《最后的希望》《在村中》《风雨的早晨》《迷茫》《路标》《旅店》《勇气》《虚幻的太阳》《街头艺人》。

  声乐套曲《冬之旅》和《美丽的磨坊姑娘》,在情节上有一定的延续。它讲述了冬天的夜晚,一位孤独的青年流浪者踏着漫漫白雪,离开了一座磨坊,开始了痛苦的旅行。在离开前,青年悄悄地在心爱的姑娘的门前写下了"晚安"。

  伴随着这声"晚安",青年踏上了悲伤的流浪之路。一路上,青年不停地回忆曾经的美好。他曾经拥有过亲情、爱情,在故乡的菩提树下流连忘返,把鲜花放置在少女的门前。现在,他却远离故乡,心爱的少女已经嫁给了庸俗的财主。他在冰冷、空旷的雪夜里孤独地前行,没有亲人,没有爱人,也没有朋友。一路上,青年顶风冒雪,望着朔风中的风信旗,听着邮车铃铛的叮当响声,躲避树林中的恶狗和乌鸦,在十字路口不断徘徊。他感慨万千,不断追问自己的内心,到底应当何去何从?

  和声乐套曲《美丽的磨坊姑娘》相比,《冬之旅》的音乐形象很少,通篇除了末尾出现的街头老艺人之外,只有青年一个艺术形象。这部声乐套曲却是舒伯特艺术生涯的巅峰之作,达到了诗歌和音乐的完美结合,在西方音乐史上享有举足轻重的地位。

  其中,第五首艺术歌曲《菩提树》最为杰出,也最受后世的欢迎。《菩提树》讲述了青年在流浪的路上,看到了一棵菩提树。他突然想起自己的家乡古井旁边,也有一棵菩提树。小时候，他曾在家乡的菩提树下嬉戏、玩耍，在树干上刻字，在树叶绿荫下做梦。长大后，青年离开了家乡，备尝艰辛。在这个冬天的深夜，青年好像听到故乡的菩提树正在轻轻呼唤远方的游子，回到家乡，找寻平安。这时，忽然一阵凛冽的北风吹来，吹落了青年的帽子。他从回忆中惊醒，捡起地上的帽子，坚定地向前走去。

在所有《冬之旅》的诗歌中，舒伯特最喜欢这首。他为这首诗歌所谱的曲子旋律优美、情感细腻、层层递进，唱出了远方游子对家乡的思念、对理想的执着。

声乐套曲《冬之旅》完成后，舒伯特亲自为朋友们演唱。朋友们都十分激动。他们一边赞赏这些歌曲，一边为歌曲中流露出来的凄凉感到不安。朋友们担忧舒伯特的身体，不想让他陷入忧伤和绝望之中。

和朋友们的担忧不同，舒伯特本人却谈笑风生。为了证明自己的积极乐观，舒伯特又弹奏了好几首旋律欢快的即兴曲。音乐就像一剂抚慰心灵的良药，任何伤心绝望，都能被它治愈。它让陷入黑暗的人重新见到光明，让处于绝望的人重新燃起希望。

音乐是舒伯特的语言，也是他对抗一切不幸的"武器"。他就像《冬之旅》中的青年旅人一样，虽然身处黑暗，内心苦闷，但是毅然上路，不断前行。

人生绝响《天鹅之歌》

传说，天鹅在临死前，能够预感到自己时日不多。为了把握生命最后的时光，天鹅会改变自己嘶哑的声音，发出一生中最为和谐的歌声。这种歌声柔和、低沉，如泣如诉，哀婉深情，凄美动人。骄傲的天鹅以这种绝美的歌唱，向整个世界告别。

垂死的天鹅之歌，令人感到惋惜，它们最后的挽歌却格外美丽，拥有永恒的魅力。所以，人们常常用"天鹅之歌"比喻一位天才临终前最后的辉煌创作。

舒伯特是一位天才音乐家，他的作品体裁丰富，数量众多。在他的所有作品中，艺术歌曲的数量最多，成就最为突出。从1814年第一首艺术歌曲《纺车旁的格丽卿》，到1828年最后一首艺术歌曲，舒伯特在短短14年里，创作了600多首艺术歌曲，是音乐史上当之无愧的"歌曲之王"。

舒伯特去世后，一位出版商把他在人生最后阶段创作的歌曲结成一个合集，命名为《天鹅之歌》，以此纪念舒伯特最后的艺术生涯。

《天鹅之歌》中包含14首歌曲：《爱的使者》《战士的预感》《渴望春天》《小夜曲》《归宿》《在异乡》《离别》《阿特拉斯》《她的画像》《渔家少女》《城市》《海滨》《幻影》《信鸽》。

这些歌曲之间并不具有连续性，其中《小夜曲》旋律优美，脍炙人口，最受人们的欢迎。

　　小夜曲，是一种音乐体裁。它起源于中世纪，数百年来在欧洲各国十分流行。起初，小夜曲是一种青年骑士向心爱的姑娘倾诉爱情的歌曲。青年骑士常常在夜晚，一边弹奏乐器，一边对着爱人的窗口唱情歌。这些歌曲旋律优美、缠绵婉转，让人回味无穷。

　　到了后来，小夜曲的体裁和范围都发生了变化。从声乐创作形式，扩展到器乐创作形式；从夜晚的歌唱，扩展到清晨的演唱。例如，舒伯特以莎士比亚的诗歌创作的《听，听，云雀》，就是一首清晨时分，一位多情的青年对着爱人窗口演唱的"小夜曲"。

　　在西方音乐史上，许多大音乐家都创作过《小夜曲》。舒伯特的这首《小夜曲》流传广泛，是极受人们喜爱的作品之一。关于这首歌曲的创作，还有一个有趣的故事。

　　据说，舒伯特的一位朋友请他创作一首歌曲，为一位女孩庆祝生日。但是，舒伯特并不认识这位女孩。当时舒伯特的口袋里正好有一首小诗，他就十分随意地以小诗为歌词谱写了一首歌曲。舒伯特的朋友把这首歌曲拿回家后，自己尝试着弹唱了一下，立即被这首歌曲深深吸引了。

　　舒伯特的朋友立刻意识到它的价值，为了让更多人感受到这首歌曲的美，他安排了一场私人音乐会，计划在女孩生日这天，请舒伯特亲自发表这首《小夜曲》。在女孩生日当天，所有人都到场了，却看不到舒伯特的身影。朋友们都急得像热锅

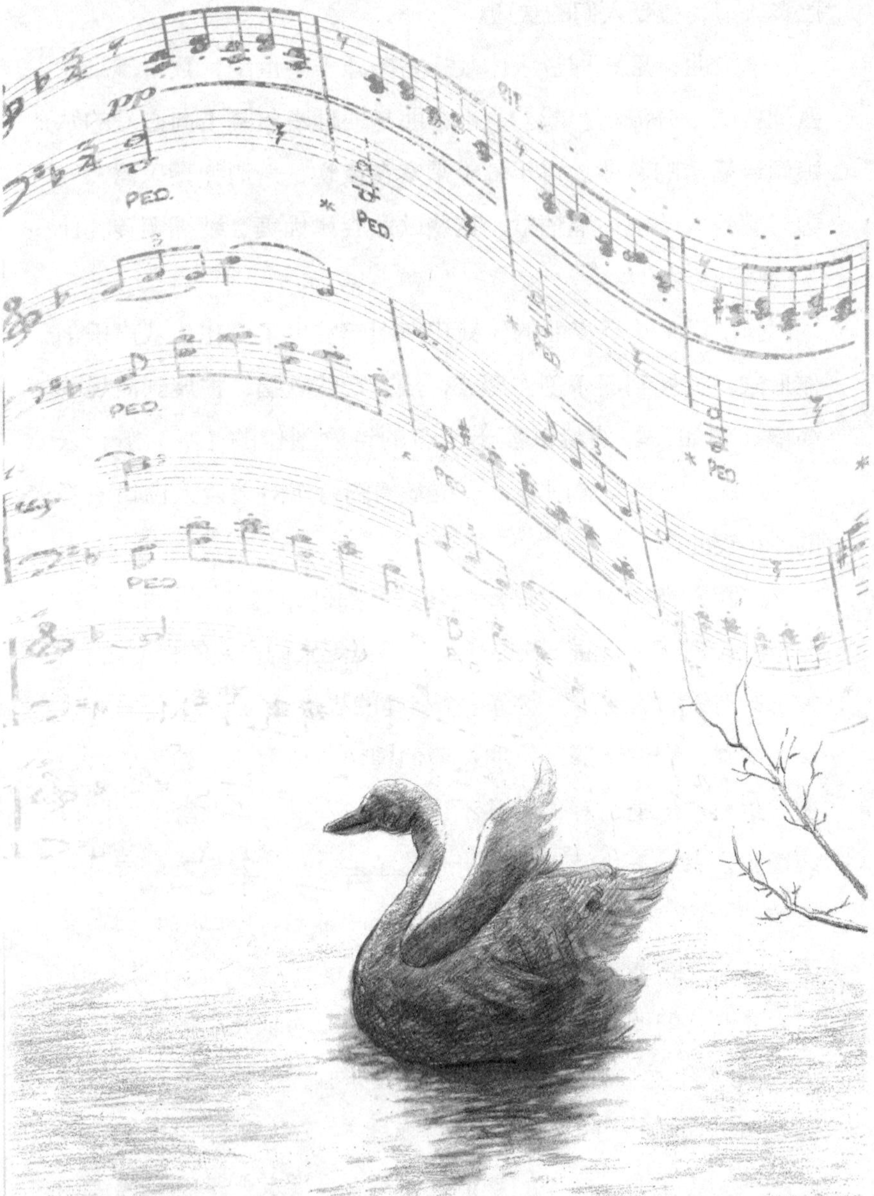
pp
PED.
PED.
PED.
PED.
PED.
PED.

上的蚂蚁一样团团转。

他们到家里、学校、酒馆……一切舒伯特可能出现的地方去寻找舒伯特。最后，朋友在一家酒馆里找到了他。原来，舒伯特早就把这件事忘到了九霄云外，正在小酒馆里优哉游哉地喝酒呢。

朋友们不由分说把舒伯特带到音乐会上，摁到钢琴前。舒伯特急忙向大家道歉，迷迷糊糊地弹奏起这首《小夜曲》。表演结束后，所有人都被这首歌曲感动了。舒伯特本人也激动得热泪盈眶，嘴里喃喃地说着："我不知道它原来这么美……"

舒伯特的这首《小夜曲》描绘了一位深情的青年，在夜幕降临后，在皎洁的月光照耀的幽静树林中，对爱人歌唱。歌词缠绵、深情，一遍又一遍呼唤爱人的到来。音乐旋律婉转动听，生动、细腻地表现了夜晚的美丽和宁静。诗歌和旋律完美地融合在一起，创造了一种浪漫、唯美的意境，让无数听众心醉神迷。

● 是结束，也是开始

1828年，在生命的最后时刻，舒伯特就像一只永远不知道疲倦的蜜蜂一样，无时无刻不在埋头作曲。他几乎忘记了疾病和疼痛，又回到了创作巅峰的状态。

看着创作力旺盛的舒伯特，朋友们既开心又忧愁，他们私

走近大音乐家

下里都默默担忧舒伯特的身体。很快,朋友们的担忧成为事实。1828年夏天,舒伯特病情开始恶化,头晕、发热几乎成了常态。

1828年9月,二哥费迪南德把舒伯特接到了郊外,安排在自己家居住。在这里,舒伯特仍然忍受着病痛,坚持作曲。音乐的灵感就像永不枯竭的清泉一样,从他的头脑中奔涌而出。仅仅在一个月内,舒伯特就又创作了多首歌曲。费迪南德见状,担心极了。他认为大自然或许能够让舒伯特更加愉悦。1828年10月,费迪南德邀请舒伯特一起进行三天的徒步旅行。

在这次旅行中,他们一起拜谒了大音乐家约瑟夫·海顿的墓地。海顿是和莫扎特、贝多芬齐名的大音乐家。他童年时期的经历和舒伯特高度相似。海顿和舒伯特一样,都出身于普通家庭,都曾是童声合唱团的一员。离开合唱团后,海顿努力学习音乐,最后成为一名伟大的作曲家,被后人誉为"交响乐之父"。

海顿的音乐幽默、悠闲、明亮、轻快,海顿是舒伯特喜爱的音乐家之一。站在海顿的墓前,舒伯特思绪万千。

可能是受到音乐前辈海顿的鼓舞,舒伯特在徒步旅行期间,又创作出了一首艺术歌曲《信鸽》。然而,谁也没想到,这首歌曲,竟然成为他最后的绝唱。

徒步旅行归来后,舒伯特的健康似乎得到了很大改善。然而,1828年10月中旬,舒伯特又生病了。有一天,他和哥哥到一家小酒馆吃饭,才吃了一口鱼,他就觉得反胃、恶心、疲急不堪。从此以后,他开始以药为食,每天只能吃下一点点饭。尽管如此,舒伯特的精神状态还算不错,他仍然照常散步、拜访朋友,并计划学习音乐理论。

进入 11 月后,舒伯特的病情突然急转直下。在写给舒贝尔的信中,舒伯特向好友诉苦,他已经很多天没有吃饭了。朋友们听到消息,纷纷去看望他。舒伯特躺在床上,和朋友们聊音乐。然而,没过一会儿,他就开始胡言乱语。死神仿佛已经在向他招手。

1828 年 11 月 18 日,舒伯特已经神志不清了,不停地说着胡话。他要求哥哥把他送到贝多芬身边。第二天下午,舒伯特安详地去世了。这一年,舒伯特年仅 31 岁。

两天后,舒伯特的亲人和朋友们为他举行了肃穆的葬礼。葬礼结束后,按照舒伯特生前的遗愿,他的灵柩被埋葬在贝多芬的墓旁。两位大音乐家从此相依相伴,直到永远。

在舒伯特的墓碑上,刻着一句话:"死神把丰富的宝藏和更加美丽的希望埋葬在这里了。"

舒伯特去世后,亲人和朋友整理了他的遗物。除了少量的私人物品,只有一些破旧的音乐书籍、乐器和手稿。和贫乏的物质遗产相反,舒伯特留下了众多没有发表的手稿,这是一笔巨大的、不可估量的精神财富,是他在短暂的人生中奉献给人类的音乐宝藏。

舒伯特活着时,人们对他并不了解。舒伯特去世后,人们才开始惊觉他的伟大。

从1829年开始，人们开始收集和挖掘舒伯特未出版的作品。经过半个多世纪的努力，直到19世纪末，一共整理出九百多部作品。其中包括交响曲9部、钢琴奏鸣曲22部、音乐戏剧作品近20部、乐队序曲6首、乐器合奏曲无数、钢琴小品集无数、弥撒曲6首、艺术歌曲六百多首……

自1885年开始，出版商开始将舒伯特的作品结集出版，直到1897年，在舒伯特100周年诞辰之际，才终于完成了他所有作品的出版。皇皇40册巨著，是舒伯特献给世界的、不朽的"音乐之声"。

一百多年后，人们在总结西方音乐史时，惊讶地发现，舒伯特既是"古典主义音乐的最后一位巨匠"，也是"浪漫主义音乐的先驱"。他的名字得以和他的偶像贝多芬比肩，舒伯特成为音乐史上伟大的作曲家之一。

走近大音乐家
ZOU JIN DA YINYUEJIA

李斯特

LISITE

李丹丹 著

河北出版传媒集团
河北少年儿童出版社
·石家庄·

图书在版编目（CIP）数据

走近大音乐家. 3，李斯特 / 李丹丹著. -- 石家庄：河北少年儿童出版社，2024.6. -- ISBN 978-7-5595-6807-6

Ⅰ. K815.76-49

中国国家版本馆 CIP 数据核字第 2024XK0931 号

PREFACE 前 言

音乐是情绪的表达，也是情感的传递。音乐自古以来便一直存在，随着时代的发展，钢琴演奏已成为人们熟知的音乐表现形式之一，钢琴也被冠以"乐器之王"的美称。而谈到钢琴音乐名家，人们永远无法绕开"钢琴之王"——李斯特·费伦茨。

李斯特是古典音乐浪漫主义前期杰出的代表人物之一，他那狂放不羁和别具一格的钢琴演奏风格将钢琴音乐艺术推向时代的高峰。

李斯特出生于匈牙利雷汀，是世界著名的作曲家、钢琴家、指挥家，他的作品具有浓烈的浪漫主义特色，他那神乎其神的钢琴演奏技巧和多部优秀的钢琴作品开创了一个浪漫主义音乐新时代。

李斯特天赋异禀，幼年便以"神童"闻名，又幸得名师指导，快速成长。

钢琴贯穿了他的一生，他始终在追求一种令人眩晕的、激情澎湃的演奏方式，那种极致的爆发力和扣人心弦的演奏令人如痴如醉。

李斯特作品众多，代表作有交响诗《塔索》《匈牙利》《前奏曲》等13首、钢琴曲《匈牙利狂想曲》19首、交响曲《但丁》《浮士德》、钢琴协奏曲2部,以及大量钢琴独奏曲与改编曲等。

在音乐之外,他的感情生活十分坎坷,一生有过多段恋情,然而最终没有和任何一位女友"修成正果"。

就是这样一位钢琴界的奇才,将钢琴演奏技巧发展到了无与伦比的程度,创新了钢琴演奏技法,开创背谱演奏法,享有"钢琴之王"的美誉。他的传奇一生,值得每个人去了解、去倾听……

CONTENTS
目 录

第一章 童年时光 / 001

　　热爱音乐的爸爸 / 002

　　钢琴凳上的羸弱少年 / 004

　　第一场钢琴独奏会 / 010

　　维也纳追梦之旅 / 014

　　贝多芬之吻：两个音乐时代的历史交接 / 019

第二章 寻梦巴黎 / 023

　　寻求更大的舞台 / 024

　　父亲去世 / 027

　　情窦初开 / 030

　　被拆散的青年情侣 / 034

　　沉寂之后的复出 / 038

第三章 朋友与爱人 / 043

　　与炫技大师帕格尼尼相遇 / 044

　　良师益友柏辽兹 / 047

　　肖邦的演奏会 / 050

美丽的德·阿古伯爵夫人 / 051

第四章　享誉欧洲 / 057

启程巡演 / 058

辉煌背后的失败 / 061

再度启程 / 062

魏玛岁月 / 067

痛失挚友 / 069

重逢 / 071

第五章　隐居生活 / 079

婚礼受阻 / 080

山中岁月 / 086

隐居的音乐大师 / 087

教书先生 / 092

第六章　晚年人生 / 097

在拜雷特的演出活动 / 098

两位巨匠同台炫技 / 101

简单朴素的独居生活 / 102

渐近暮年 / 106

钢琴巨星的陨落 / 109

第一章

童年时光

热爱音乐的爸爸

李斯特·费伦茨 1811 年出生于匈牙利雷汀。

匈牙利是一个拥有悠久历史的国家，它处于欧洲中部，见证了欧洲多国的兴衰，各种各样的文化在这里"生根发芽"，因此匈牙利的音乐氛围十分浓厚。

匈牙利的音乐历史大致可以追溯到 1 000 年前。当时有大量的芬兰–乌戈尔人迁移至此，匈牙利开始逐渐强大起来。到文艺复兴时期，匈牙利受到奥斯曼帝国、波兰、德国、奥地利等国艺术气息的影响，开始流行音乐文化，匈牙利的音乐既有其他国家的风味，也有当地的特色，这基本奠定了匈牙利的艺

术底蕴。

在匈牙利的首都布达佩斯，多瑙河穿城而过，河水两岸的建筑气势恢宏、鳞次栉比，一座座雕像向世人诉说着设计师曾经的辉煌瞬间，波光粼粼的湖面倒影具有当地特有的忧郁氛围，这给了诸多音乐巨匠创作的灵感。所以，匈牙利成了多位优秀音乐家的"故土"。李斯特的父亲亚当·李斯特是一名业余音乐家，他十分热爱音乐，认为音乐如同天籁般滋润着世人的心灵。

然而亚当·李斯特却不能尽情享受这种美妙，因为家庭的重担落在他的肩上，他经常需要为了生计而奔波。几经周折，他不得已在匈牙利的一位公爵的庄园里做起了管家，他与李斯特的母亲共同经营着自己的小家庭。尽管辛劳，他的内心仍然热爱着音乐。

李斯特的母亲玛利亚·安娜出生于一个普通的小商人家庭，她是一个十分虔诚的天主教徒，性格温柔随和。虽然李斯特一家的经济条件并不富裕，但是在李斯特母亲悉心经营之下，李斯特父母两人很恩爱，家庭氛围很和睦。

音乐氛围浓厚，家庭幸福，李斯特的父亲对于音乐也有着强烈的追求，这些都是李斯特成长为钢琴大师的"土壤"。

走近大音乐家

● 钢琴凳上的羸弱少年

1811年10月的一个夜晚,李斯特出生了。据说那天晚上天空中恰巧有一颗彗星划过,这似乎预示着这个孩子将拥有不平凡的一生。

李斯特出生后,身体十分羸弱,感冒、高烧、神经性疾病困扰着这个羸弱的孩子,呕吐、昏厥、抽搐时常发生。亲友们甚至认为这个孩子可能活不长久。

有一次,李斯特的父亲外出归来,发现妻子站在床前,强忍悲痛的表情让人感到沉重。原来,李斯特又一次染病,妻子

认为儿子很可能会不治去世,这无疑给了刚刚进门的李斯特父亲当头一棒。不过,李斯特的父亲并不想接受这个现实,也没有就此放弃,再次请来医生为孩子诊治,并与妻子彻夜守候在孩子的床前。之后,李斯特的身体奇迹般慢慢地康复了。

不过,李斯特的体质仍然比较差,直到6岁左右,才逐渐强壮起来。这时,父亲也终于有了闲情逸致重拾自己的爱好,又拉起了小提琴。父亲演奏的美妙旋律给李斯特的童年时光带来了无比的快乐。久而久之,李斯特耳濡目染,对音乐产生了极大的兴趣,在音乐方面的天赋逐渐显现。

李斯特的父亲在一次演奏时,偶然发现6岁的儿子竟然能够准确地找到音乐的节拍,并且随之产生律动,就好像每一个音符都"滑"进他的心中一样。后来,李斯特的父亲又惊喜地发现:每次听完自己的演奏,李斯特都能够唱出主题。这着实令李斯特的父母感到惊讶,他们惊讶于孩子强于他人的音乐天赋。某天,这对夫妻与李斯特聊天,他们问孩子:"你将来想要成为什么样的人呀?"李斯特的回答令他们大为震惊,他指着墙壁上的贝多芬画像说道:"我想成为贝多芬一样伟大的钢琴家。"

李斯特的头脑也很灵活,总是有一些自己的"小方法"或"小心思"。

有一次,在弹一段练习曲时,李斯特发现低音部有十度音程,可他的手太小了,够不着。怎么办呢?机灵聪明的他用一个手指按一个音符,同时用鼻尖按着另一个音符,巧妙地化解

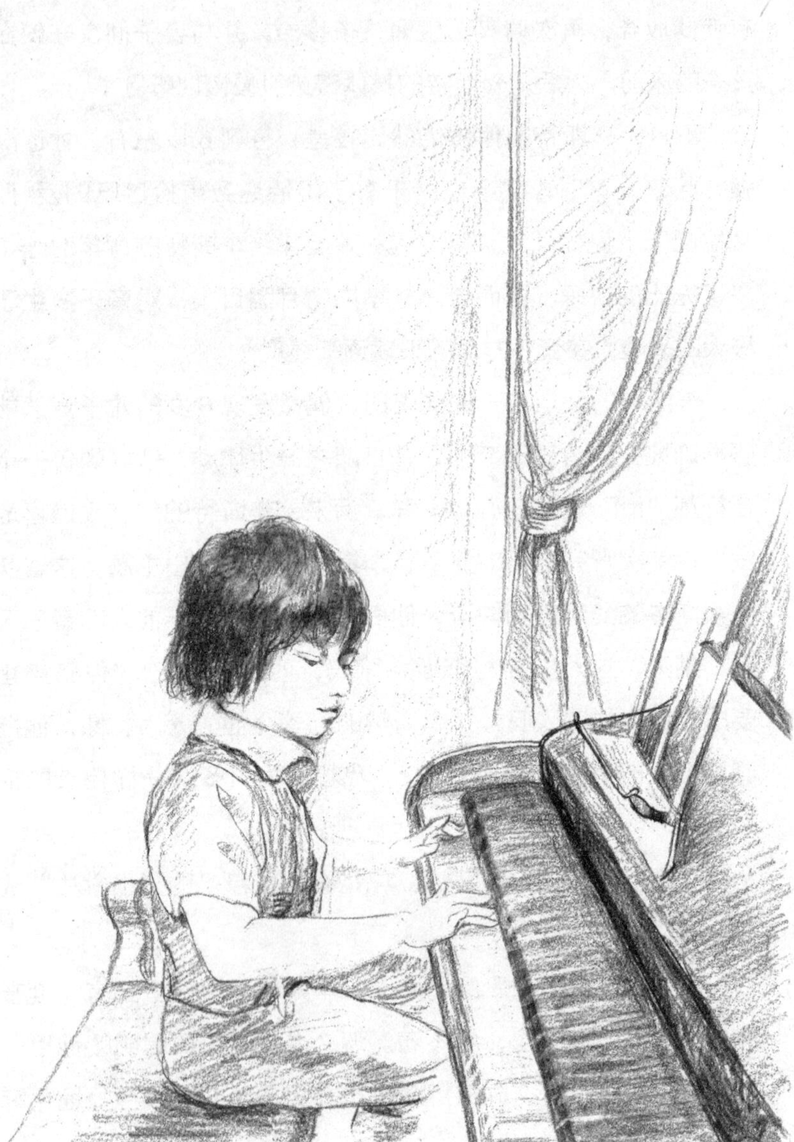

了难题。还有一次,李斯特又遇到手太小按不住全部音程的问题,他想如果使用父亲的剃须刀在手指间划几道口子,手指不就能变长了吗?幸亏这一"奇思妙想"被父亲及时发现并阻止,否则还不知道会发生什么。假如李斯特当时"成功"将这一想法落到实处,恐怕这世界上就会少了一位钢琴巨人。

经过一段时间的观察,李斯特的父母确定他在音乐方面具有极高的天赋。于是,李斯特的父亲便开始对他进行简单的钢琴弹奏训练。

众所周知,钢琴弹奏训练十分枯燥,每一位成绩斐然的钢琴巨匠都必然经过长久的磨炼,而在贯穿幼年时光的钢琴弹奏训练之中,李斯特却从未有过厌学的情况,因为他将钢琴弹奏练习当成一种享受。可以说,李斯特小时候对于乐谱的熟悉程度甚至高于他的识字水平。就这样,日复一日,从日出到日落,从春夏到秋冬,幼年的李斯特一直刻苦练习钢琴弹奏,对他来说,钢琴不仅是他的玩伴,更是他的挚友。

经过一段时期的训练,李斯特的钢琴弹奏水平有了明显的进步。每次练习的过程中,他的手指就好像在琴键上面跳舞一般灵活、自如,那些固定的、书于乐谱之上的音符变得生机勃勃。但是,长期艰苦的训练也给李斯特本就羸弱的身体造成了压力,父亲发现他的精神大不如前,还出现了食欲减退等情况。鉴于李斯特的身体状况,他的父母决定让他暂停训练,进行休养。

起初,母亲还能通过有趣的童话故事转移李斯特的注意力,而李斯特也饶有兴致，每次都听得很入迷，甚至会笑出声。有时候甚至在梦中，李斯特都会喊出童话故事中人物的名字。此外，母亲还会给李斯特讲一些钢琴名家的故事，李斯特对音乐有强烈的热爱，这能够让他在精神上得到放松。

可是时间一长，李斯特开始"躺"不住了，他想念坐在琴凳上面"飒爽英姿"的自己，渴望再次进行钢琴弹奏训练；他还曾梦到和偶像贝多芬握手。看到这种情况，母亲开始改变策略，不再讲述童话故事和名人事迹，而是为李斯特讲述传奇故事，这类故事最大的特点就是梦幻、脱离现实。听着这些故事，李斯特的内心萌发了浪漫的"种子"，这为他日后成为浪漫主义代表人物打下基础。正如李斯特父母所期待的那样，这些小故事再次吸引了李斯特的注意力。那段时间，他的音乐训练频率逐渐降低，给了身体"喘息"的机会。经过一段时间的休养，李斯特的身体慢慢恢复如常，他也如愿再次开始了对于音乐课程的学习。

经过此次休养，李斯特的钢琴技艺不但没有退步，反而在某些方面取得了进步，如他的转调愈加清晰，曲目弹得更加抑扬顿挫。如果不是亲眼所见，人们恐怕都会认为正在演奏曲目的是一位钢琴名家。看到孩子不断提高的钢琴技艺，李斯特的父亲倍感欣慰。

有一天，父亲带着李斯特去拜会几位老朋友，大家多日不见，倍觉亲切，互相诉说着最近的生活趣事。一阵寒暄之后，李斯特的父亲提议让自己的儿子为大家进行演奏。

起初，在座的友人都不以为意，只是出于客套表示欢迎。然而，在李斯特开始演奏的几分钟之后，人们就意识到自己错了，表现出了十分惊愕和兴奋的神情："天哪，这么小的孩子是怎么做到的？""这不可能，这简直是奇才！"一曲过后，友人意犹未尽，一位名为爱德华的叔叔最为喜悦，他将李斯特一把揽入怀中，问道："孩子，是谁教会你这么精湛高超的演奏技巧的？你简直是一个天才！"

看到眼前的情形，李斯特的父亲感到很自豪，在他看来，李斯特的辛苦训练都是值得的，更为重要的是，儿子的音乐天赋也得到了他人的认可。

正当李斯特父亲在暗自兴奋和骄傲的时候，冯·布鲁恩男爵表示，他将于秋季在厄登堡举办一场音乐会，届时希望李斯特可以前来捧场。在当时的欧洲，男爵代表上流社会阶层，作为普通民众，李斯特一家倍感荣幸，他们一家的经济状况一般，父母渴望孩子能够出人头地，在注重艺术文化的欧洲社会中，杰出的钢琴家往往能够"跨入"上流社会阶层，直接改变家庭的经济状况。小小的李斯特没有想这么多，可是他的父亲已经想得很长远。父亲认为，如果将李斯特培养出来，起码可以衣食无忧；运气好的话，还能够跨越阶层。因此，对于冯·布鲁恩男爵秋季音乐会的演奏邀约，李斯特父子当即表示愿意前往参加。

● 第一场钢琴独奏会

为了参演秋季音乐会，李斯特的父母为他做了充足的准备，将一首钢琴协奏曲作为备选曲目。之所以选择这首曲目，是因为它符合此时李斯特的钢琴演奏水平。这首曲目既不是基础入门曲目，也不是特别高难度的。李斯特既能够熟练掌握，又能够通过自己的技术完成一定的变调，可见在选曲时，父母也是下了功夫的。

转眼间，演出的日子即将到来，李斯特一家去往目的地——厄登堡。李斯特的父亲亲自驾驶着简陋的马车，一路上一家三口兴致盎然，虽然路途需要一段时间，但一家三口也没有因此而感到疲惫和无聊，他们时而一起聊天开玩笑，时而停驻在景色宜人的地方小憩。这一路上，李斯特对周围环境充满了好奇心。他之前没有离开过生活的小镇，这也是见世面的好机会。就这么走着走着，最终李斯特一家顺利到达了目的地。刚到厄登堡时，一家三口有些茫然，不知道该去哪里住。父亲找人问路，最后找到了合适的住处，之后他们便等待演出日的到来。

在冯·布鲁恩男爵举行秋季音乐会那天，整个会场坐满了观众。可能由于舟车劳顿，李斯特又有些发烧，这令他的父母十分担心。然而李斯特却难掩喜悦之情，他终于可以登上更大的舞台，积极喜悦的心情暂时战胜了生理上的病痛。他在登台那一刻，似乎已经忘记自己在发烧这件事。李斯特在台上先向观众席行礼，然后走向钢琴并缓慢坐下。李斯特的演奏开始了，仅仅刚演奏完几个小节，稍显喧闹的观众席瞬间变得异常安静，大家都被李斯特那优美的琴声所震撼，如果说李斯特刚刚登台之时还是人们眼中的普通小孩儿，那么现在他已经快成为大家心中的小童星。伴随李斯特对几首曲目的顺利演绎，台下爆发出了雷鸣般的掌声。

等到演出结束之后，人们都特别惊讶：为什么如此年幼的李斯特能够完成这么精彩的演奏？那优美的钢琴声就好像拥有魔力一样，能够直接渗透听众的内心，具有强大的感染力。观众争先恐后地想要与李斯特进行交流，所涉及的问题基本可

以想象得到。诸如"你学习钢琴几年啦""你的钢琴老师是谁呀""你接下来会继续参加钢琴演出吗"等等。感受到台下观众难以抵挡的热情之后,李斯特的父亲仿佛看到了李斯特的光明前途正在向他们招手。于是,父亲开始帮李斯特筹备第二场音乐会。为了这场音乐会,父亲可谓煞费苦心,他恳求艾斯特哈兹亲王帮忙,最终获得了佩尔斯堡一晚的使用权。

1820年11月26日,年幼的李斯特开启了他人生中的第一场独奏演出。一直以来,李斯特都将贝多芬作为自己的精神领袖和榜样,因此演出的前几首曲目均是贝多芬的作品。

台下的观众惊讶于一个不到十岁的孩子竟然能够将贝多芬大师的音乐演奏得如此完美。之后,李斯特即兴弹奏了几首作品,要知道,即兴演奏的难度远远高于背谱演奏,而李斯特却游刃有余、毫不费力,就好像那些音符都清晰地排列在李斯特的眼前一样,任何曲目都呈现得那么恰到好处、顺畅和谐。

演出结束后,现场的观众迟迟无法从美妙的音乐中回过神来,不出所料,李斯特再一次被大家簇拥。有人认为,李斯特天赋异禀,应该进行更进一步和更系统的音乐培训,日后必将成为一代杰出的钢琴大家。事实上这也是李斯特父亲内心的想法,他又何尝不想让孩子接受最好的教育呢?然而自身的经济条件将他们拉回现实。不过,一些贵族在得知这些情况之后,主动表示愿意为李斯特提供资金方面的支持。于是,李斯特一家人的内心燃起了一团火。李斯特的父母想要带着李斯特去寻求更加优质的音乐教育,让孩子真正走上音乐之路,而不至于让他的天赋和才华荒废。

父母带着李斯特回到家中，收拾行囊。这一次，他们不再仅仅携带几天的用度，而是打包了他们所需的一切物品。同乡的人看到这一情景都表示不解，连忙上前询问发生了什么事。

李斯特的父亲则向他们表示，要带李斯特前往远方追寻"钢琴梦"。得知此消息的邻居和友人纷纷表示不解，认为李斯特一家过于匆忙，只是一时兴起，并没有长久的打算。然而，李斯特的父亲内心明确知道自己孩子的天赋，他决心要让孩子焕发属于自己的光芒。

就这样，一家三口带着"钢琴梦"走上了背井离乡之路。坐在马车上回望自己的家乡，无论是李斯特的父母还是李斯特，都难掩内心的不舍，毕竟这里见证了他们的快乐时光。曾经在这里生活的一幅幅画面在李斯特父亲的脑海中浮现，而李斯特则对自己未来的钢琴学习生涯充满了期待。他看到远方冉冉升起的太阳，心中开始对未来有了更大的憧憬。李斯特年龄还小，钢琴演奏水平虽然与同龄人相比有明显优势，但是也有一些技术需要打磨。他清楚自己的梦想，也清楚自己将要面临的困难，一切都要自己去奋斗；他也很明确自己接下来的目标——前往奥地利首都维也纳求学。

走近大音乐家

● 维也纳追梦之旅

　　1820年底,李斯特一家三口到达了奥地利的首都维也纳。初次到异国他乡,李斯特表现出强烈的好奇心,大街上的新奇玩意儿令他应接不暇,他总是东瞧瞧、西瞧瞧,也正因如此,有好几次李斯特的父亲差点儿找不到李斯特了,李斯特为此没少挨骂。最严重的一次,李斯特真的走丢了,父母为了找他甚至连行李都顾不上拿了,最后在一家乐器行找到了他,原来李斯特被外形华丽的钢琴所吸引。当然,李斯特免不了挨一顿训,父母为了找他花费了半个下午的时间,还差点儿把行李弄丢了。知道自己错了的李斯特连忙向父母道歉,表示自己再也不乱跑了。不过从这件事中也能看出,李斯特善于观察、热爱生活,对于新鲜事物和自己喜爱的钢琴具有强烈的好奇心。

　　当李斯特一家在维也纳安顿好之后,他们先拜访了贝多芬的弟子——卡尔·车尔尼[①]。作为贝多芬最得意的学生,车尔尼具有极高的艺术天赋,同时是一位十分多产的艺术家。他一生所创作的钢琴练习曲仅有编号的就达到了78部,其中著名的有299号《快速练习曲》和740号《手指完善的艺术》。车尔尼是维也纳人,从小接触钢琴,3岁就能弹奏钢琴,也算是一代钢琴奇才。车尔尼10岁时,甚至可以清晰流畅地演奏当时

[①] 卡尔·车尔尼(1791—1857),奥地利著名作曲家、钢琴家、音乐教育家,曾师从贝多芬。

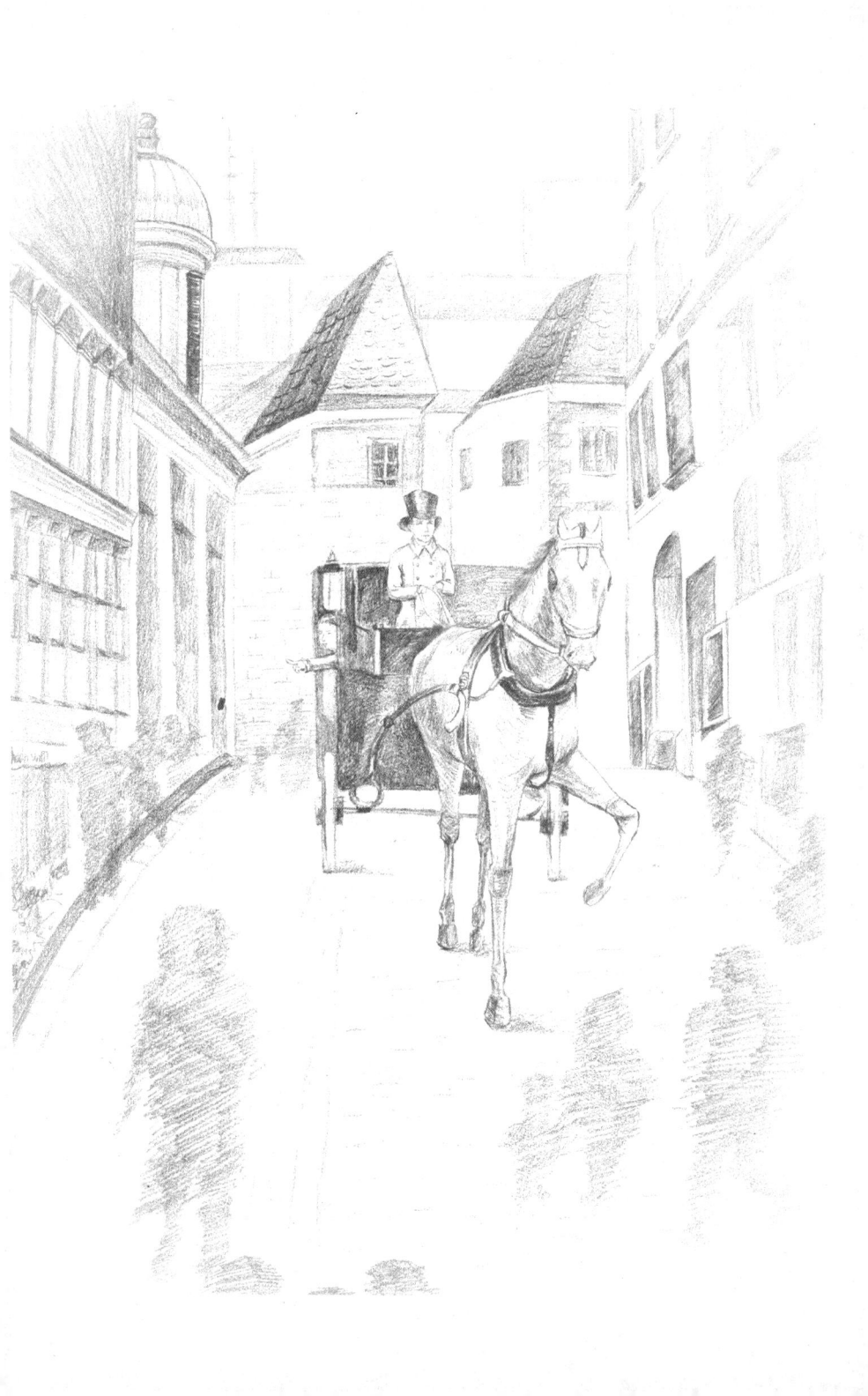

走近大音乐家

一众钢琴名家的代表作品，为人们所称道。之后，车尔尼开始拜师学艺，师从钢琴大师贝多芬，贝多芬很喜欢这个机灵的学生。每次只要一讲新知识，车尔尼总能快速领会，而且他特别勤奋，因此车尔尼在青年时代已经能独当一面，后来他凭借个人的能力在古典主义和浪漫主义钢琴演奏之间架起了一座沟通的"桥梁"。

命运之神仿佛将车尔尼与李斯特捆绑在一起，当见到李斯特时，车尔尼内心十分激动，但是由于他性格比较内向、腼腆，并未有十分明显的表现。但是车尔尼在心中十分看好这个小家伙儿，他觉得李斯特将来一定能够在钢琴领域有不俗的建树。

李斯特的父亲希望车尔尼能够培训李斯特钢琴弹奏技巧，车尔尼则表示先让李斯特试弹一曲，看看面前这个瘦弱的小家伙儿到底怎么样。聪明的李斯特知道车尔尼的恩师是赫赫有名的钢琴家贝多芬，于是特地选择贝多芬的《降A大调钢琴奏鸣曲》进行演奏。李斯特的演奏如行云流水、十分连贯，并且包含巧妙的变调，令车尔尼十分震惊。但是碍于自己的身份，车尔尼不便表现得过于惊讶，他向李斯特投去赞许的目光并点点头说道："你可以成为一个比我们所有人都更加伟大的钢琴家。"这一句话让李斯特和他的父亲都大为振奋。接下来，李斯特的父亲开始和车尔尼谈起了授课和学费的问题，车尔尼表示学费为每小时一个金盾，幸好有之前几位贵族提供的资助，李斯特的父亲才能够支付得起这些学费。

从此之后，每天晚上李斯特都按时前往车尔尼家中学习。

车尔尼虽然腼腆谦和，但是对待教育从不含糊，李斯特任何细微的差错都会被老师"揪"出来，李斯特被要求反复练习，直到不再犯错为止。如此严苛的钢琴训练，与此前李斯特父亲的指导形成了鲜明的对比，之前的训练就好像是"过家家"。

面对这样严厉的训练，李斯特甚至有时会感到十分委屈，毕竟此时他也只是一个孩子。有时候出现一处错误，就要推倒重来，重新弹奏，甚至为了一个音阶都有可能用掉一上午的时间，李斯特的手指弹得红肿，他几度想哭，想要回到父亲的怀抱，但是出于对钢琴的热爱，李斯特从未向父母抱怨，也从未产生停止学习钢琴的念头。经过一段时间的"魔鬼训练"，李斯特的弹奏技法大幅提升。

有一次，李斯特因为某个小节的乐谱总出错误，出于对艺术的严谨追求，车尔尼让李斯特反复练习，重复了有20多遍，这让幼小的李斯特无法控制自己的情绪，忍不住大哭大叫。但是对待这种情况，车尔尼表示，想要成为杰出的钢琴家，这是"必经之路"。不一会儿，发泄完的李斯特继续回到钢琴前的座位上进行练习，一次、两次、三次……终于，李斯特熟练掌握了这一乐谱。这看似只是让李斯特练熟了一个乐谱，而实际上这是对他意志力的有效锻炼，对他以后的发展至关重要。就这样，日复一日，李斯特的钢琴弹奏技艺在车尔尼的指导下突飞猛进。

这时，李斯特的父亲开始意识到，想要让李斯特成为杰出的钢琴家，除了需要这样一位优秀的钢琴教师，还需要再寻找

走近大音乐家

一位优秀的作曲与和声老师,只有演奏技巧和作曲能力相结合,才能提高钢琴演奏中的综合能力。

于是,李斯特的父亲开始通过各种渠道为李斯特寻访名师。当时,欧洲著名的作曲家当数安东尼奥·萨列里(意大利语:Antonio Salieri)。安东尼奥出生于威尼斯共和国莱尼亚诺,安东尼奥的哥哥是塔蒂尼的学生,这对安东尼奥影响很大。在哥哥的影响下,安东尼奥的小提琴和钢琴演奏水平远远高于他的同龄人。后来,安东尼奥被父亲带到维也纳。经过多年刻苦练习,安东尼奥的音乐造诣极大地影响了当时的维也纳乃至欧洲音乐界。但是往往具有较高艺术才能的人都有自己的一些"小个性",譬如安东尼奥就比较"两极化":有时他热情奔放、才思泉涌、斗志满满,对什么都充满热爱;而有时,他又显得比较神经质,甚至可能会为了一点小事发脾气。总之,安东尼奥是一位热衷艺术而又情绪多变的音乐家。李斯特父亲与安东尼奥经过一段时期的交涉,达成一致:安东尼奥同意担任李斯特的老师。安东尼奥详细地教李斯特读器乐谱和乐队的总谱,还引导李斯特学习并熟练掌握曲谱在不同的环境和主题下的变化。俗话虽说是"师父领进门,修行看个人",可是在这里,却凸显了师父的重要性。在安东尼奥这位名师的引领下,李斯特仅仅在几个月内,就获得了作曲与和声方面的长足进步。李斯特用回旋曲形式谱写的钢琴曲还被一名出版商收录在了一本介绍迪阿贝利圆舞曲的小册子中,这足以证明李斯特的谱曲能力已经具有了相当的水准。当然,这与李斯特超高的领悟能力和音乐方面的天赋是分不开的。

　　李斯特经过坚持不懈地练习，让他的师父车尔尼、安东尼奥及他的父亲都认为，他已经能够独当一面了。于是大家开始为他筹备个人独奏音乐会，这场音乐会也将是他目前所能够登上的最大舞台。或许此时的李斯特并不知道，这将成为他人生中的光辉时刻，也将为他今后的钢琴音乐创作指明前进方向。

贝多芬之吻：两个音乐时代的历史交接

　　1822年12月，李斯特的个人音乐会如期举行。这天，维也纳的音乐剧院灯火通明，台下座无虚席，人们都在等待着李斯特"一展琴技"。事实上，在此之前，人们对于李斯特的名字早有耳闻，一部分人见识过李斯特的厉害，但也有一部分人没有了解过李斯特。他们想看看一个11岁的小鬼头到底有没有传说中的那么有天赋。虽然李斯特来到维也纳才2年左右，但是由于李斯特是著名钢琴大师车尔尼的学生，人们对于李斯特的演出满怀期待。

　　演出开始，只见李斯特缓缓走上舞台坐在琴凳上，他演奏了胡梅尔的《a小调钢琴协奏曲》，以及他自编的梦幻曲，而该梦幻曲取自贝多芬的交响曲的行板，李斯特此番创作是为了致敬自己的偶像贝多芬。正如李斯特的父母和他的恩师车尔尼所预期的一样，此次演出取得圆满成功，当演出完毕时，台下爆发出雷鸣般的掌声。人们都在议论着台上这个天赋异禀、惊为天人的钢琴少年，而恩师车尔尼也赞许地点了点头，表达了对李斯特的认可。第二天，整个维也纳沸腾了，虽然那时没有手机、互联网技术和自媒体，但是作为主要的信息传播媒介——报纸起到了很大的作用，整个维也纳的人都开始关注这个仿佛是上天派来的钢琴天才。一时间，李斯特成了维也纳的名人。当得知自己已经"火"起来的消息时，李斯特却表现得很淡定。他表示，自己练琴既是爱好，更是为了结识自己的偶像——钢琴界的巨匠贝多芬。如果说人生就像一次远航，那么贝多芬就是李斯特的指路明灯，指引着他不断提升自己，使其钢琴弹奏技艺在音乐界日臻成熟。

  李斯特的师父车尔尼看出了这位爱徒的心思。这天，车尔尼带着李斯特来到了贝多芬家的门前，李斯特难以掩饰内心的激动，眼神中充满了期待，他马上就要见到自己一直敬重的偶像了。但是此时的贝多芬正处在他人生中的"黑暗时刻"。1796年，贝多芬的听力开始减弱，这时他只有26岁，直到他45岁时，即1815年，他的听力完全丧失。年轻的贝多芬备受煎熬，他颓废潦倒、脾气暴躁、家徒四壁，但是他对于音乐的热爱依旧。看到面前的这位11岁的少年，贝多芬并未显露出明显的情绪波动，他只是表示，自己在报纸上看到了这位神童，不过实力到底怎么样，还需进行验证。于是，贝多芬要求李斯特进行演奏。

  李斯特也毫不含糊，好不容易有了与自己的偶像接触的机会，一定要把自己的最佳水平展现出来。李斯特用羽管键琴演奏了《平均律钢琴曲集》中《c小调赋格》的变调。此时的贝多芬稍显吃惊，他说道："这个小鬼头不得了，钢琴演奏技巧非同小可。"得到了自己偶像的初步肯定，李斯特的演奏意愿更加强烈，他又开始尝试弹奏巴赫《c小调协奏曲》的第一乐章。这时，贝多芬终于难以掩饰内心的激动之情，他被李斯特的演奏所震撼，并向李斯特表示，如果有机会，将会亲自观看他的演奏会。李斯特听到这番话，内心无比激动，拜别偶像后，他

再次进入高强度的演奏训练。

　　1823年4月13日是一个特殊的日子，李斯特终于在这一天举办了更大规模的音乐会。音乐会选址于瑞都登萨尔剧场大厅，这个巨大的剧场能够容纳4 000名观众。拥有如此庞大容纳量的剧场此时却依然显得十分拥挤，可见人们有多希望能够亲耳听到李斯特的演奏。

　　这时的李斯特竟然有一丝紧张，他的紧张并非来自演出，而是因为他看到了远处看向自己的大师贝多芬。"他终于来了！"李斯特做梦都希望贝多芬能够亲临演奏现场，如今美梦成真，反而怕在大师面前出现失误。不过，李斯特努力缓解自己的紧张情绪，他不断深呼吸，逐渐放平心态，开始准备上台演奏。开场，李斯特演奏了一首胡梅尔的协奏曲，台下听众瞬间被"点燃"了，一时间掌声雷动，听众纷纷起立，为这个钢琴天才鼓掌。之后李斯特又弹奏了自己所作的梦幻曲。

　　就在李斯特沉浸在这种演奏的兴奋与喜悦之中时，一个男人迅速上台将李斯特拥住，并亲吻了他的额头。没错，这个人正是贝多芬！正是在远处欣赏时难以掩饰自己激动心情的贝多芬！这一吻成为李斯特弥足珍贵的记忆。而这场演出所收获的财富足够支撑李斯特一家多日的生活，这时李斯特的父亲作出了一个决定，那就是带着李斯特前往音乐氛围更加浓厚、音乐教育更加完善的地方——法国巴黎。

第二章

寻梦巴黎

寻求更大的舞台

1823年12月,李斯特一家来到了法国巴黎,虽然维也纳已经比自己的家乡繁华很多,但是初次看到巴黎的街景,李斯特也难掩好奇之心,东瞅瞅、西望望,对这个陌生的城市充满了期待。当然,他更期待的还是即将进入的音乐学院。

1789年法国大革命爆发,这场革命长达多年,是法国历史上的重要分水岭,结束了此前延续多年的封建统治。到了1823年,法国大地已经不见革命时期的满目疮痍,取而代之的是繁盛的景象。包容性极强的文化艺术氛围,使人们在法国首都巴黎到处都能感受到艺术的气息。在大街上有许多正在进行创作的艺术家,无论是雕塑、绘画还是音乐,都与这座城市相契合,仿佛巴黎这座城市就是为了艺术而诞生的。当天晚上,李斯特怀揣着对于未来巴黎生活的期待进入梦乡。

第二天,李斯特的父亲带领李斯特前往巴黎音乐学院。巴黎音乐学院始建于1795年,由法国国民议会下令将皇家歌唱学校与国家音乐学院合并而成,经过近30年的发展,巴黎音乐学院声名鹊起。时任院长凯鲁比尼是意大利作曲家、歌剧大师，具有较高的艺术天赋，他早已知道了李斯特的"故事"。但是，他认为身为院长应有自己的威严，而且他们也并不欢迎来自其他国家的李斯特一家。

见此情形，李斯特的父亲生怕自己失了礼数，当然更怕的是院长的拒绝，急忙递上了一封麦特尼奇亲王所写的推荐信。然而，事与愿违，本以为看到推荐信之后，院长的态度将会有所改变，没想到他们再次重申："外国人不允许来此学习。"看来，进入巴黎音乐学院学习的想法只能作罢。父子俩只得默默地离开这里，在回家的路上两人一言不发，李斯特委屈地抹着眼泪。李斯特的父亲看到孩子这样，也十分痛心，认为是自己无能，才没有让孩子得到好的教育。正当李斯特的父亲自责时，他突然想到，既然巴黎音乐学院不肯招收，那就去其他场所进行演出，通过演出获得名声，通过名声获得地位。这样不就可以结识更多的贵人，从而获得更好的教育吗？

于是，李斯特的父亲带着推荐信去求见上流社会的公爵，经过多次努力后，终于有公爵对李斯特一家敞开了大门。李斯特便开启了他在巴黎的音乐演出之旅。李斯特先为贝利公爵夫人和奥尔良公爵进行了演奏，在他们的号召力影响之下，越来越多的法国人开始了解这个钢琴神童。这为李斯特打开了进入上流社会阶层的通道。越来越多的上流社会人士开始尝试了解这个小鬼头。甚至，女歌唱家帕斯特还曾邀请李斯特同台演出，而这一演出极大地提高了李斯特在巴黎的知名度。此后，李斯

走近大音乐家

特的父亲便不再四处央求他人,而是"坐等"其他人邀请李斯特演出,一场私人音乐会的酬金已经高达2 000法郎。

频繁的演出打磨了李斯特的琴技,同时给李斯特提供了结识优秀朋友的机会。在他所结识的朋友中,着重要说的便是埃拉尔德和费尔迪南多·卡鲁里。埃拉尔德是当时巴黎著名的钢琴制造商,而费尔迪南多是出生于意大利、长期居住于法国的著名作曲家,这两人给了李斯特很大帮助。

埃拉尔德拥有多家钢琴厂分号,他需要前往位于英国伦敦的分号,并且邀请李斯特同去,李斯特一家欣然前往。到达伦敦之后,英国国王乔治四世热情地接见了李斯特一家。这位英国国王长得胖胖的,看到可爱的李斯特十分开心,摸着他的卷

发说:"我从来没有见过比这个小家伙儿更优秀的音乐家。"可见,英国国王很喜欢李斯特。短暂休整之后,李斯特便在伦敦开始了他的演出。事实上,这些事宜已经不需要李斯特亲自操办了,埃拉尔德已经为他们安排好了一切,李斯特需要做的就是保证自己的演出状态。正如预期的那样,李斯特在伦敦的演出也引起了轰动,英国社会的音乐氛围十分浓厚,人们十分喜爱这个小家伙儿。经过大概2个月的演出,李斯特一家返回了巴黎。

1826年初,李斯特发表了《十二首练习曲习作》,这部作品包含丰富的音乐思想,承载了李斯特关于音乐理解的新想法。之后,父亲带领李斯特前往音乐学院教授安东·雷哈家中做客。安东认为李斯特很有天赋,并说道:"对这个小家伙儿进行教学是我梦寐以求的事。"就这样,安东开始教授李斯特对位法。经过一段时间的训练,李斯特取得了很大进步。

父亲去世

在巴黎,等待李斯特的是越来越多的演出。有时演出定在巴黎,有时需要去外省甚至其他国家,包括英国、瑞士等国家。各地的巡回演出令李斯特一家日渐富足,却也让李斯特感到疲惫,毕竟这时他才是一个仅仅15岁的少年。因此,李斯特的神经开始变得有点敏感,他渴望安静、渴望独处,希望能够有一个与自己内心对话的空间。于是，他开始阅读，在书中他可以找到一片心灵的净土。

　　书籍对他影响很大，不仅帮他净化了心灵，摆脱了烦恼，还为他之后的谱曲带来了灵感。他用了一段时间阅读维克多·雨果的《颂歌与民谣集》等作品。这使李斯特对于音乐艺术的创作方向发生了细微的转变。他有时候在想，钢琴家的使命是什么？钢琴家只是为了演奏音乐吗？后来，他开始逐渐意识到，钢琴家的任务和目标并不只是进行演奏，还要有一个自己所信仰的东西。在他看来，演奏要真诚，并且遵从自己的内心，将自己的感情表达出来，而最好的演奏，需要传递思想感情和爱。仅有15岁的李斯特能够想得如此深刻，这是一件难得的事。

　　还有一件事给了李斯特很大的触动。

　　有一次，李斯特和其他音乐家在一起交流，有人提议让李斯特弹奏一曲贝多芬的作品，李斯特自然是兴致勃勃地进行演奏，毕竟贝多芬是他心中最接近"神"的人物。但是他转念一想，许多人自称是音乐家，自称有很高的音乐造诣，但是很可能是虚假宣传，他们很可能对于音乐根本一窍不通，最多就是一知半解。于是李斯特突发奇想，特意弹奏了一首他人的作品，演奏结束之后，热烈的掌声响起，人们都在夸赞这个孩子，说他很了解贝多芬，能够将贝多芬的作品演奏得如此生动。此时的李斯特才终于明白，原来艺术对于人们而言并不都是崇高的，许多人就是在假装了解艺术，希望通过这种方式彰显自己的水平。殊不知,有时候却会沦为一个笑话。

至此,李斯特愈加重视探寻艺术的真谛。他认为,艺术是不容亵渎的,艺术是崇高的,那些假装自己很懂艺术的人根本不配去倾听优雅的钢琴音乐。那些争名逐利、趋炎附势的人都不是自己想要结识的人。李斯特每日诵读各种门类的书,这些书对他今后的艺术生涯影响很大,只不过现在还没体现出来。

一天,李斯特的父亲照常工作,突然感觉胃部一阵剧痛,虽然就医及时,但是仅仅几天时间,李斯特父亲的身体状况急转直下,体质大不如前,甚至难以照顾自己的日常起居。

这让年仅十几岁的李斯特难以接受,他在夜间默默流泪,却又不敢让父亲知道,害怕父亲因担心而导致病情进一步恶化。

终于有一天,李斯特的父亲将李斯特叫到了身边,说道:"孩子,我就要离去了,即将抛下年少的你我于心不忍。但是我知道你有自己的才能,你的天赋能够帮助你战胜一切困难。你有一颗善良的心,但是女人会搅乱你的心,这是我唯一担心的事情……"话音刚落,李斯特的父亲便离开了这个世界。面对突如其来的情况,李斯特的大脑一片空白,他不知道父亲的突然离世对他意味着什么,甚至在之后的一个月内他都没有缓过神来。

对于一个十几岁的少年来讲,这种事情未免太过沉重。得知消息后的母亲很快从外地赶了过来,母子二人黯然神伤,但逝者已矣,安葬好李斯特的父亲,李斯特母子还是要为未来的生活做打算。

情窦初开

1827年9月,李斯特和母亲一起回到巴黎。没有了父亲的支撑,母子二人要为未来的生活做好规划。目前手头没有太多的钱,而母亲的收入也比较微薄。为了缓解母亲的压力,年少而懂事的李斯特决定卖掉他曾经在演出上使用过的名牌钢琴,由于这时的李斯特已经有了很大的名气,他所使用过的钢琴自然也能卖得上价。之后,两人在市区找到一个合适的地方租住下来。

这天,到了深夜李斯特还没有睡,实际上他一直在思考将来自己可以做什么。毋庸置疑,他的志向从未变过,就是离贝多芬更近,也就是在钢琴界不断提高自己,让自己也成为像贝多芬一样有名望的优秀音乐家。不过在此之前,养活自己,并且为母亲分担压力才是最重要的。现在已经没有了父亲,李斯特必须像一个男子汉一样帮母亲分担家庭责任,为了生计而奔波。思来想去,李斯特对其他方面并不了解,只在音乐领域有一定的成绩,如果开办一个钢琴班,从事钢琴教学活动,势必有一定的优势。从事钢琴教学活动,一来能够获得一定的收入,二来也能在教学过程中磨炼自己的琴技。

当市民得知李斯特要开设钢琴班,前来报名的学员可谓络绎不绝。一时间,李斯特的简陋小屋围满了人,一改前几日冷清、寂寥的情景。面对众多的学员，李斯特内心充满了喜悦，他暂时可以不再为生计而发愁。不过随之而来的是高强度的工作，他甚至需要从早上工作到晚上十点左右。有时候李斯特忙得没时间吃饭，母亲看在眼里疼在心里，但是即便再心疼孩子，眼下也没有其他办法，只有"硬着头皮上"，否则李斯特和母亲可能就要挨饿了。因为除了基本的饮食，他们还要支付高昂的租房费用。不过只要有钢琴，再繁重的工作李斯特也能够保持高昂的热情。

有一天，德·圣-克里科伯爵召见李斯特，他希望自己的女儿卡洛琳能够到李斯特那里学习钢琴。伯爵话音刚落，只见一个妙龄少女走了进来。这是一位刚满17岁的少女，身材修长、容貌姣好。她有一头长发，身上散发着忧郁和静雅的气质。虽然伯爵邀请李斯特做自己女儿的老师，但是此时的李斯特也只有17岁，与卡洛琳年纪相当。这两个年轻人彼此好奇地打量着对方。可能此时李斯特在想："我一直教授比我小的人，现在是同龄人，我能够胜任吗？"而对面的卡洛琳可能在想："这个小兄弟有我年纪大吗？"但是无论怎样，命运让这两个年轻人相遇，钢琴使他们产生了密切的联系。自此开始，李斯特成了卡洛琳的钢琴老师。而事实却远没有如此简单，两个人的故事才刚刚开始。

李斯特第一次给卡洛琳上课时，这个青春懵懂的少年还特地打扮了一番，他换上体面合身的礼服，好好捯饬了一下自己的发型，看到镜子里面精神焕发的自己，李斯特的嘴角不自觉

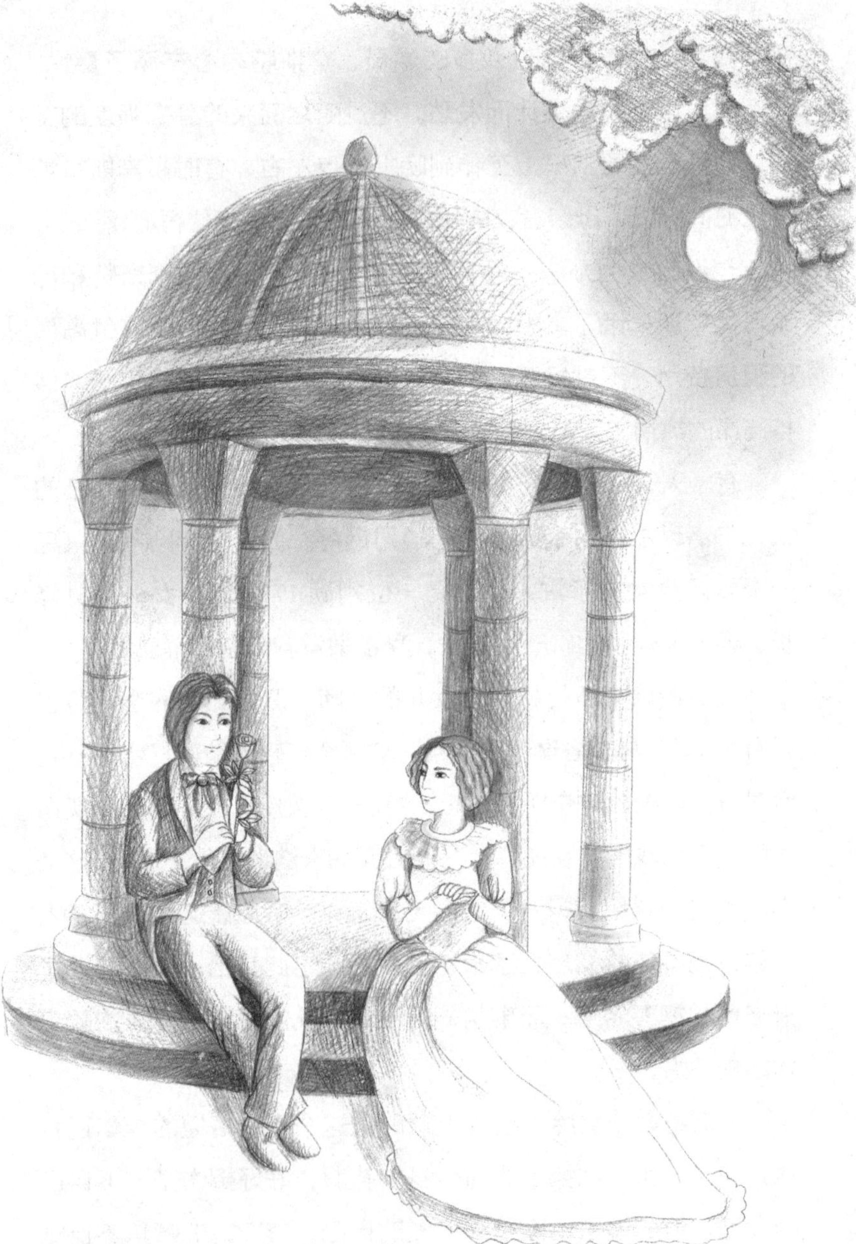

地上扬起来。在李斯特授课的过程中，卡洛琳十分专注，生怕错过一个知识点，而看到如此专注的卡洛琳，李斯特的讲授也更加用心。往常感觉很长时间才结束的一堂课，此时却过得非常快，不知不觉就到了下课时间。李斯特越讲越开心，甚至还当场为卡洛琳示范起了车尔尼为《海盗》作的变奏曲。就这样，两个人的第一堂课在愉快的氛围中结束了。

第二堂课的时候，李斯特和卡洛琳的距离又拉近了一点。两个人除了谈论音乐相关的问题，还聊起了一些题外话，文学也是他们共同的兴趣点。两个人相谈甚欢，甚至课程时间都不自觉地延长了。后来，每次课程都要延长成为两个人的默契。随着两个人熟悉程度的加深，每次课程的延长时间都长达半小时或更长，直至两个人干脆连时间都不看了，只是想聊什么就聊什么。但无论聊什么，两人都十分开心，只希望和对方在一起的时间越长越好。

卡洛琳除了对李斯特有一些好感，还对他怀有崇敬和尊重之情，为此，卡洛琳特地连夜作了一首小诗，以表达她的内心。

一个小时的沉默，
孤独无语；
万籁俱寂，希望也已安息；
风儿不再摇曳，
凝固在林间的阴影里。
……

> 我的声音低回在他的耳畔；
> 轻柔的叹息，和谐的旋律；
> 如同他的眼神带给我的迷醉般纯净，
> 恰似梦想传达给我们的声音般温柔；
> 玄妙的意境
> ……

读到这里的李斯特恍然大悟："难道卡洛琳这首诗是送给我的？"李斯特的心跳逐渐加快，他原本以为只是自己对卡洛琳有好感，而没承想卡洛琳也是这样。他激动万分，恨不得马上就向圣－克里科伯爵的家飞奔而去。但是转念一想，现在时间还很早，过去也没有办法解释，毕竟不是授课时间。李斯特只好作罢，他压抑着自己的情绪，在树林间、在小溪旁踱步，他希望以此让自己的内心平静，然后再静静等待授课时间的到来。终于两个年轻人再次见面了，此次见面与以往几次上课有了明显的不同，毕竟这次才算是两个人由芳心暗许转变为袒露心声的初次见面。毫无疑问，两个人的音乐课时间再次延长，而两人交谈时的表情、动作也发生了明显的变化。

被拆散的青年情侣

李斯特与卡洛琳在一起约会的情景恰巧被卡洛琳的母亲圣－

克里科伯爵夫人看到，伯爵夫人并不像其他夫人一样神采奕奕、光鲜照人，事实上她正经受病痛的折磨，即使她可以接受当时最先进的治疗，但是她已经病入膏肓、时日无多。看到自己的孩子与优秀的钢琴家在一起，圣－克里科伯爵夫人也并没有直接去阻拦两个孩子。这时她开始回忆自己的青春时光，是啊，自己也是从这个年龄、这个时刻走过来的，她清楚地了解初恋是怎样的滋味，也明白初恋的宝贵。李斯特的出身或许并不高贵，但是他才华出众，有一颗进取心，伯爵夫人觉得自己没有任何理由去拆散他们。于是，圣－克里科伯爵夫人想要将这件事告诉丈夫，一起祝福这对年轻人。

然而事与愿违，得知此消息的圣－克里科伯爵显然对此事嗤之以鼻。在他看来，自己的身份十分尊贵，即使李斯特具有出众的钢琴才华，但是他毕竟只是一个"玩艺术的"，与自己女儿的社会地位完全不对等。更何况圣－克里科伯爵是查理十世十分宠信的大臣，这足以令他傲视一切，他甚至只把李斯特当成一个不值一提的小家伙儿。伯爵夫人看到丈夫是这样一种态度，她似乎已经预见女儿将要受到情伤，实在是于心不忍。伯爵夫人多次对丈夫进行劝说，她表示女儿已经和李斯特相爱，而且他们两个人有共同的爱好，他们在一起时的欢声笑语都是自己亲眼所见。伯爵夫人还反问丈夫："难道你不希望我们的女儿一直幸福下去吗？"但是无论伯爵夫人怎样劝说，伯爵都只是一笑置之，在他眼中浪漫抵不过身份和地位。伯爵夫人知道自己的劝说已无意义，便不再多说，但伯爵夫人在心底仍然默默祝福着自己的女儿，只是希望她能够幸福。

时间没过多久，伯爵夫人的病情开始恶化，这时她的身体更加虚弱，甚至起床都变得十分困难。卡洛琳要陪伴母亲，李斯特的钢琴课也要暂停。有一天，李斯特突然得到噩耗：伯爵夫人去世了。李斯特感到十分吃惊，因为他一直很喜欢这位夫人，她温柔大方、和蔼可亲，现在却突然与世长辞。李斯特怕卡洛琳受到打击，决定前往伯爵官邸。到达之后，往日热闹幸福的府邸一片肃穆景象。他默默走到一旁坐下，看着满屋哭泣的人，自己也忍不住哭了起来。但是当他看到卡洛琳的时候，开始控制自己的情绪，如果自己表现得过于悲伤，那么无疑会让卡洛琳更加悲伤，这是李斯特最不想发生的事。

过了一段时间之后，钢琴课重新开始，李斯特比之前来得更早，他生怕哪一天伯爵会突然下令不再允许他与卡洛琳见面。而两人也十分珍惜每次见面的机会，他们所交流的内容变得愈来愈宽泛，从最初的钢琴到文学、历史，从贝多芬、莫扎特到但丁、维克多·雨果。李斯特与卡洛琳的关系似乎在不经意间发生了微妙的变化，他们不再是单纯的师生关系，而是像许久未见的老朋友一样，谈天说地。与卡洛琳在一起的日子里，李斯特的性格变得越来越开朗，他的言谈举止也发生了一些变化，他爱笑了，在说话时也时常夹杂着丰富的肢体动作，甚至他还有了更多的幽默感。而面对这样的李斯特，卡洛琳自然也是越来越喜欢，两人在一起总有说不完的话。

有一天，授课结束之后李斯特正要回家，他心中也正在

"预习"明天要为卡洛琳讲述的内容,甚至李斯特脑海中已经开始设想明天和卡洛琳在一起交流的场景,两人的谈话令他感到放松。然而他的思绪很快被仆人打断:"伯爵大人请您去面见他。"李斯特瞬间产生了一种不好的预感。李斯特年纪虽然不大,但是经历的事很多,他能够从平常的交往中察言观色,他能够明显感觉到伯爵先生并不是很喜欢自己。果然,伯爵在见到李斯特时说道:"您认真地给我女儿授课,我万分感激。但是您的课程必须停止了。因为我的夫人去世前已将您对我女儿的爱慕之情告知于我。而这桩婚事是不可能的,所以只能请您离去。"此时的李斯特只有十几岁,虽然已经在音乐方面有所建树,但是内心深处仍然是一个孩子。面对伯爵说的话,李斯特久久无法回过神来,他已经有了这方面的预感,但是真正亲耳听到时,竟不知道该怎样回答。尽管这非他所愿,他也只能转身离开。李斯特就这样,没有一言一语,没有回头,离开了伯爵的府邸。

离开伯爵府邸,也就意味着以后他无法再与卡洛琳见面了。伯爵不会同意一个平平无奇的小伙子与自己的宝贝女儿交往,在他看来,婚姻必须门当户对,将来招女婿一定要符合自己的身份和地位,这一点是永远无法打破的。就这样,李斯特经历了第一次失恋的打击。

● 沉寂之后的复出

经历了失恋的打击,李斯特的精神状态不是很好,在此之前他一直是一个阳光开朗的大男孩,无论遇到什么困难从不轻易退缩,在钢琴方面遇到难题,也总是不断摸索。离开卡洛琳,却让这个大男孩改变了自己的性格。

李斯特开始经常发呆,他有时候看着平静的湖水能够呆坐一下午,他还会躺在躺椅上放空自己,这样一躺就是几个小时。当别人问他在做什么的时候,他却说他在和自己的内心说话。看到这种情况,母亲慌了神,生怕与卡洛琳的这件事给李斯特带来什么刺激。于是,母亲和李斯特进行了一次彻夜长谈,母亲希望用自己的经验开导他,帮助他回到正轨,让自信充实他的生活。可是李斯特的回答让母亲出乎意料,李斯特表示,现在的生活并不是自己想要的,自己想要投身于宗教。

当时的欧洲社会,宗教观念很强,教皇有很高的社会地位,可以说宗教与人们的生活息息相关。但是一般投身于宗教的是中年人或老年人,很少有十几岁的孩子,他们的人生甚至还没有开始,就要过枯燥单调的宗教生活吗?再加上李斯特那过人的天赋,母亲自然是不愿意让孩子荒废自己的音乐专长。

可这个年龄的孩子往往比较执拗,即使母亲再三劝说也毫无作用。就在李斯特准备踏入宗教殿堂时,没想到教堂的神父

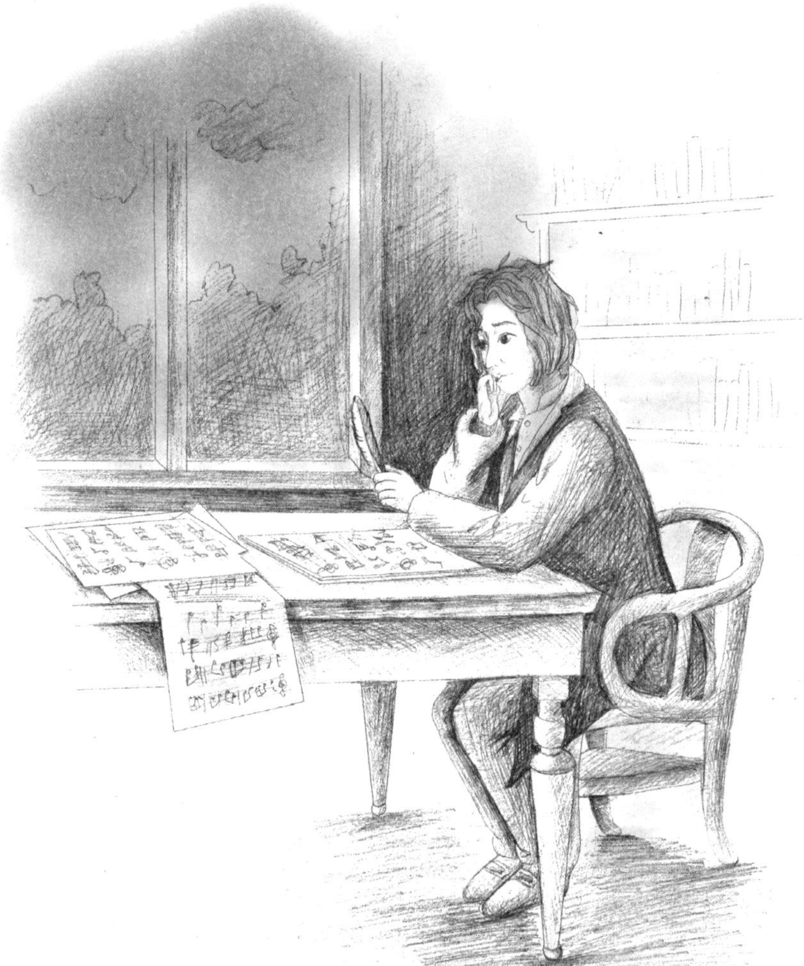

走近大音乐家

竟然是李斯特的"粉丝",在他看来,李斯特现在的思想还不成熟,将来很可能会对他现在所做的一切感到后悔。神父也为李斯特的音乐而深深着迷,不忍看到将来人类失去一位伟大的钢琴家。于是神父和李斯特的母亲一起劝说李斯特。

就这样,李斯特与两人展开了一场关于是否继续进行音乐创作的"拉锯战"。这场"拉锯战"没有在三个人中得到结果,却在第四个人加入时瞬间结束,他便是著名的小提琴手克里斯蒂安·乌尔汗。乌尔汗的演奏风格独树一帜,并且有着与李斯特一样的对于音乐的狂热追求,两人在这一时刻成了知己。每当李斯特暗自神伤的时候,乌尔汗总能尽量前来陪伴他、帮助他,这给了李斯特再度进行音乐创作的动力。

李斯特的生活开始逐渐回归正轨。为了减轻母亲的压力,他开始重操旧业,即开设钢琴班。他一丝不苟地对待自己的教学活动,同时利用闲暇时间阅读书籍,无论是宗教类还是通识类的书都可能是他的候选。经历了失恋的痛苦,李斯特认为书籍是不会令自己伤心的:书籍就像浩瀚的海洋,里面是一个光怪陆离的世界;借着书籍营造的奇妙环境,自己能够从中获得心灵上的放松,短暂忘记伤痛。

转眼间,时间来到了 1830 年,这年七月的一天,法国国王查理十世宣布解散议会,企图实施贵族专制,这导致了七月革命的爆发。20 岁的李斯特看到街上熙熙攘攘的人群,听到四处传来的枪炮声,他的内心也不自觉地受到这种气氛的影响。在炽热的夏季,各个街道都能够听到强烈的呼唤,听到"打倒波旁王朝，宪法万岁"的口号。李斯特曾大量阅读雨果、拉莫内、本杰明·康斯坦等人的著作，也曾深受民主思想的影响。为了实现社会理想与追求，他开始为声势浩大的革命运动作曲。很快，《革命交响曲》的初稿问世了！这一作品成为七月革命的有力支援，在很大程度上激发了革命者的斗志。经过了这样一场大变革，李斯特似乎已经将此前的儿女情长抛之脑后。可以说，大革命治好了李斯特的"失恋病"。现在的他，宛若重生，对艺术创作再次燃起了新的希望！

第三章

朋友与爱人

与炫技大师帕格尼尼相遇

尼科罗·帕格尼尼（Niccolò Paganini，1782—1840），意大利小提琴家、作曲家，属于欧洲晚期古典乐派，对小提琴演奏技术进行了很多创新。

帕格尼尼于1782年10月27日出生在意大利北部的热那亚，父亲是一名小商人，没有受过太多的文化教育，却酷爱音乐，他还是一个吉他和曼陀铃业余爱好者，经常与妻子在酒店驻唱，这对小时候的帕格尼尼产生了重要影响。更难能可贵的是，帕格尼尼很小的时候就表现出了音乐方面的天赋，他竟然能够准确地找到音乐的节拍和旋律，帕格尼尼的父亲知道自己能力有限，却又对音乐充满了热爱，于是帕格尼尼的父亲致力将自己的孩子培养成一名音乐家。帕格尼尼7岁的时候，就开始接受小提琴相关的基础教育了，之后又跟随热那亚著名的小提琴家学习。

在帕格尼尼这里，无论是多么难的曲子，他都能够快速掌握、轻松弹奏。11岁时，他已经开始在热那亚举行公开演奏会，并获得极大成功。1825年后，他的足迹遍及奥地利、德国、法国和英国，他还会演奏吉他和中提琴。在他的《二十四首随想曲》中，他表现出了高超的技巧。也是在这期间，李斯特和帕格尼尼这两位神童相遇，并成为挚友。

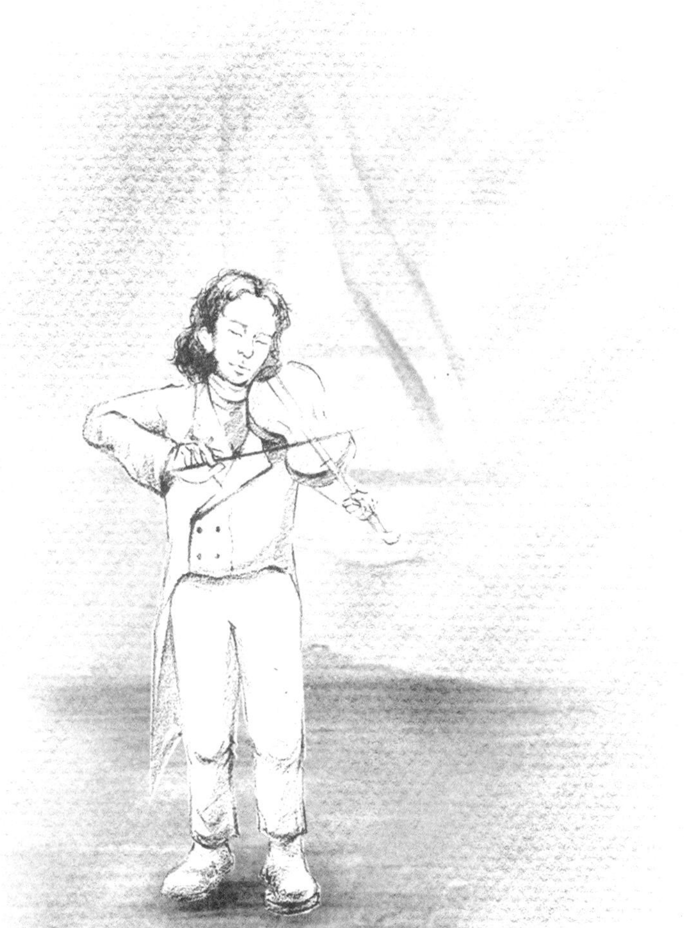

走近大音乐家

1832年3月9日，帕格尼尼在巴黎的大歌剧院演出。台下作为观众的李斯特认真聆听帕格尼尼的演奏，李斯特被惊呆了——竟然有人能够如此娴熟巧妙地进行弹奏。

在帕格尼尼的手中，每一个音符都像是具有了生命，它们好像马上就要从乐器之中跳跃出来。而演奏者帕格尼尼满脸享受，他将自己的情感和技艺完美融合。

看完帕格尼尼的演出后，李斯特的内心受到了震撼，这种炫技性是此时的李斯特尚且不具备的能力，他便萌生了一个想法，要结识这位音乐怪才。李斯特可能心想："今天在舞台上演奏的这位奇才使我不再孤单，他的炫技演奏手法使我痴迷。"

每一位钢琴演奏者都有自己的演奏特色，对于李斯特而言，他最大的特色就是注重技巧，喜欢手指在钢琴上掠过的感受。看到帕格尼尼在这方面有过之而无不及，李斯特已经迫不及待地想要向这位演奏达人"取取经"了。

音乐会后，李斯特与帕格尼尼正式见面。两人相见恨晚，两位音乐家虽然演奏的乐器不同，但是他们都有较高的艺术天分，且炫技性都是他们的演奏特点。

李斯特对帕格尼尼说，他那神乎其神的演出给自己留下了深刻的印象。帕格尼尼的技巧令李斯特第一次感觉自己的钢琴演奏能力似乎还停留在幼稚的阶段，而帕格尼尼也早已知晓李斯特的名号，两人可谓英雄惜英雄。

除了互相寒暄、赞扬，两人还约定，若有时间一定要切磋技艺，互相学习。而事实证明，在未来的一段时期内，他们都受到对方的影响。

● 良师益友柏辽兹

艾克托尔·路易·柏辽兹（1803—1869）对李斯特具有非凡意义。如果说，成就李斯特精湛钢琴技艺的人有两位，那么其中一位是帕格尼尼，另一位就是柏辽兹。

柏辽兹是一位音乐鬼才，1803年出生于法国南部的一个小镇，是法国浪漫乐派的代表人物之一。柏辽兹从小生活在小镇，所以并没有接受比较系统和专业的音乐教育，但是他天生对音乐有着浓厚的兴趣，他的音乐知识和演奏技巧都是通过自学而来。经过几年的刻苦努力，少年时期的柏辽兹已经能够独立完成演奏活动，在当时的小镇颇有名气。

随着柏辽兹逐渐成长，他的父亲认为他应该学一技傍身，而不是一直研究音乐，于是命令他前往巴黎学医。但是柏辽兹对于音乐艺术有高度的追求，同时他的性格也比较执拗，早已在心中决定与音乐"死磕"，即使是以与家人断绝关系作为代价。经过多年的努力，柏辽兹终于在当时的欧洲小有名气，并且结识了许多音乐领域的"大咖"，也在1830年与少年英才李斯特有了交集。

1830年，李斯特抱着虚心学习的态度前去拜访柏辽兹。柏辽兹看到眼前这个容貌俊美、充满了对于音乐的追求的年轻人，

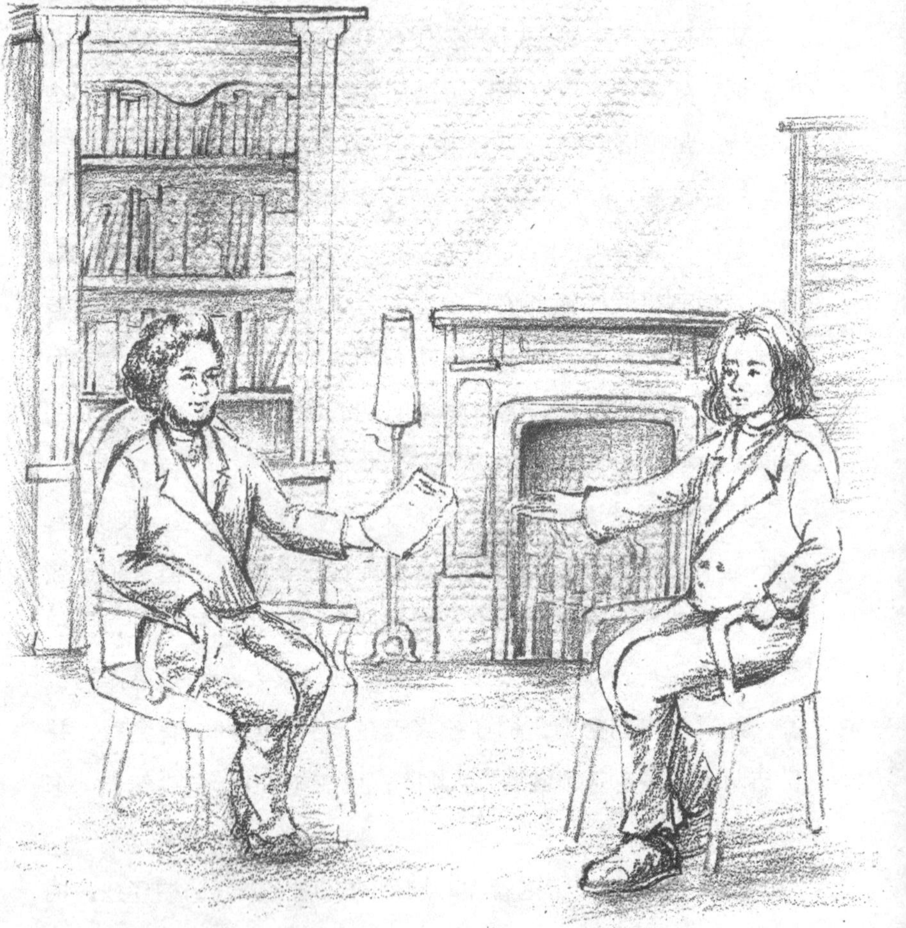

仿佛看到了几年前的自己。两人一见如故,出于共同对音乐艺术的崇敬,两人在第二次见面的时候就好像认识多年的老朋友一样。

柏辽兹把自己最喜欢的书——《浮士德》推荐给了李斯特,这本文学名著在当时意义非凡。《浮士德》是德国作家歌德所作,最早出版于1808年,过了没多久就已经红遍半个欧洲。这本书内容充实,具有丰富的理论内涵,所以自1808年出版起,一直在不断丰富和完善。李斯特收到这本书后十分喜爱,表示一定要仔细研读,所以这本《浮士德》就是李斯特和柏辽兹两个人沟通的"第一座桥梁"。在读完《浮士德》之后,李斯特感觉自己的心灵受到了强烈的震撼,仿佛灵魂被启发一样,这是因为《浮士德》中的内容充满了魔幻色彩,但是又与现实世界有一些联系,这让李斯特开始思考人生。也因此,他成了作家歌德的"粉丝",尽管这位伟大的作家在不久后去世了,但是他的精神力量一直鼓舞着年轻的李斯特。

相较于帕格尼尼,柏辽兹并没有高超的炫技,却有着强大的作曲能力。柏辽兹总是能够把人们脑海中的美妙画面通过音符的形式展现出来,当听到他的作品被弹奏出来时,人们总会有一种误入幻境的感觉,这种奇妙的美感令人痴迷。

柏辽兹和李斯特在一起时,两人并不是一直坐在钢琴面前,柏辽兹也不会总是聆听李斯特的独奏。相识之后,李斯特和柏辽兹经常相约见面,一起讨论音乐方面的问题,当然其中多数是李斯特向柏辽兹"取经"。看到眼前这个求知若渴的小老弟,柏辽兹也毫不吝啬，总是尽自己所能帮助李斯特。除此之外，李斯特和柏辽兹还会一起做一些其他有趣的事，比如，他们会一起阅读，互相分享心得，他们会在书籍中找寻音乐创作的灵感。

肖邦的演奏会

经历了失恋、消沉，再到提高演奏信心，李斯特这几年的生活可谓精彩，丰富的阅历使他的演奏水平上了一个新的台阶。

1832年的冬天，李斯特到柏辽兹的家中去看望他，两人相谈甚欢。柏辽兹的新作《幻想交响曲》和《再生》激发出李斯特强烈的创作灵感。聆听这些音乐，可以让人的脑海中产生一幅幅与之相应的美妙画卷，让人浮想联翩。李斯特从中学会了这种演奏方式，并在之后的演奏中尝试运用。

而后，李斯特认识了另一个对他影响深远的人，这个人看上去身体虚弱，没有什么精神，但实际上是大名鼎鼎的弗里德里克·肖邦（1810—1849）。

弗里德里克·肖邦出生于1810年，自幼身体不太好，是一名"钢琴诗人"。自出生以来，肖邦就开始了他的传奇一生。他先是学习钢琴，师从著名的钢琴教师。由于天赋异禀，领悟能力较强，演奏又有很强的抒情性和感染力，他在十几岁时，已经名震波兰，并且欧洲其他地区的人也开始逐渐了解他。

当肖邦坐在琴凳上开始演奏时，整个会场都被他掌控，往往只需要简短的几个音阶，大家就能够从中听到灵魂在诉说的声音。听完肖邦的演奏之后，李斯特与肖邦进行了深入沟通，在李斯特看来，肖邦属于那种比较独特的人，他虽然对外人谨小慎微，过于提防，但是一旦熟络起来，不难发现，肖邦是一个十分友好、谦逊的人，他对待朋友真实、可靠，他不会因为一个人的身世而改变对一个人的态度。

肖邦的新寓所已经装修完毕，李斯特和几个朋友准备为肖邦庆祝，与李斯特一同前往的朋友有亨利希·海涅、阿道尔夫·努里、希勒·梅耶贝尔、密茨凯维奇、乔治·桑、欧仁·德拉克罗瓦、德·阿古伯爵夫人。大家买了许多东西，拎着大包小包进入了肖邦的新寓所。为了感谢大家的到来，肖邦决定为大家进行演奏，在座的每一位听众都近距离感受到了肖邦那神乎其神的钢琴演出。他手法简练、音响华丽，钢琴演奏出神入化，令李斯特受益匪浅。

透过幽暗的烛光，李斯特多次看向德·阿古伯爵夫人的侧颜，在烛光的映照下，伯爵夫人的侧颜是那么柔美。李斯特只有 21 岁，伯爵夫人名为玛丽·德·阿古，比李斯特大 7 岁。

美丽的德·阿古伯爵夫人

玛丽·德·阿古在很小的时候就被父母带到了巴黎，父母希望她能够在舞蹈领域有所建树，让她向阿布哈阿姆学习舞蹈，后来还与其他朋友一起练习过剑术。玛丽·德·阿古慢慢长大，她那基因优势开始显现出来，大大的眼睛、高挺的鼻子、细腻的皮肤，吸引了众多追求者。在众多的追求者之中，父母为她选择了门当户对的婚姻，而这却不是她想要的。在她看来，真正的婚姻应该是两情相悦，而不是门当户对。此时，在肖邦的家里，李斯特和玛丽·德·阿古相遇，实际上玛丽的内心也荡漾起了涟漪，她知道那个优秀的男人正在看着她，面对李斯特这样优秀的钢琴家，她没有理由不动心。

过了一段时间，李斯特邀请玛丽来家里做客。几个月不见，玛丽变得十分消瘦，李斯特对此很吃惊。他明白，眼前的这个女人一定是受到了丈夫的冷落，李斯特的内心涌现出了复杂的情感，心想："如此美丽而动人的女子却受到了命运不公的待遇，她因为家庭的原因，不得已嫁给了自己不爱的人，而这个人对她又这样。而我们两情相悦，为什么不能在一起呢？"

李斯特的内心产生了一个大胆而冲动的想法，他再也难以抑制自己的内心，说道："我们一起走吧！"听到这句话的玛丽可谓百感交集，她与李斯特互有好感，但是她没想到李斯特竟然直接说出了这句话。她的心中有一丝丝激动，随之而来的却是忧愁，她难以抛弃自己的家庭，尤其是自己的孩子。可是假如不跟李斯特走，回到家里的她将要继续过着暗无天日的生活。经过了一番思想斗争，最终玛丽决定跟随李斯特，无论结果如何，现在的她一定要遵从自己内心的想法。

1835年的夏天，这个帅气英俊的钢琴家带着玛丽走上了属于他们的道路。他们先来到瑞士日内瓦，后又去了阿尔卑斯山，他们在这里欣赏美丽的森林草原、高山落日，经过了短暂的休整，玛丽的精神面貌看起来与之前判若两人。李斯特和玛丽日日相伴，从清晨到日暮，他们仿佛有着说不完的话。

有一天，李斯特和玛丽的朋友到访，有杰出的植物学家皮拉姆·德·坎道尔，还有历史学家西斯蒙第等人。大家许久没见，一时间，原本只有两个人的小屋变得异常热闹。这样的聚会当然少不了李斯特的弹奏。李斯特上演了自己的"拿手好戏"，除了演奏自己的作品，还演奏了贝多芬的名作。人们听了李斯特的演奏，都惊叹于他竟然能够把贝多芬的名作演奏得那么优美动听，对他赞不绝口。在这群朋友中，有一些和李斯特是故交，但是也有些人和李斯特是初次见面，他们对李斯特早有耳闻，但是没有想到，他竟然能够达到这样的水平！大家在动听的钢琴声中聊天，时间很快就过去了。

之后的一段时间，李斯特一直带着玛丽四处游历。但是接下来即将发生的这件"大事"，暂停了他们的行程。

原来，玛丽已经怀孕了。听到这一消息的李斯特内心五味杂陈。他爱眼前的这个姑娘，是的，他深爱着她，不然也不会带她私奔。但是目前自己的经济条件真的能够让孩子生下来并且快乐成长吗？而且，玛丽的生育过程也需要耗费大量的金钱，这随之而来的一切开销，令李斯特开始忧愁。但是经过几天的思想斗争，李斯特也想通了，他认为这对于两人来说无疑是一件喜事，这是两人爱情的结晶，即使当下苦一些，只要坚持下去，就一定能够得到自己想要的生活，大不了就是多演出几场，或者多开几堂课罢了。

　　自此，李斯特决定为了自己的孩子而努力。他决定再次回归老本行，从事钢琴教育工作，与此前的工作不同。这时的李斯特对待工作格外认真，因为他知道，自己现在所攒下来的每一分钱，都能够让自己的宝贝在未来过得更好。

　　时间一天天过去，李斯特的钱包日渐充实起来，他们为了迎接这个小天使已经做好了万全的准备。终于，在1835年12月18日这一天，小布朗蒂娜出生了。这是一个胖嘟嘟的可爱的小姑娘，看到自己女儿躺在爱人的怀里，李斯特的心里别提多高兴了。不过，初为人父的李斯特在带孩子方面稍显稚嫩，毕竟他只是一个才24岁的年轻人，小布朗蒂娜的母亲玛丽却有着丰富的经验。李斯特坐在一旁，看向这对母女，在李斯特的眼中她们就像一幅美丽的画，美得那么梦幻。

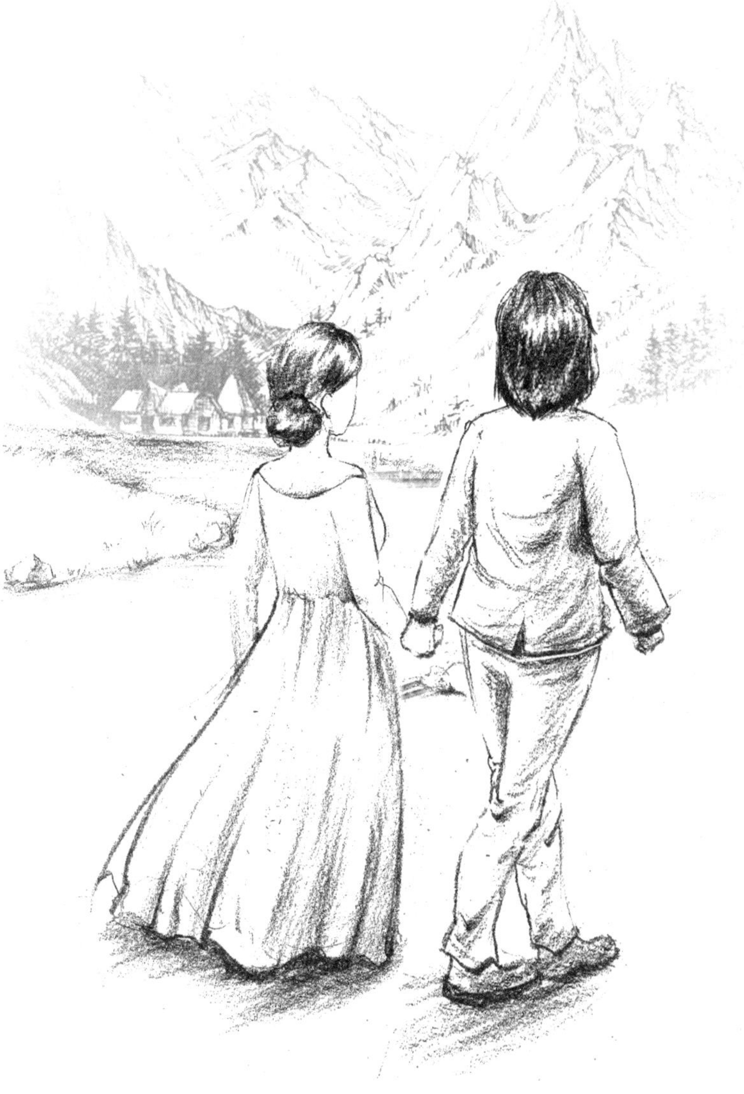

第四章

享誉欧洲

🌑 启程巡演

1837—1847年李斯特是在大大小小的各种巡回演出中度过的。随着演出活动越来越多,李斯特几乎走遍了当时欧洲的国家,包括匈牙利、意大利、法国、英国、德国、俄罗斯、土耳其等。所到之处无不风靡,观众为之疯狂,德国诗人海涅把这种盛况称为"李斯特狂热"(Lisztomania)。

在这10年间,李斯特创新了钢琴演奏技法,并创作了6首《帕格尼尼大练习曲》。说起《帕格尼尼大练习曲》创作渊源,则不得不提帕格尼尼,如前文所述,帕格尼尼一直是以炫技而著称的。李斯特惊讶于帕格尼尼的技巧,甚至曾经惊叹地表示:"他怎么能够在四根弦上玩出这么多的花样!"为了再现帕格尼尼的精彩时刻,李斯特则一直在这方面努力。终于,李斯特经过刻苦钻研帕格尼尼的《二十四首随想曲》之后,创作出《钟声大幻想曲》,并且在经过多次优化和完善之后,将这首幻想曲编入钢琴曲集《帕格尼尼大练习曲》中。

1837年12月,李斯特与玛丽迎来了他们的第二个孩子,即二女儿科西玛。如今李斯特不用再像几年前一样，为了给孩子更好的生活而屈尊于各类培训班，他的名气愈加响亮，仅一场演出就足以支撑他们生活很久。

次年，李斯特携玛丽来到了水上之城威尼斯。这座城市是意大利东北部著名的旅游和工业城市，被称为"亚得里亚海的明珠"。威尼斯的风情与水息息相关，可以说这是一座离不开水的城市，它因水而生，因水而美，吸引了众多游客前来观赏。也就是在这样一座充满水之意蕴的城市中，人们有着强烈的艺

走近大音乐家

术向往，激发了李斯特的演奏热情。每当他和玛丽登上贡多拉①，他的创作热情便被激发出来。此时，"万籁俱寂"，李斯特可以与自己的内心对话，将片刻的情绪记录下来，从而形成动人的乐章。就这样，李斯特在威尼斯进行了多场演出，这里给他留下了深刻的印象。

有一天，李斯特在报纸上发现，自己的故乡匈牙利遭受了自然灾害，那洪水就像凶猛的野兽，将房屋吞噬，上万居民无家可归，一股浓浓的思乡之情油然而生，他决定回到故乡！1838年4月7日，李斯特回到故乡，虽然他的能力不足以为人们提供丰厚的赈灾物资，但是他愿意尽自己所能，举办赈灾义演，通过音乐给予人们精神力量。本来，李斯特准备在这里举办两场演出，可是看到灾后的情景，以及人们脸上的倦容，李斯特动容了，他竟然在一个月之内举办了10场音乐会。期间，他除了演奏自己的曲目，也演奏了音乐家亨德尔、贝多芬等人的作品，正如李斯特所预期的那样，人们受到音乐的鼓舞，对于重建家园信心满满。

后来，李斯特又来到了意大利，他在佛罗伦萨参加了波尼亚托夫斯基亲王的舞会，在这里进行演出使李斯特收获了一定的人脉。他又去波伦亚欣赏了博物馆中的诸多艺术作品，尤其被文艺复兴巨匠拉斐尔的名作《圣塞西尔》深深折服。离开波伦亚之后，李斯特来到了罗马，作为意大利的"老牌"艺术之都，罗马是当时意大利的经济、政治、文化中心。时任罗马画

---

① 贡多拉：独具威尼斯水城风情的小型船只，用于交通往来或供游客玩乐。

院院长安格尔久闻李斯特盛名，亲切地接待了他，并热情邀约他参加各大展会。李斯特在罗马停留的时间比较长，在这里他将贝塔尔卡的3首十四行诗改编为钢琴曲。同时，李斯特还受到拉斐尔《圣母的婚礼》和米开朗琪罗的《罗朗·德·美第奇公爵肖像》的一幅复制品的深刻启发，创作了新的曲目，即《婚礼》和《思想者》。

辉煌背后的失败

在多场成功的演出后，李斯特却遭遇了一场演出的失败，这件事情还要从头说起。一天，李斯特到著名的莱比锡音乐厅准备演出事宜，当地有一些颇具名望且具有一定艺术品位的贵族人士，他们希望借助自己的名声获得李斯特演出票价方面的优惠，因为他们觉得自己的地位无比尊贵，应当享受这种优惠。然而演出的组织者并未让这些贵族如愿，因此他们迁怒于李斯特，即使他们知道李斯特的钢琴演奏神乎其神，却也对其产生了反感。在李斯特演出时，一些人开始故意捣乱，制造声响，这使李斯特心神不宁，甚至李斯特还听到有人在会场上吹起了口哨。

李斯特从未经历过这种情景，一向孤傲自信的他怎么受得了这种侮辱？演出结束后，他因此大动肝火。在他的心中，那几声口哨就好像一股烈火灼烧着自己的胸腔。时间一长，李斯特因为这件事导致心情过于压抑而生了病,这也让他之后的音乐会延期了。不过命运总是充满了机遇与巧合,经过音乐会延期和生病这些事,他却从中看清了很多东西,由于玛丽现在在其他城市,于是李斯特的朋友舒曼和门德尔松整日守候在病榻前,无微不至地照顾李斯特,尤其是舒曼。李斯特认为和舒曼在一起就好像两个人认识了几十年一样。

有时候,李斯特和舒曼即使只是坐在一起,一言不发,也不会感觉无聊。在好朋友的细心呵护之下,过了没多久李斯特的身体便痊愈了,此时他希望离开莱比锡,前往欧洲的其他地区进行巡演。

再度启程

李斯特再度踏上征程,为了展现自己在舞台上的英姿,也为了将自己和偶像的作品传遍欧洲。一路上,李斯特路过巴黎、伦敦、汉堡、布鲁塞尔、巴登、法兰克福、波恩等多座城市。除了莱比锡,李斯特在每一座城市都得到了尊重,人们欢呼着、雀跃着,仿佛在迎接英雄一样,人们为他的音乐和钢琴炫技手法而痴迷。

在各地的演出中,李斯特总是将自己内心的情绪和想法体现在琴键上,从而将美妙旋律带给听众。一般情况下,李斯特会演奏自己独创的曲目,有时李斯特也会演奏他的偶像贝多芬的作品。多年以来，李斯特一直将贝多芬视为自己的精神榜样，他对于贝多芬的佳作十分熟悉，甚至会在兴起之时专门举办贝多芬作品的专场音乐会。这体现了李斯特对于自身演奏能力，以及他对贝多芬作品情景领会能力的超高自信。

随着演奏技术愈加纯熟，李斯特开始变得越来越自大，而这伤害了他和玛丽的感情，一次又一次，李斯特与玛丽发生激烈的争吵，玛丽希望李斯特能够多陪陪自己，同时改掉狂妄自大的毛病，而李斯特却认为玛丽管得太多，她只需要管好自己就行。争吵作罢，两人暂时分开，玛丽回到巴黎，她希望通过暂时疏远李斯特来换得他的妥协，而李斯特却没有受到任何影响，他自顾自地开启了高频次的演奏生活，甚至在两个月之内举行了20多场音乐会。无数的市民、王公大臣前来捧场，甚至国王都亲临现场，获此殊荣的李斯特自然演奏得更加用心。

日子一天天过去，李斯特又与玛丽生下了儿子丹尼尔。然而，事业的如日中天难掩家庭矛盾的爆发。

随着李斯特在艺术界的声望不断提高，他的傲慢、自大愈加明显，一次次的争吵伤透了玛丽的心，尽管玛丽对李斯特仍然留有一丝念想，但是在一次家庭争吵中，玛丽指责李斯特是暴发户，这句话伤到了李斯特的软肋。李斯特一直不愿意谈论自己的出身，因为他在内心深处一直认为自己的出身是耻辱的，这句话使李斯特气愤至极，他对玛丽大发雷霆，两个人已经近乎吵到不可开交的地步。而后，玛丽为了报复李斯特，还将李斯特私底下跟她谈论的一些名人的负面话语寄给了杂志社，引发轩然大波。终于,这对曾经的甜蜜眷侣走到了分别的路口。

两人分开之后,李斯特开始了他在西班牙的旅行,他希望通过旅行忘却失恋的痛苦,并且在美丽的山村郊野寻找到音乐创作的灵感。当走到波城的时候他特意停了下来,并在这座本在计划外的城市举办了一场演出。原来这是因为他的初恋卡洛琳如今正在这座城市生活。自从十几年前一别,卡洛琳和李斯特从未再见过。

当卡洛琳与李斯特在音乐会场重逢,时间仿佛静止了,李斯特想象中的卡洛琳可能还是十几年前的稚嫩模样,然而她现在的年龄已经接近分别时卡洛琳母亲的年龄了。他们四目相对,久久凝视,进行了彻夜长谈。但是毕竟已过去多年,曾经少不更事的初恋情结,在如今的成熟男女之间已经发生了质的变化。两人互相祝好、依依惜别,李斯特便开始继续去准备他接下来的巡演了。

1841年,李斯特与朋友里奇诺斯基来到了魏玛。魏玛位于德国中部的联邦州图林根,在19世纪德国统一之前是魏玛公国的京城。受到政治因素的影响,各类文化在魏玛"生根发芽",魏玛成了一片"文化沃土"。初次来到这座城市,李斯特就倍感亲切。在朋友的帮助之下,他认识了沙皇的姐姐玛丽·波芙娜大公夫人。大公夫人十分欣赏李斯特,她认为李斯特的钢琴演奏技术在当时无出其右,并主动帮他筹办音乐会。这一年,李斯特在魏玛举办了3场音乐会,并在魏玛拥有了大量的"粉丝"。

次年 10 月，李斯特又来到这里，在魏玛的演出令他十分快乐。除此之外，魏玛还有当时卓越的基础建设实力，以及丰富的音乐文化底蕴，多位著名的音乐界人士都曾从这里走出去，这让李斯特更加喜爱这座城市。于是，李斯特和这里的戏剧总管签订了一份合同，合同约定：李斯特先生每年来魏玛生活 3 个月，为 9 月、10 月、2 月，或者 10 月、11 月、2 月。

1844 年，李斯特在魏玛正式就职。自此，李斯特开启了他的"魏玛时光"。在这里，他尽情享受音乐、展示音乐，并且进行艺术沉思，在钢琴领域造诣颇深。与其他在这里工作的艺术家不同，其他人只是把自己的分内之事做好便罢，假如是一名小提琴演奏家，他只管自己的演奏就可以。但是李斯特与他们不同，他不仅将每一个乐谱都烂熟于心，还帮自己的伴奏团队做好奏乐标记，久而久之人们都很钦佩他，这也从侧面凸显了李斯特的专业知识掌握程度较高。可以说，李斯特的团队在他的指导和带领下成为当时独树一帜的演奏团体。

1847 年的一天，李斯特像往常一样，起床、收拾、准备演出。这一天他演奏了自己创作的《变奏曲》，以及舒伯特、肖邦等人的成名作品。本以为这将是平常的一天，但是一个人的出现改变了一切。卡罗琳·德·萨恩-维特根斯坦公主听了李斯特的演奏之后，内心久久难以平静，特地以她的名义为李斯特送来了 100 卢布，这在当时并不是一个小数目。得到这笔钱的李斯特受宠若惊，他很想亲自拜谢这位高贵、慷慨的公主，他想这定是一位具有很高艺术素养，并且十分热爱音乐的女士。

于是李斯特选择了合适的契机，登门拜访卡罗琳公主。与李斯特内心的设想不同，公主是波兰人，她还有一个10岁的女儿，但是在公主的脸上丝毫看不出岁月的痕迹，如果不是事实摆在眼前的话，恐怕李斯特不会相信这位年轻漂亮的公主是一个10岁小姑娘的妈妈。不过有一点李斯特没有猜错，卡罗琳公主痴迷于音乐，并且十分欣赏李斯特的音乐才华，他们具有很多共同语言。通过聊天李斯特得知，卡罗琳公主在17岁时嫁给了她现在的丈夫——一名俄罗斯军官，不幸的是他们的婚姻并不美满，两人长期分居两地，即使见面也没有什么共同语言。但是眼前的这个看似柔弱的女子并不柔弱，她聪颖过人、思想深邃，将自己的生活打理得井井有条，并且能够做好各项管理工作。

　　在接下来的一段时光中，李斯特一边忙着演出，一边又找机会与卡罗琳公主相会。最初，卡罗琳公主在他的心中是高不可攀、遥不可及的梦想，因为他们两个人的社会地位差距较大，要知道，李斯特只是出身于普通人家。但是随着两个人接触时间的增加，卡罗琳公主也能够从李斯特的琴声之中听出专属于她的意境和感动。可见，这两个人在较短的时间之内就已经十分了解彼此。

　　然而，卡罗琳公主这样的顶级贵族，想要嫁给李斯特这样的"一介草民"，在当时的社会是不被统治者所允许的，他们认为这不符合当时的制度，同时是宗教观念中所禁止的。就这样，李斯特和卡罗琳公主的婚事只能暂且作罢，不过两人始终保持着密切的联系。也正是在这一年的9月，35岁的李斯特在俄罗斯完成了谢幕表演，宣布从此退出音乐舞台，不再开展收费演出。

● 魏玛岁月

1848年，李斯特开始了他的隐退生活。但是，隐退不代表脱离社会，而是出任当时魏玛的宫廷乐长，不再进行钢琴弹奏演出，只是做一些作曲和指挥相关的工作。

一直到1858年，李斯特指挥乐队演出了大量优秀音乐作品，尤其以柏辽兹和瓦格纳等人的作品为主。多年以来，李斯特心中的榜样一直是贝多芬，这一点从未变过，紧随其后的则是柏辽兹和瓦格纳，在他心中这两个人是自己最好的朋友，也是自己钦佩的对象。

这些年李斯特的创作硕果累累，写下了多部名篇佳作，较为著名的当数交响诗12首、《b小调钢琴奏鸣曲》，以及交响曲《浮士德》《但丁》等。李斯特潜心钻研，在幕后工作期间，他的内心愈加平静，能够与自己的内心进行"深层对话"，将内心的情感倾注在作品中。他经常把内心的真实感悟记录在作品之中，让音乐作品成为自己表达情感的媒介，所以他的每一部作品都会与听众产生情感和情绪的共鸣。

随着李斯特作品数量的不断增多，魏玛地区的音乐文化也愈加丰富，可以说在李斯特的支持下，魏玛一跃成为当时的音乐中心，具有较高的艺术影响力和号召力。在此之前，这可是魏玛人民不敢想的事情。

　　李斯特根据雨果的《来自山上的声音》开始创作交响诗《山间所闻》。通过《来自山上的声音》，他体会到置身于旷世之外的感觉，仿佛自己能够亲耳聆听大自然的声音，借助这种特殊的感觉，李斯特执笔写下了新的交响音乐。他的音乐不是单纯的音符的拼凑，而是真真切切描述了一个个故事，让人听起

来就能够在心里面出现种种独特的画面。当曲调到了激情高昂的音阶，听众能够被这种曲调调动起来，仿佛曲调具有很大的"魔力"。

李斯特的《塔索》也是十分独特的作品，这个曲目的主基调在于悲剧。只要听到前几个音阶，人们就会联想到黑暗、幽静、孤寂，但是随着演奏不断进行，曲目会带给人们冲破牢笼、走向光明的感觉。这恰恰是李斯特作品所具有的魅力。

痛失挚友

1849年，李斯特经历了人生中的重大事件，一向注重感情的他，却在这一年失去了里奇诺斯基和肖邦两位挚友，这两位音乐奇才于李斯特帮助很大。可是就在他们最耀眼的时刻，在他们最美好的年华，这样的音乐奇才却撒手人寰。全城为之悲痛，而作为他们的挚友，向来重情重义的李斯特更是悲痛万分。为了纪念他们，李斯特时常在夜间弹奏他们的名篇佳作，这样一来，他感觉故人好像还在自己的身边，而自己也不会那么的孤单。看到这样的情景，爱人卡罗琳也很心疼他，但是不管怎样安慰，也都无济于事，他们只能等待时间修复这份伤痛。但从另一个角度来看待这件事，并不是一点益处也没有，起码李斯特将这种悲伤化为力量，完成了一部部颂歌，对他今后的音乐创作也有一定帮助。比如，李斯特在1850年创作了《普罗米修斯》这一作品。普罗米修斯是古希腊神话中的神明之一，虽然是神族，但是神话中的他为人类带来了火种，造福人类，因此受到人们的敬仰与爱戴。李斯特在深入了解相关神话故事的背景之后，以普罗米修斯为主人公创作了一部歌颂他的作品。该作品的前半部分节奏紧张，给人一种比较压抑的感觉，可是不一会儿，作品又给听众带来一种充满希望和生机的感觉，这也正是李斯特想要表达的含义。

　　李斯特的好友瓦格纳有一部优秀的代表作品《罗恩格林》，是一部三幕浪漫主义歌剧。《罗恩格林》所讲述的故事充满了魔幻色彩，这对于一向注重浪漫主义的李斯特而言可谓正中下怀。李斯特决定指挥这部歌剧的首演。于是，1850年8月28日，《罗恩格林》在魏玛的大公爵宫廷剧院开始首演。《罗恩格林》所表现的是艺术和现实的冲突，现实社会与神话色彩的碰撞。在李斯特的指挥下，这一演出取得了圆满成功。李斯特和瓦格纳名声大噪，更多的人成为他们的"粉丝"。李斯特并未止步不前，从没有因为自己获得的成绩而沾沾自喜，他继续"闷头"创作。

　　一日，李斯特突发奇想，在很短的时间内便创作出了一首旋律欢快的音乐。他的想法很简单，就是把自己那开心和快乐的感觉传递给卡罗琳。于是，《节日的声音》这样一部饱含爱意的作品便问世了。听到这首曲目的卡罗琳深受感动，其内心的忧愁也在转瞬之间消失了。可以看出，李斯特除了沉迷于音乐创作，还会在生活中制造一些小浪漫。

　　1852年，李斯特创作了《b小调钢琴奏鸣曲》。在当时，人们觉得这首曲子只是"一首比较优秀,但又没那么优秀"的曲目。谁也没有想到在若干年后的今天,《b小调钢琴奏鸣曲》竟然成为世界音乐历史上里程碑式的作品。这一作品曲式结构复杂庞大,让人听上去容易联想到生命的哲理,深深地影响了之后的斯克里亚宾和拉赫玛尼诺夫等作曲家。

1853年,李斯特决定前往苏黎世。苏黎世是欧洲较为富裕的城市之一,位于阿尔卑斯山北部,气候宜人,环境得天独厚。但李斯特来此不是为了旅游,而是他的挚友瓦格纳一直邀请他前往。自之前指挥了瓦格纳的《罗恩格林》之后,两人已经有三四年没有见面了。几年间两人的书信往来从未间断,距离并不能阻碍两位艺术天才进行交流。在出发之前,李斯特还将这些年瓦格纳与他往来的书信悉数装上,他十分迫切地想要见到这位老朋友。

在前往苏黎世途中,李斯特充满了期待,他与瓦格纳的友情几乎超过他与其他所有朋友的友情,瓦格纳可以算作他的挚友。尽管路途遥远,李斯特也丝毫没有感到疲惫,一想到即将见到自己最好的朋友,他的内心便激动万分。

● 重逢

李斯特和瓦格纳在苏黎世见面了,两人一见面激动得像两个孩子一样,两位艺术家抛开平日的繁文缛节,抛开世俗的束缚，就在此刻，他们眼中满是对彼此的思念。他们互相看着对方，聊着过往，之后两人一起到瓦格纳的住处。瓦格纳住在一个有些年头的楼房中，但是瓦格纳很会生活，他对这个老房子的内部空间进行了合理利用，当人走进房间，丝毫不会察觉到楼房的"年龄"，反而会觉得十分舒适惬意，或许这就是艺术家与普通人的不同之处。在一阵寒暄之后，两人开始谈论起他们的音乐，此时一首首优秀的作品就像放影片一样在他们的脑海闪过。《罗恩格林》《唐豪瑟》《齐格弗里德》……说着说着，两人又开始弹奏钢琴，互相切磋弹奏技艺。就这样，两个人一起待了好几天，他们仿佛要把之前没能见面的时光中想要说的话一股脑儿全部说完。直到有一天，魏玛地区那边来了消息，前魏玛大公过世，查尔斯·亚历山大继任，所以李斯特要回到魏玛地区。

回到魏玛地区之后，李斯特感到十分失落，作为一向洒脱自由的浪漫主义音乐家，他最看重的就是爱情和友情，可是如今他又和自己最好的朋友分隔两地了，即使有挚爱卡罗琳的陪伴，他也仍感觉不到快乐。为了打发时间，李斯特着手与自己的朋友一起创办艺术杂志，他希望通过这种方式让更多的人深入了解音乐艺术，营造更加浓郁的音乐氛围。

在李斯特繁忙的工作与生活中，又有一个重要的人出现在他的生命之中，这个人就是汉斯·冯·彪罗。彪罗出身于贵族，不知是上天的安排还是纯粹的巧合，这个对于音乐艺术有浓烈热情的人也是自幼体弱多病，可能与他的身体条件有关，他生性孤僻，不喜交友，但是他对音乐具有强烈的热爱，从9岁就开始接触钢琴，这一接触便一发而不可收。

　　李斯特的挚友瓦格纳发现了彪罗的天赋，曾于1850年收彪罗为学生。彪罗具有艺术天分，经由瓦格纳介绍，李斯特也很认可彪罗，决定做他的钢琴教师，于是彪罗开始在李斯特名下专修钢琴。得益于彪罗的钢琴天赋，仅用了两年左右的时间，彪罗的钢琴弹奏技术就已经达到了一流水准。这时已经有一些演出开始主动邀请彪罗，他的名气也在当时的德国音乐圈逐渐传开，彪罗成为冉冉升起的钢琴界新星。而彪罗也深知，自己能够有现在的成就，主要靠的是李斯特这位恩师的帮助。他对于李斯特除了尊崇，还有深深的感激之情。他于1854年元旦特地与李斯特书信一封，他写道："对于您给予我各方面的关照，我再次表示感激。请您相信我对您的完全忠诚。如果有一天机会来临，我将结草衔环报答您的恩情。作为一个人和一个艺术家，回顾过去的一年，我的生活中发生了许多事情。在考虑我的未来和我走向未来所取得的进步时，我感到笼罩在心头的并不是一种自尊心受到伤害的感觉，恰恰相反，我心中充满了自豪和感激之情。我心中的美好感情就像您作为艺术家神圣的灵感一样。"看到自己这位得意门生的来信，李斯特的内心自然是十分喜悦的，但是他还是希望自己的学生能够做得更好。对于任何一名教师而言，他总会对自己的学生有更高的要求。为了避免彪罗沾沾自喜，李斯特给他的回信中并没有过多情感的表露，他只是简单地与彪罗进行了寒暄，并且对他提出了更高的要求。

　　纵览这几年李斯特在魏玛地区的时光，虽然他没有以前那种繁忙的巡回演出，但是魏玛宫廷乐长也不是闲差，他似乎总有忙不完的活儿，以致他没有充足的时间来陪伴自己的孩子。这些年来，李斯特的3个孩子在多数情况下并没有和他居住在一起，甚至李斯特和孩子见面的次数都能数得过来。不过，1855年的8月22日，李斯特的孩子们来到了阿尔滕堡与他相聚。孩子刚刚到来的时候，李斯特简直不敢相信自己的眼睛，因为他很久没有见到孩子了，冷清的家中突然就有了"人气"。当天，李斯特家中热闹非凡，大家侃侃而谈，甚至聊到了深夜，要知道李斯特每天的作息都比较规律，一般第二天早上要进行创作，可是因为孩子的到来，他可以将与工作相关的事情暂时抛在脑后，也足见他内心是十分激动的。

　　长谈之后，李斯特决定对女儿进行音乐方面的培养，要求自己的徒弟彪罗作为女儿的老师。彪罗欣然答应了李斯特的请求，经过一段时间的接触，彪罗发现，李斯特的两位千金具有较高的艺术天赋，他曾在给李斯特的回信中表示："对于她们的音乐能力，不是才华的问题，而是她们是天才……"得知此消息的李斯特感到满心欢喜，他希望两位女儿能够继承自己的衣钵，也在音乐领域有所建树。

　　然而喜忧参半却是人生永恒的主题，这边又传来了关于瓦格纳的坏消息。瓦格纳陷入了生活的困境，他的经济状况十分堪忧，甚至连基本的生活开销都无法保证。原来瓦格纳因为作品和出版公司发生了争执，李斯特没有办法快速帮助瓦格纳解决问题，但是也不忍心见自己的老朋友生活得那么艰难，便决定为他寄去一笔钱，以解燃眉之急。

瓦格纳的事宜告一段落之后，李斯特又继续开始了他的音乐创作。李斯特是一个比较简单的人，他对于自己的作品充满热情和信心，甚至有时候他会认为魏玛人不配欣赏自己的作品。而魏玛人也非毫不知情，久而久之李斯特与当地的一部分人产生嫌隙。例如，李斯特与府上的人们逐渐开始发生摩擦，和剧院工作人员发生争吵，最后李斯特只能以离职收场。另外，李斯特还想要在魏玛创立一个超大规模的歌德基金会，从而推广他的作品，以及虽不是他自己所作，但能够表达他的想法的作品，而此时李斯特正遭受来自各个方面的误解甚至嘲讽，成立基金会显然是不现实的。就这样，李斯特虽然还在魏玛从事音乐相关工作，但是此时的他已经是"身在曹营心在汉"，他已经不想留在魏玛受气了，工作也只是敷衍了事。

时间又过了两年，1857年发生了一件对于李斯特来说十分重要的事，他的女儿科西玛竟然和自己曾指派给女儿的音乐教师彪罗恋爱了。得知此消息的李斯特大为震惊，但是情绪平稳之后他也能够接受，毕竟两人年纪相仿，而且彪罗在音乐艺术方面也有一定的造诣，李斯特对这个"准女婿"基本满意，于是科西玛和彪罗结了婚。科西玛与彪罗的婚后生活起初还算美满，两个人经常一起谈论音乐相关问题，有时候科西玛不开心、闹小脾气，彪罗也总能为她弹奏美妙的音乐哄她开心。时间是检验两人感情的利器,两人生活时间越长,所暴露出来的问题也就越多,他们开始为了生活琐事吵架,李斯特了解到这些情况后,也曾主动找自己的女儿科西玛做过思想工作,但是收效甚微。渐渐地,科西玛和彪罗仅剩的感情也在柴米油盐的生活中消磨殆尽,两个人甚至到了互相漠视的程度。

面对女儿感情生活的不顺利,作为父亲的李斯特看在眼里,急在心里,可是他又能有什么办法呢?他也只能眼睁睁地看着两人的关系逐渐疏远。但这还不算完。直到后来发生的一件事,令李斯特大为恼火。他不知是自己女儿的缘故,还是瓦格纳有意为之,他的挚友瓦格纳竟然和女儿科西玛走到了一起!这是李斯特万万不能容忍的。要知道,瓦格纳的年龄与李斯特相仿,足足比科西玛大24岁!这样的事情在当时是一件重大丑闻,甚至对李斯特也造成了一些负面影响。

家庭问题让李斯特焦头烂额,可是接下来的事情更是让他感到无比困苦。时间来到了1858年底,一场演出中所发生的意外令李斯特身陷泥潭。事情是这样的,李斯特当时的秘书为彼得·科内利乌斯,彼得精心准备了一场名为《巴格达的理发师》的话剧,按照以往的情况必然是人群簇拥、座无虚席的。然而谁也没有想到李斯特与魏玛人民的矛盾已经到了近乎无法调和的程度。

到了首演的那天,演出团队遭遇了前所未有的强烈嘘声干扰,这迫使他们暂停演出。这种尴尬的局面令一向清高的李斯特难以接受,他这时才明白,自己已经无法在魏玛继续待下去了，于是选择辞职。当李斯特递上辞呈时，事实上也有部分人希望他能留下来，比如卡尔·亚历山大大公，尽管李斯特惹了众怒，亚历山大大公却希望李斯特能够留下来，用时间来磨合一切，毕竟在他的心中，李斯特是一位杰出的钢琴大师。但是李斯特去意已决。就这样，在短短的几年之后，李斯特失去了他在魏玛拥有的职位，也没能如愿和自己的挚爱卡罗琳完婚，挚友瓦格纳还和自己的女儿走到了一起。这一连串的打击让李斯特焦躁不已，此时可称作他人生中的至暗时刻。

第五章

隐居生活

婚礼受阻

当一个人经历越多,他的阅历就会使得他的气质更加沉稳。李斯特就是这样。经历了前些年一系列的困难和挫折之后,李斯特的心境反而愈加平静了。

他现在很清楚:一是魏玛这个地方已经不适合自己;二是自己的女儿也长大了,她们所做的许多决定也并不是自己能够干预的;三是挚友瓦格纳前些年的所作所为仍然是自己无法释怀的心结。在这种情况下,瓦格纳一直努力修复破裂的友谊,他经常以书信的形式向李斯特表达歉意,他曾表示:"我承认,我的不端行为伤害了你……"每次看到这样的书信,李斯特只是默默阅读、沉默不语,实际上他的内心十分难过,只是碍于自己的身份不能将情绪过多地表达出来。不过有一次瓦格纳寻求李斯特的帮助,希望李斯特能够演出他的歌剧《黎恩济》,这样他就能获得一笔资金,因为此时瓦格纳已经穷困潦倒了。在这种情况下,李斯特还是帮助了瓦格纳。

1860年,李斯特决定带着卡罗琳一起离开魏玛,他们希望

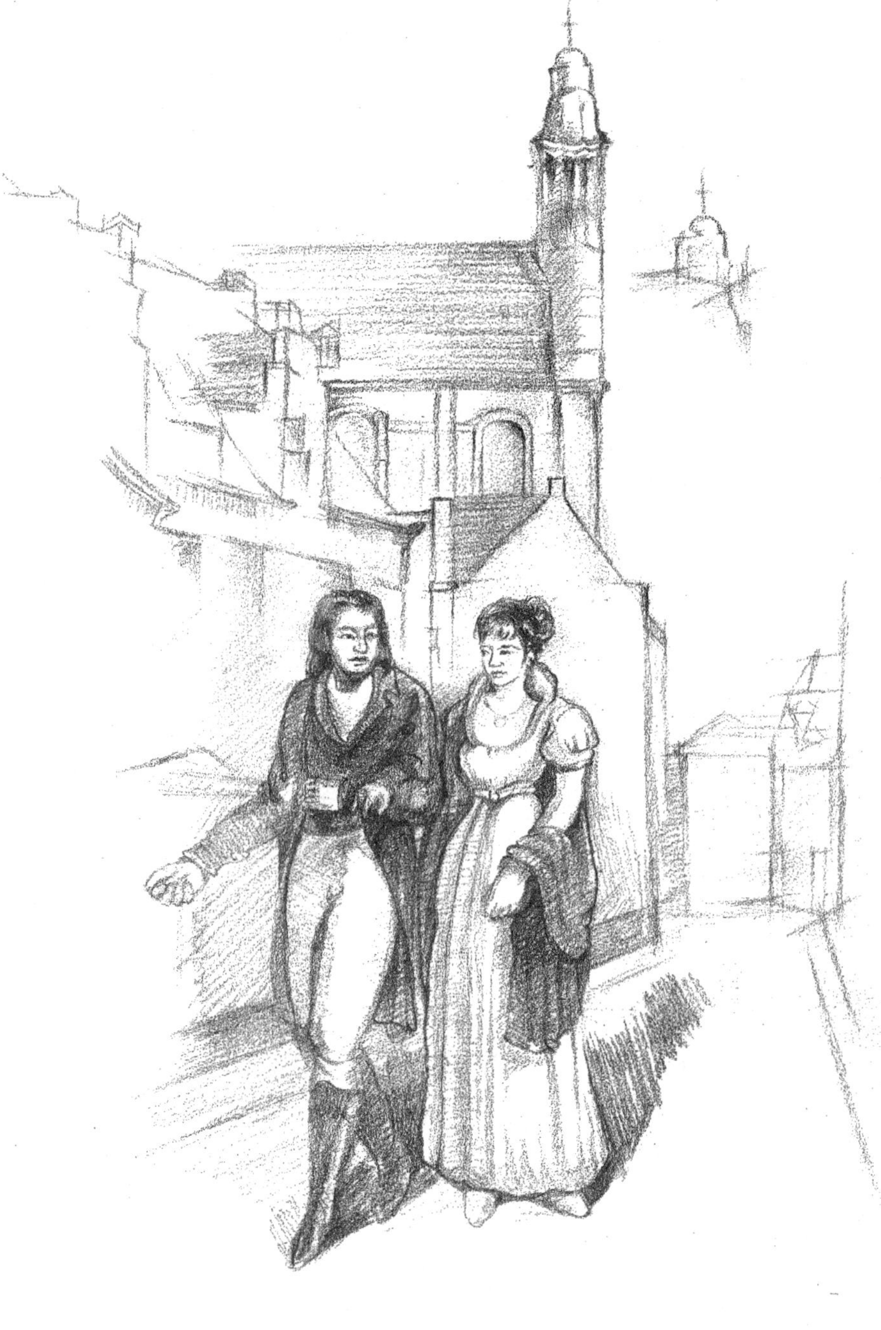

在远离魏玛之后能够尽快顺利完婚,让两个人的感情有所归属。但是统治阶层早就看穿了李斯特和卡罗琳的意图,即便李斯特和卡罗琳想要离开魏玛,这一计划也受到了重重阻碍。

  与此同时,又一噩耗传来,李斯特的儿子丹尼尔于该年的10月意外去世。此时的李斯特50岁,中年丧子是任何人难以接受的,他的意志在儿子离去后更加消沉,这一切仿佛是命运之神在故意捉弄李斯特一样。他不解、他困惑,他的情绪开始变得不稳定,甚至经常为一点小事对卡罗琳大发雷霆。有时候,可能只是没有吃到自己想要吃的菜,李斯特就会大发脾气。他变得更加固执。李斯特还会因卡罗琳打扰了自己的午休而发脾气。总之,此时的李斯特与以往那个活泼开朗的少年相比,简直判若两人。

  但是卡罗琳是"懂"李斯特的人,她明白眼前这个男人正在忍受着心灵伤痛,她始终对李斯特保持耐心,安慰他、劝解他。无论李斯特怎样发脾气,也无论李斯特怎样冷落自己,卡罗琳也丝毫没有怨言,她认为凡事都有一个过程。现在的李斯特正面临人生路上的重大困难,她所能做的就是陪伴他,帮助他从失望、痛苦之中走出来。终于,李斯特在卡罗琳的陪伴下,一步一步从失落的"谷底"爬了上来。

  经过一段时间的休整,1861年8月李斯特前往巴黎,在这里他再次见到曾经的挚友瓦格纳。这些年来,由于瓦格纳和自己女儿的这层关系,李斯特对于瓦格纳一直心存芥蒂,他无法像以前一样看待这位老朋友。

这次见面，李斯特只是和瓦格纳简单寒暄，之后便开始忙起了其他事。1861年10月21日，李斯特和卡罗琳离开巴黎来到罗马，他们向罗马教皇递了无数次请求觐见的书信。功夫不负有心人，这次教皇也被李斯特打动了，他们终于得到了准许结婚的答复，不过李斯特和卡罗琳的结合也是有条件的，这需要经过俄罗斯当局的审理。正当李斯特和卡罗琳踌躇满志之际，一封信传了过来，教皇经过考虑之后决定拒绝李斯特和卡罗琳的请求，李斯特和卡罗琳的婚礼再次受阻。这次教皇临时"变卦"其实也是事出有因，他要综合考虑李斯特与卡罗琳结婚的问题。如果他们真的完婚，这对宗教、对社会都会产生不好的影响，保守派的元老不允许任何威胁他们地位的情况发生，所以尽管年轻的教皇暂时应允了此事，在各方面势力的干预下，两人的婚事也只能作罢。

一次又一次的打击，接连侵蚀李斯特的内心，无论是爱情上、亲情上还是友情上，都令李斯特感到身心俱疲。他甚至会感觉自己命不久矣，认为自己可能无法承受一次又一次的偶然事件，于是他提笔写下了遗嘱。

李斯特的遗嘱提到了自己的一生，要求卡罗琳将自己留下的22万法郎平均分给两个女儿。他还请求自己的爱人卡罗琳在自己过世之后，保持和瓦格纳的联系。可以看出，李斯特在表面上没有办法和瓦格纳恢复两人的关系，但是在内心深处，李斯特已经开始挂念这位老朋友了。

李斯特的这份遗嘱可能只是他面对无聊而漫长生活的一种

发泄,这时的李斯特50岁,他的人生才刚刚过去三分之二,他还有漫长的路要走。

有一天,李斯特接到了杜伊勒里宫的邀请,路易·波拿巴竟授予李斯特荣誉勋位三级绶带,而旧爱德·阿古伯爵夫人也邀请李斯特前往自己的住处蒙泰尼公馆。得到这个消息的李斯特感到十分惊讶,毕竟他与德·阿古伯爵夫人已经有十几年没有见面了,甚至在这些年间两人的书信联系也很少。在会面之前,李斯特想象见面之后的情景,他甚至担心自己会认不出她。但是当见面时,李斯特的担心都是多余的。德·阿古伯爵夫人于多年前并没有明显的变化,她仍然有着那样一张精致的脸,只是表情不再像从前一样青涩、稚嫩,取而代之的则是成熟、冷峻。这次会面所谈论的问题并不是李斯特所设想的那样,他们没有对过往进行回忆,而是谈论了许多政治方面的问题。当然,谈话的主要目的是探讨关于孩子的问题,德·阿古伯爵夫人想要看看李斯特是如何照顾他们的孩子的,最后她还提出了关于孩子的一些要求。

两人的会面结束之后,李斯特准备再次回到魏玛的阿尔滕堡,因为他还有一些事情需要处理,并且要为自己的朋友专门举办一次盛会。这次聚会除邀请了彪罗、布隆萨、托西格等人之外,还邀请了布伦戴尔夫妇和奥利维耶一家。当天的阿尔滕堡热闹非凡,大家都希望和李斯特一起交流,因为等到李斯特离开这里,人们想要再与这位伟大的艺术家交谈将极其困难。

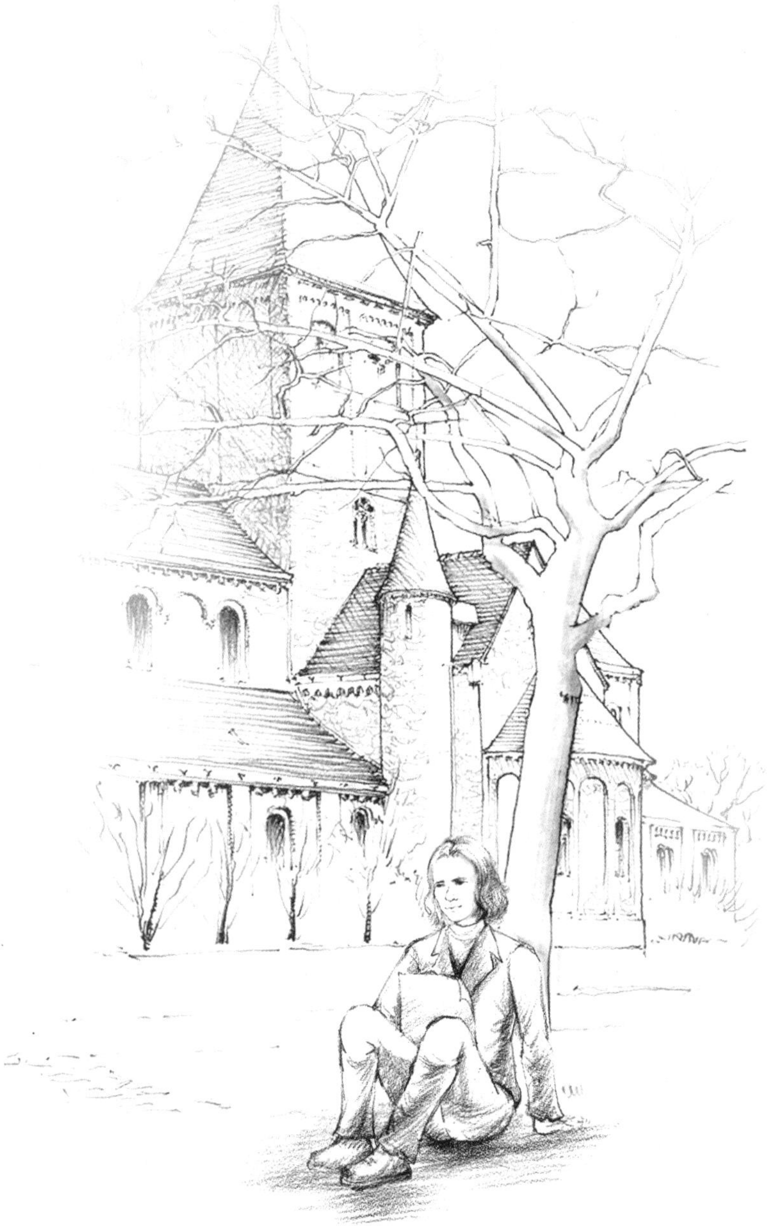

山中岁月

这次欢快的聚会之后,李斯特便和卡罗琳告别了曾经居住多年的地方。这次告别对于李斯特具有深刻的意义,在他看来,这或许不只是离开一个地方,更多的是对自己内心的一种解脱。

长期居住在魏玛地区的李斯特一直想要融入上流社会,希望通过自己的努力和创作赢得更多上流社会人士的喜爱,然而他的个性、作品等多种原因,导致他并未如愿。他现在对于音乐创作和演奏已经失去了耐心,而开始渐渐对神学着迷。李斯特在少年时期就曾经出现过转向宗教的倾向,但是当时在父亲的劝说下没有成功。如今面对各种挫折,他希望告别现在这个现实世界,走向神秘的道路。

李斯特和卡罗琳多次尝试结婚未果的失败与打击,令李斯特丧失了最后一点"斗志",但是这并不意味着他不爱卡罗琳,只是他开始学着如何在沉思和孤单中享受灵魂之爱。

关于李斯特归隐的请求,善解人意的卡罗琳并未表现得十分诧异和不解,她懂得李斯特的内心,她也尊重李斯特的决定。

就这样,两个人离开魏玛后,定居在罗马。虽然住房比较简陋,但是李斯特能够从事自己热爱的工作,他乐此不疲。有时,李斯特会邀请朋友来自己的家中,共同修行相关学问,这样的日子平淡而充实。可是有一天,突如其来的噩耗打破了李斯特平静的生活。李斯特的女儿布朗蒂娜在生下孩子后不久便病故了。李斯特在经历丧子之痛之后又经历了丧女之痛，白发人送黑发人对于已经年满50岁的李斯特的打击是巨大的。他痛恨命运的不公，有时他会在深夜独自哭泣，他内心的悲伤是旁人难以体会的。

　　自此以后，李斯特的内心更加封闭，他不再举办聚会，也不再邀请朋友前来。直到1863年的夏天，李斯特搬到马里奥山的隐修院之中。这时的李斯特整日与钟声为伴，他的内心只有在思考那些深邃的问题的时候才能变得宁静。之前与他相识的艺术领域的朋友来找他，他也尽量避而不见，即便有的时候与他们见面，他也只是简单寒暄，不愿意与世俗有过多的联系和交流。过多的打击已经让他对现实世界"敬而远之"，只有这样他才能得到内心的净化。李斯特的虔诚逐渐吸引了教皇的注意，有一次教皇前来探望他，他为教皇演奏自己创作的曲目，引得教皇连连称赞。就这样日复一日，年复一年，李斯特在马里奥山的隐修院中生活了3年之久。

隐居的音乐大师

　　有一天，李斯特收到了加急的信件，信中说，希望李斯特能够为卡尔斯鲁赫联欢节帮忙。看到这样的请求，李斯特原本是拒绝的，因为他已经脱离尘世很久。但是彪罗不忍看到李斯特的才华就这么荒废，他对李斯特进行了劝说，在彪罗等人的多次请求之下，李斯特踏上了前往德国的旅程。

联欢节在李斯特的帮助下圆满结束。刚结束忙碌的李斯特又听到一则坏消息：彪罗病了，而且病得很严重。李斯特焦急地前去探望彪罗，此时的彪罗与前几天劝说李斯特参加联欢会时的彪罗判若两人，此时他的身体很虚弱，甚至从床上爬起来都艰难。李斯特看到这样的彪罗倍感心痛，他让彪罗好好休养身体，有什么需要处理的事情自己可以帮忙。

这时，得知李斯特来到德国的瓦格纳十分激动，他急迫地想要和这位老朋友好好叙叙旧。经过多年，李斯特对瓦格纳的气愤、怪罪也随着时间有所减退。两人见面后，瓦格纳还是像以前一样，主动要为李斯特的《唱经班领班》选曲。一曲之后，瓦格纳意犹未尽，李斯特也十分感动，作为回馈，他决定也要为瓦格纳献上一曲，李斯特弹奏了他拿手的《至福》。伴随着优美的旋律，存在于两人心中多年的芥蒂和阴霾终于消失了。李斯特的脸上出现了久违的如释重负的神情。李斯特和瓦格纳这两位旷世奇才，终于在多年后重归于好。他们拥抱在一起，这一刻他们仿佛跨越了时间，又回到了多年前在一起研究音乐时的情境。

短暂在外逗留了数日后，李斯特回到马里奥山。只要李斯特身在马里奥山，他的内心就会变得异常宁静，他开始全力创作音乐，终于创作出了《圣伊丽莎白轶事》这部作品。在李斯特看来，他个人的命运和该作品的主人公十分相似，他和她都是匈牙利人,所以他在创作这部作品时具有强烈的代入感,其中融入了饱满的个人感情。

在1865年,李斯特成为圣方济修会的神父,在4月25日这一天,仪式正式举行。李斯特的内心无比激动,他一步一步走上台阶,获得自己心中的荣耀。但是由于李斯特身份的特殊性,他并不需要像其他教徒一样履行教会所规定的各种清规戒律,他只需要日常阅读一些与宗教相关的书即可,其他事情并不需要他去做。因此,李斯特的教会生活还是比较轻松的,他还是可以继续进行音乐创作,只不过他的音乐作品已经以宗教主题为主了。李斯特还坚持每天为女友记录自己的生活,虽然两人现在并未时刻在一起,但是这种牵挂从未在李斯特和卡罗琳的心中抹去。

李斯特一般早上6点左右起床,经过简单的洗漱之后,他会先喝一杯咖啡,然后阅读书籍,日日如此,非常规律。这种生活确实是李斯特所向往的。尽管独居在马里奥山,李斯特仍然保持着那份优雅和从容,他按部就班地生活,晚上8点开始享用晚餐,独自静思,直到晚上10点才入睡。

1865年8月,李斯特在布达佩斯指挥了一场大规模的钢琴演出的排练,曲目则是他刚刚创作出来的、引以为傲的作品《圣伊丽莎白轶事》。在此之前,李斯特虽然有过很多指挥经验,但是同时指挥这么多人是第一次,在指挥过程中出现了一些小问题。有些人离李斯特比较远,看不清指挥的手势;也有些人水平有限,跟不上大部分人的节拍。李斯特面对这些情况表现得很从容。如果是以前的他，面对这种情形肯定早已大发雷霆，难以控制自己的情绪。经过长期的修居生活，他的内心已如水一般平静，很难再掀起大的波澜。他先从众多的人员之中找出经常出问题的成员，然后分别对他们进行指导，在短时间内提升了他们对个别乐段的演奏能力。这样一来，演出就能够顺利举行了。到了演出当天，李斯特面带微笑、胜券在握，他优雅地进行指挥，众多参演成员注视着眼前这位伟大的艺术家，动人的音符令在场的每一个人动容。正如预期的那样，李斯特的指挥再次赢得了满堂彩。这是李斯特归隐以来的第一场大规模指挥，许多人听到李斯特指挥演出的消息，纷纷前来观赏，人们一同为他欢呼，这种喜悦令李斯特心中又生出了对于音乐创作的激情。

1866年，李斯特又受邀在巴黎指挥演出。这次所要演出的音乐作品为《格兰的弥撒曲》。为了这次演出，李斯特预先做好了万全的准备。一切准备妥当之后，李斯特只等出发的那一天。然而就在动身出发的前段时间，他的母亲突然去世。李斯特青年丧父，这么多年以来母亲一直过得很辛苦，虽然李斯特功成名就，他并不需要为了生计发愁，还经常给母亲寄去大量的金钱，但是李斯特过于忙碌，平常陪伴母亲的时间很少。母亲总是很孤单，而且感觉和儿子之间有着难以言说的距离感。在平日里，李斯特只是有时候会想起母亲，而母亲突然离世的噩耗，令李斯特的脑海中浮现出一幅幅幼年的自己和母亲在一起生活的画面，他不禁悲从中来，李斯特难以抑制自己的情绪，痛哭不止。

这几十年来，李斯特经历了太多亲人的离世。少年时期踏上艺术求学之路时就失去了父亲，中年时期经历了丧子丧女之痛，如今又失去了自己的母亲。放眼望去，现在世界上李斯特仅剩科西玛一个亲人了。尽管李斯特和卡罗琳仍然深爱着对方，但是教皇的阻挠令这对有情人无法结为夫妻。

几周之后，到了演出的日子，李斯特要如约赶赴巴黎。受母亲去世这件事的影响，李斯特在圣厄斯塔斯指挥弥撒曲的效果并不是很好。在指挥过程中，李斯特总是想起自己曾经和母亲相处的点点滴滴，回想起母亲是如何鼓励自己走上音乐这条道路、是怎样在马车上照顾自己。李斯特越指挥越分神，最后竟直接没有了任何激情。看到这样的李斯特，那些合唱团和演奏乐队的人心里也是犯嘀咕，他们不知道李斯特为什么这次这么反常。最后，原本能够反响热烈的《格兰的弥撒曲》仅收获了寥寥掌声。

活动结束后的李斯特闷闷不乐，他知道自己并不是能力不行，他也知道自己的失误导致了演出的失利。回到马里奥山之后，李斯特开始重新调整状态、琢磨作品。他觉得自己的心境虽然比年轻时候有了很大的提升，能够坦然面对那些失败，但是面对失去亲人这种难以挽回的事情，他仍然无法从容应对，这会影响他的创作和演出。

有一天，李斯特收到了卡罗琳的来信。卡罗琳在信中说，李斯特想要让自己的技术"更上一层楼"，就要看淡许多事情。例如，不要过度在意自己的名声，不要过度在意他人的目光。这封信对于当时的李斯特来说，具有很大的启迪意义。他决定接受卡罗琳的建议，学着去"淡忘"许多事情，从而实现"超脱"。

过了一段时间，李斯特决定要搬家，他要从现在所住的马里奥山搬到罗马的桑塔·弗朗西斯卡隐修院。这个隐修院相比于马里奥山有一个很大的好处，那就是它离市区更近一些，这就意味着李斯特有更多的机会和自己的朋友在一起探讨艺术问题。桑塔·弗朗西斯卡隐修院面向罗马城中的维纳斯神庙。刚刚搬来这里的时候，李斯特的生活还是一如往常。过了没多久，朋友们和崇拜者便时常来到这里，希望和李斯特进行交流。虽然"人气"很高，但是这并未让李斯特放慢创作的进度，他还是按部就班地进行《耶稣基督》的创作，在他的努力下这部作品最终顺利完成。

● 教书先生

自从李斯特搬到罗马市区附近的隐修院之后，他与世俗的接触便逐渐多了起来。除了与朋友们相聚，他也经常受邀参加一些商业活动或艺术演出。他曾经封闭的内心受到这些活动的影响，也逐渐变得开朗起来。他逐渐从心态上变得积极，也逐渐将那些曾经的挫折淡忘了。因此，李斯特开始走出隐修院，走向世俗，走向他一直以来比较热爱的教育工作。李斯特经济无忧，他的音乐课程是免费的，他很乐意将自己的钢琴弹奏技术传递下去，同时他这种义务式的教育受到了人们的高度赞扬。

李斯特开始往返奔走于罗马、魏玛、布达佩斯这几个城市地区，这种"三点一线"的生活令李斯特感到十分满意，他的生活充实且有意义。

1868年，李斯特来到曾经生活奋斗多年的魏玛地区，在这里他看到了许多久违的人和建筑，曾经充满"人气"的阿尔滕堡已经空荡荡，但是当人们得知李斯特回到了魏玛，还是很快来到这里，只为亲眼见到这个伟大的艺术家。等李斯特在魏玛打理好之后，教学工作便开始进入正轨，相比于其他教师，李斯特的授课方法很有特点，他不愿意直白生硬地给学生讲解音乐相关知识，而是喜欢带动学生自主学习，激发学生的灵感，让他们在兴趣中学习。显然这种方法十分奏效，李斯特的学生有着很强的学习主动性。一次，李斯特见学生表现都很好，就为他们展示自己的钢琴弹奏技能，令学生大开眼界。

李斯特生动有趣的教学方法，高超的钢琴演奏技巧，对学生无微不至的关怀，不仅让学生的钢琴演奏水平大幅提升，还使他获得了某些女学生的倾慕，尽管他此时已经是一个年过半百、满头银发的老人。这是一个漂亮的女学生——雅尼娜伯爵夫人，她为李斯特那惊人的钢琴炫技而痴迷，同时迷恋于李斯特的一切。她除了上课时目不转睛地盯着眼前这个伟大的钢琴家，还在课余时间形影不离地追随李斯特。

走近大音乐家

这段故事在 3 个月之后告终。李斯特在魏玛停留 3 个月之后准备前往意大利,他居住于意大利的一个美丽的别墅里,这里环境优美、静谧宜居,他在这样的环境下进行了一段时期的艺术创作。他在意大利的几年间,完成了许多优秀作品的创作,包括《愁云》《死神恰尔达什》等作品。

1871 年春天,李斯特回到魏玛,并开始担任一所音乐学院的院长。与以往作为一名教师不同,担任院长则意味着李斯特要承担更大的责任和义务。他开始主管教学管理方面的工作,同时在不忙的时候"亲自上场",为学生进行教学讲解,因此有的学生亲切地称呼他"院长老师"。有一次,一名学生在学

习某个乐段时总是听不懂，李斯特看他平日表现不错，而且具有一定的天分，便专门为他"开小灶"，哪怕自己累一点，只要学生能够多掌握一些知识，他就心甘情愿。同年，李斯特被封为匈牙利皇家督监。皇家督监在当时需要管理匈牙利的音乐教学事务，这意味着李斯特又有了更多的身份，他管理学院，成为督监，还要指导教学工作。虽然对于音乐教学工作有着强烈的热爱，但是李斯特毕竟也是一个凡人，而且现在已经 60 岁了。多重身份和繁重的工作有时候也会压得他喘不过气来。有一次，李斯特忙完了白天的教学工作，晚上回到住所又开始审理人们上交的文件，昼夜不息让他的身体出现了问题，他开始咳嗽并且高烧不止，虽然几天后好转，但是这场疾病已经对他的身体造成了一些不可逆的损伤。

第六章

晚年人生

在拜雷特的演出活动

1872年,李斯特的工作稍微清闲了一些,他又开始准备演出的相关事宜。在他看来,音乐教学的过程能够提高自己的演奏水平,让自己的基础知识更加扎实;而反过来,演出也能带给自己新的灵感和阅历,对于音乐教学也有帮助。所以,他总是将教学工作和演出活动穿插进行。

有一天,李斯特为了演出的举办地而发愁,他最熟悉的地方莫过于魏玛,他在那里度过了漫长的时光,可是李斯特想念自己在拜雷特生活的老朋友瓦格纳,最终李斯特还是选择了拜雷特。

在此之前还有一件事情要做,那就是帮助作曲家罗伯特·弗朗茨在布达佩斯进行演奏,这是李斯特早先应允的事。人们得知李斯特来演出,简直要"挤爆"了音乐会场。到了演出现场,李斯特将清唱剧《耶稣基督》进行了演绎。许多昔日的朋友前来捧场,当然也少不了那些热爱音乐、热爱艺术的达官贵人。他们听着优美的琴声享受心灵的放松,许多人闭上眼睛，默默感受音符所带来的美妙感受。演出结束后，罗伯特·弗朗茨对李斯特表示感谢，并且让他在这里多住些时日，好让自己尽地主之谊。但是李斯特急于和自己的老朋友瓦格纳相会，便回绝了罗伯特·弗朗茨的好意，尽快启程赶往拜雷特。

拜雷特是一座美丽的城市，这里艺术氛围浓厚，每年的音乐演出活动很多，初到这里的李斯特就被深深感染了。当然，更重要的是瓦格纳的迎接，以及与女儿科西玛的见面。与上次

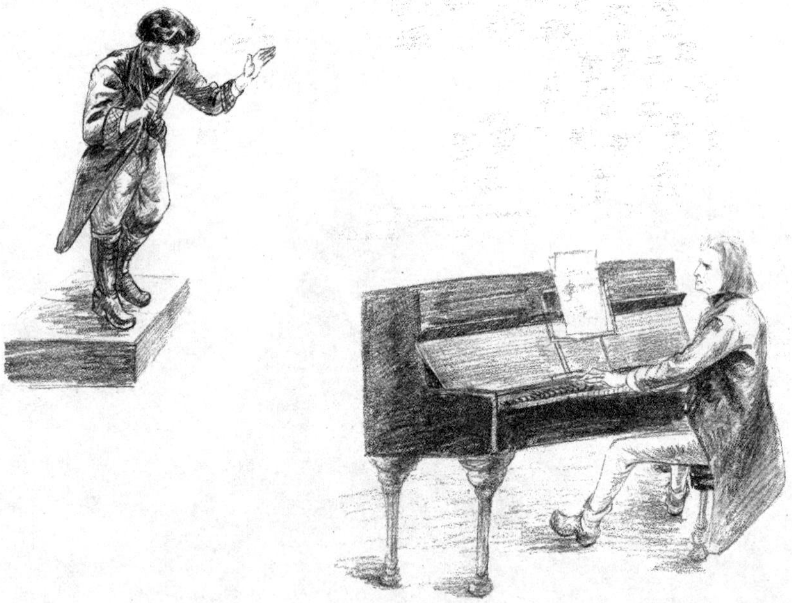

相见相比，科西玛显得更加成熟了，同时李斯特也能从女儿的表情中看出，女儿最近过得不错，他在内心也为女儿开心，毕竟这是他现在唯一的亲人，他只希望她能够过得幸福。

之后，便是筹备这里的演出。李斯特准备了一些自己的拿手作品。这场演出在拜雷特产生了很好的反响。在台下观赏的瓦格纳深受感动，这时他的内心也开始躁动起来，萌生了和李斯特同台联袂演出的想法。

两位巨匠同台炫技

瓦格纳看着李斯特在台上的倾情演绎，内心深受感动。演出结束后，瓦格纳向李斯特表示："是否可以进行同台演绎？"其实在提出这个请求之前，瓦格纳的内心一直在"打鼓"，因为他知道李斯特的内心是高傲的，在李斯特的心中贝多芬和车尔尼永远是优秀的存在，而自己作为李斯特的挚友，虽然能够得到李斯特的肯定，但是如果进行联袂演出，李斯特也不一定愿意。正当瓦格纳低头思索之际，李斯特拍了拍瓦格纳的肩膀，并表示没有问题。随后，两人便开始了联袂演出的筹划。

两人都认为音乐会场设在布达佩斯比较好，于是在1875年初，李斯特和瓦格纳一同前往匈牙利布达佩斯。巨星同台，光辉闪耀。一时间，整个布达佩斯为之轰动。还没有到演出的那天，但是几乎每一个街口都能够听到人们在讨论这两位艺术家。

喜悦氛围就像节庆日一样，布达佩斯的市民都迫切地期待这一场旷世演出。这一年，李斯特已经 64 岁，瓦格纳也有 62 岁了。他们无论是在演奏技巧还是演出经验上都已经达到炉火纯青的地步，唯一需要注意的是他们的身体问题，一定要避免因体力不支而出现意外情况。转眼间，到了演出的日子，两人同时出现在舞台，由瓦格纳来指挥演出《黎恩济》的片段。然后轮到李斯特出场，他的内心很淡定，他迈着从容的步伐走向钢琴。正如多年前一样，李斯特心中的偶像从未变过，仍然是伟大的贝多芬，所以他还是像 50 多年前第一场钢琴独奏会一样，演奏贝多芬的作品。当声音刚刚发出的前几秒钟，可能是设备的原因，声音不够洪亮，人们可能感觉到奇怪，认为这不应是钢琴大师李斯特的水准。可是还没等大家反应过来，钢琴的音量已经恢复，声音越来越高亢，琴键在李斯特的手指下快速地被按压、再弹起，那种声音的起伏和爆发、曲调的回转都令人们叹为观止。台下的观众对于李斯特神乎其神的钢琴技法赞叹不已！随着最后一个乐段的结束，台下爆发出了雷鸣般的掌声。李斯特与瓦格纳的联袂演出获得了成功。

● 简单朴素的独居生活

时如逝水。转眼间，曾经的翩翩少年已经满头银发，但是李斯特心中对钢琴的热爱没有减少。1875 年之后，李斯特开始

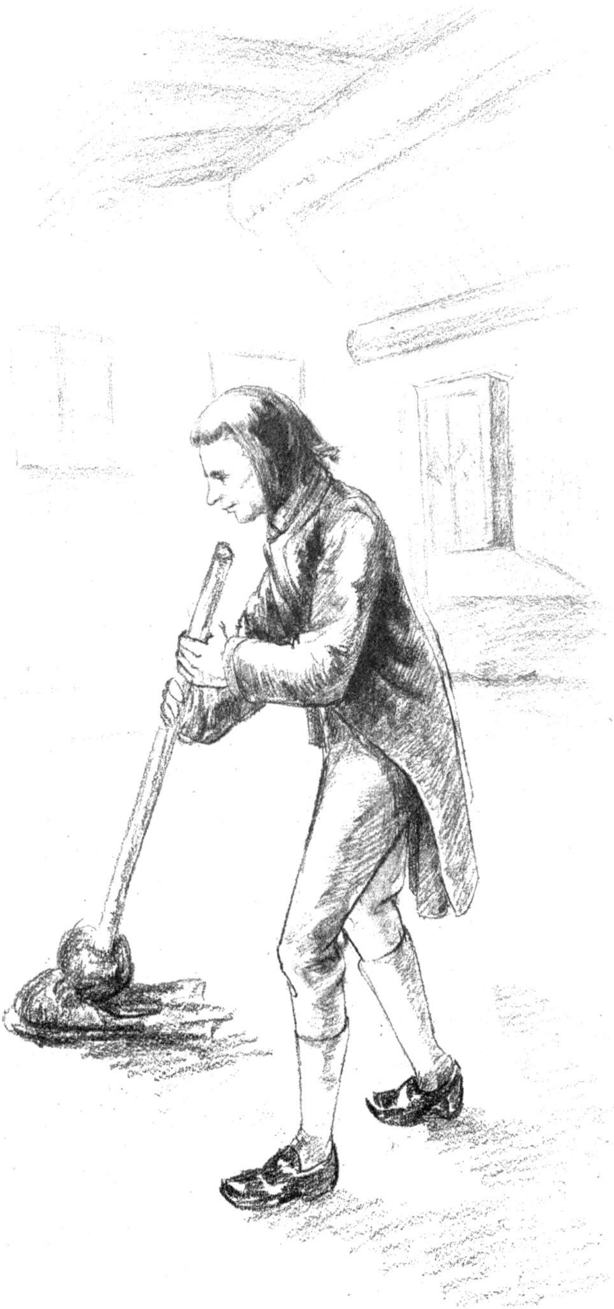

了频繁旅行,他认为钢琴家不应总是停留在一个地方,而应该一直在旅途之中,在不同感悟的驱使下,创造更加丰富多样的演奏方式,留下更多动人的音乐。

于是,李斯特长期奔走于布达佩斯、魏玛、拜雷特、巴黎等欧洲音乐文化圣地。在各个城市的演出,他都用心对待,如同多年前那个意气风发的钢琴少年一样。

有一次在巴黎的演出开始之前,李斯特感觉嗓子不舒服,一直咳嗽。可是看到台下热切等待的听众,近乎"挤爆"的场馆,李斯特也不忍心"放鸽子"。他让朋友去家中把止咳的药取来,尽管演出稍微推迟了一些时间,但是保障了钢琴演出的顺利进行,他也如往常一样获得了雷鸣般的掌声。

在李斯特看来,演出活动就是对自己钢琴演奏技术的实践。演出场次越多,自己对钢琴弹奏技巧的掌握就愈加纯熟,而这对于教学工作也有一定的帮助。即便自己已经年过六旬,也仍然要进行旅行演出。

自1875年以来,李斯特一方面要打理音乐学院的教学事务,另一方面还要进行各种演出,虽然有时会很劳累,但是他仍然乐此不疲。经过多年的"耕耘",李斯特已经收获了一大批得意门生,他们各具特色,但都像李斯特一样,对于钢琴音乐始终保持充沛的激情,将音乐作为自己终身热爱的事业。其中,比较杰出的有欧仁·达贝尔、拉法埃尔·约瑟夫、弗雷德里克·拉蒙德、约瑟·维也纳·达·莫塔、莫里茨·罗森塔尔等人。李斯特对于自己的得意门生要求很严格,根据不同的人的特点，他会拟定不同的训练方案，而且李斯特还会对他们进行定期考核。所谓严师出高徒，在李斯特的严格指导之下，他们都在钢琴领域有所建树。

其实，李斯特工作的繁忙是人们能够想象到的，但是他的日常生活与多数人的设想不同。作为一代钢琴大师，一位举世瞩目的钢琴巨星，人们可能认为他的生活应该是奢靡的，充满金钱的味道。然而李斯特的晚年却十分简朴。无论是衣食还是住行，都是这样。李斯特在服装上没有太多讲究，只要大方得体，符合演出的场合和需求就好，并不是必须雍容华贵，隐修多年早已让他养成至简的生活习惯。在饮食方面，李斯特的需求也很简单，喝酒、抽烟也只是选择一些比较便宜的品牌。至于他的住所，那就更加朴素了，没有任何奢华的体现。李斯特与卡罗琳"爱情长跑"多年，在此期间两人的感情出现过一些问题，但是随着时间的流逝，他们都发现只有彼此才是自己的挚爱，即使他们终究无法结为合法夫妻，但是这不妨碍他们深爱对方。

因此，独居的李斯特在住所方面没有任何特殊要求，只要干净、卫生、安静就可以。由于李斯特经常外出旅行演出，因此出行占据了他很多时间，可即使这样，他也从来不会为了单独乘车而开包厢，住旅馆也首选实惠型。李斯特这种俭朴的生活方式在当时受到了许多人的追捧，原本追求奢靡享乐的人们，受到李斯特的影响，开始追求节约，这是人们所没想到的。

渐近暮年

在晚年时光，李斯特将自己的工作时间逐渐压缩，每天只工作几个小时，多数时间都是做自己喜欢的事，如弹弹钢琴、和朋友聊聊天，或者接收一些慕名而来的钢琴学子等。时间慢慢地流逝，而李斯特一直与卡罗琳相恋。但慢慢地，李斯特的身体状况开始出现明显的下滑。

就在1881年的一天，李斯特一不小心在魏玛住宅楼楼梯上摔倒了。对于年轻人来说这肯定不算什么，但是对于李斯特这样一个上了年纪的老人来讲，那问题可就大了。这次摔倒令李斯特的身体受到了严重的创伤，尽管外伤没多久就痊愈了，但这间接导致了他的体质下滑。

在此之前，李斯特还经常自己遛遛弯、散散步，精气神也不错。而如今，他的一些日常行为都变得困难了。没有人能够熬过岁月的侵蚀。曾经精神焕发的年轻小伙已经青春不再，剩下的只有佝偻的后背、花白的长发。但是他对于音乐的热忱始终都在，于是他有时候也会让女儿带自己去听一听音乐会。每当他聆听音乐的时候，都十分沉醉，仿佛又回到了年轻时的情景。后来，李斯特又出席了挚友瓦格纳对于《帕西法尔》的演出。《帕西法尔》是瓦格纳的最后一部歌剧，这部作品的首演获得了成功。如今瓦格纳也已经将近70岁，但是他的头脑依旧清晰，他的艺术天分仍然"在线"，这部新作再一次提高了瓦格纳的影响力。

　　演出结束后，李斯特和瓦格纳在一起聊了很久，他们诉说着过往的经历。在这两个老者的一生中，他们有过争执，有过愤懑，有过不解，但是更多的是快乐，是彼此对于艺术的追求。虽然前些年李斯特为了自己女儿和瓦格纳的婚事愁得焦头烂额，但是如今已经时过境迁，那些往事在今天看来也不算什么。李斯特现在感觉，只要他们能够幸福，自己其实无所谓。而事实证明，这些年来，女儿科西玛在瓦格纳的呵护下也过得很好，他也心满意足了。之后，两人到河边散步。瓦格纳表示，他很清楚自己的身体情况，他感觉自己时日无多，有时感觉力不从心，生怕自己哪一天突然离去，留下科西玛一个人在世界上。每次一想到这里他都会心如刀割。看到这样的瓦格纳，李斯特并不意外。在交流过程中，他也从侧面了解了瓦格纳最近的身体情况，而且有时候科西玛也会对父亲诉说这些事。李斯特只能宽慰女儿，让她好好照顾瓦格纳。李斯特对瓦格纳说："老朋友，我们都已经年老，身体素质相比之前确实是明显下降了。但是我们现在仍然可以做自己喜欢的事，我们可以进行音乐创作，可以进行演出。几十年走来，我们身边的人一个接一个离去，如今我们还能够在这里散步，这难道还不够吗？"听到这里，瓦格纳会心一笑，原本沉闷的话题瞬间变得轻松起来。快乐的时光总是短暂的，不一会儿就到了分别的时刻，两人相约明年还要一起谈天说地，一起回忆年轻的岁月。

回到家后的李斯特有点失落，他独自在屋子里走来走去，也不知道自己想要做什么，只是觉得刚刚和友人分别，心里感觉空落落的。而自己与卡罗琳走过了这么多年，如今已经白发苍苍了，却还是没能成婚，他越想越难过。他趴在桌子上，闭上双眼开始沉思，试图让心情平复一些，于是在不知不觉中睡着了。

时间一天一天过去，转眼间到了1883年。这年李斯特又一次经历了精神打击。他从外孙女处得知，自己的挚友、女婿瓦格纳去世了。瓦格纳小李斯特两岁，却先李斯特而去。在李斯特心里，瓦格纳是除自己亲人以外和自己最亲的人。如今的李斯特，亲人相继离世，只剩下女儿科西玛和外孙女。瓦格纳这个灵魂上的知音就这样突然离开了人世。这件事让李斯特身心俱疲，他经常梦到瓦格纳和他在一起进行音乐创作的时光，那个时候一切还有希望，他们对于未来有多种选择和可能。为了送友人最后一程，李斯特决定前往魏玛。由于身体原因，自己的出行已经很困难了，但是李斯特决定克服一切。不过就在出发之前，他收到了女儿科西玛的消息，女儿希望父亲不要亲自过来。其实女儿的请求也合乎情理，毕竟李斯特年纪大了，而且真正见到那个场面，李斯特很可能会情绪失控，而这种悲痛的情绪可能会让李斯特原本就不太好的身体陷入更差的境地。最终，李斯特还是没能亲自前往，不过他的作品《在瓦格纳墓旁》被带到了现场。这部作品饱含李斯特对于瓦格纳的深切怀念与哀悼，只有多年的挚友才能够将这么饱满的情怀倾注在作晰，他的艺术天分仍然"在线"，这部新作再一次提高了瓦格纳的影响力。

演出结束后，李斯特和瓦格纳在一起聊了很久，他们诉说着过往的经历。在这两个老者的一生中，他们有过争执，有过愤懑，有过不解，但是更多的是快乐，是彼此对于艺术的追求。虽然前些年李斯特为了自己女儿和瓦格纳的婚事愁得焦头烂额，但是如今已经时过境迁，那些往事在今天看来也不算什么。李斯特现在感觉，只要他们能够幸福，自己其实无所谓。而事实证明，这些年来，女儿科西玛在瓦格纳的呵护下也过得很好，他也心满意足了。之后，两人到河边散步。瓦格纳表示，他很清楚自己的身体情况，他感觉自己时日无多，有时感觉力不从心，生怕自己哪一天突然离去，留下科西玛一个人在世界上。每次一想到这里他都会心如刀割。看到这样的瓦格纳，李斯特并不意外。在交流过程中，他也从侧面了解了瓦格纳最近的身体情况，而且有时候科西玛也会对父亲诉说这些事。李斯特只能宽慰女儿，让她好好照顾瓦格纳。李斯特对瓦格纳说："老朋友，我们都已经年老，身体素质相比之前确实是明显下降了。但是我们现在仍然可以做自己喜欢的事，我们可以进行音乐创作，可以进行演出。几十年走来，我们身边的人一个接一个离去，如今我们还能够在这里散步，这难道还不够吗？"听到这里，瓦格纳会心一笑，原本沉闷的话题瞬间变得轻松起来。快乐的时光总是短暂的，不一会儿就到了分别的时刻，两人相约明年还要一起谈天说地，一起回忆年轻的岁月。

走近大音乐家

回到家后的李斯特有点失落，他独自在屋子里走来走去，也不知道自己想要做什么，只是觉得刚刚和友人分别，心里感觉空落落的。而自己与卡罗琳走过了这么多年，如今已经白发苍苍了，却还是没能成婚，他越想越难过。他趴在桌子上，闭上双眼开始沉思，试图让心情平复一些，于是在不知不觉中睡着了。

时间一天一天过去，转眼间到了1883年。这年李斯特又一次经历了精神打击。他从外孙女处得知，自己的挚友、女婿瓦格纳去世了。瓦格纳小李斯特两岁，却先李斯特而去。在李斯特心里，瓦格纳是除自己亲人以外和自己最亲的人。如今的李斯特，亲人相继离世，只剩下女儿科西玛和外孙女。瓦格纳这个灵魂上的知音就这样突然离开了人世。这件事让李斯特身心俱疲，他经常梦到瓦格纳和他在一起进行音乐创作的时光，那个时候一切还有希望，他们对于未来有多种选择和可能。为了送友人最后一程，李斯特决定前往魏玛。由于身体原因，自己的出行已经很困难了，但是李斯特决定克服一切。不过就在出发之前，他收到了女儿科西玛的消息，女儿希望父亲不要亲自过来。其实女儿的请求也合乎情理，毕竟李斯特年纪大了，而且真正见到那个场面，李斯特很可能会情绪失控，而这种悲痛的情绪可能会让李斯特原本就不太好的身体陷入更差的境地。最终，李斯特还是没能亲自前往，不过他的作品《在瓦格纳墓旁》被带到了现场。这部作品饱含李斯特对于瓦格纳的深切怀念与哀悼，只有多年的挚友才能够将这么饱满的情怀倾注在作品之中。在场听到的人无不落泪，他们既为瓦格纳的突然离世悲痛，也为李斯特和瓦格纳的深切友情所感动。

钢琴巨星的陨落

瓦格纳去世后，李斯特觉得生活更加乏味了。之前他还能偶尔和瓦格纳通信，聊聊过去、聊聊未来，心里也算有个着落，现在李斯特有话都不知道和谁说了。老人总是孤独的，他们只能在屋子里做一些尽可能令自己不那么无聊的事，儿女不在身边的他们有时还会为孩子担忧。李斯特的这种心境想必是很多人难以想象的。在枯燥乏味的生活中，李斯特对于未来逐渐没有了盼头，而当内心的那一份激情消散之后，他的身体也每况愈下。

得知这个消息的科西玛要求父亲定期进行体检，于是李斯特又开始了医院和家里两点一线的生活。1883年之后，每年的拜雷特音乐节李斯特还是会尽量前往。当然，每次出发之前都要先进行体检，医生觉得李斯特的身体没有什么异样，能够出行，他才会动身。音乐是李斯特一生的追求，他每次都会前往拜雷特音乐节。

1884年，李斯特又公开指挥演出了《圣斯坦尼斯拉斯》的部分片段。在指挥过程中，年迈的李斯特，相较于年轻时的他简直判若两人。此时他的精力、劲头都不再一如从前，但是他仍然努力把身板挺得很直，把自己最好的状态展现出来。后来，他又在拜雷特参加了《帕西法尔》的演出，这部作品对李斯特有着特殊的意义，它是挚友瓦格纳去世前留下的最后一部作品。李斯特在观看这场演出时，不禁想起了瓦格纳。他又陷入了沉思之中，故人已经不再。李斯特开始思考，人的一生其实很短暂，想要让人生过得有意义，就要在自己的领域不断钻研，不断发展。现在回头想想，自己已经在钢琴领域深耕了几十年，也算是得偿所愿了，只希望未来的一段日子里，能够继续这样过下去。不一会儿，李斯特就在沉思之中等到了演出的结束。之后，李斯特还与前来握手和合影的人们进行了短暂的交谈，结束后便回自己的住处去了。

　　1886年夏季的一天，李斯特突然感觉身体很不舒服，于是去看医生，被确诊为水肿和白内障。即便身体这样，他还想要前往拜雷特，女儿科西玛直接拒绝了这一要求。在他们看来，李斯特的身体才是最重要的。出人意料的是，经过大约一个月的休养，李斯特的身体没有好转的迹象，反而更加严重了，并被确诊为急性肺炎。这直接让他的亲朋好友慌了神。就在这年的7月31日，一代钢琴巨人李斯特去世了！但是关于大师去世的消息并未及时公开，因为拜雷特音乐节即将开始。为了"骗"过人们，科西玛一家盛装打扮前往拜雷特参加盛典。会场十分热闹，众多伯爵也都来参加这场音乐节，但是只有李斯特最亲近的人内心悲痛万分。直到8月中旬，李斯特的死讯才被公开，人们简直无法相信这一消息：伟大的钢琴家、伟大的炫技大师品之中。在场听到的人无不落泪，他们既为瓦格纳的突然离世悲痛，也为李斯特和瓦格纳的深切友情所感动。

● 钢琴巨星的陨落

　　瓦格纳去世后，李斯特觉得生活更加乏味了。之前他还能偶尔和瓦格纳通信，聊聊过去、聊聊未来，心里也算有个着落，现在李斯特有话都不知道和谁说了。老人总是孤独的，他们只能在屋子里做一些尽可能令自己不那么无聊的事，儿女不在身边的他们有时还会为孩子担忧。李斯特的这种心境想必是很多人难以想象的。在枯燥乏味的生活中，李斯特对于未来逐渐没有了盼头，而当内心的那一份激情消散之后，他的身体也每况愈下。

　　得知这个消息的科西玛要求父亲定期进行体检，于是李斯特又开始了医院和家里两点一线的生活。1883年之后，每年的拜雷特音乐节李斯特还是会尽量前往。当然，每次出发之前都要先进行体检，医生觉得李斯特的身体没有什么异样，能够出行，他才会动身。音乐是李斯特一生的追求，他每次都会前往拜雷特音乐节。

　　1884年，李斯特又公开指挥演出了《圣斯坦尼斯拉斯》的部分片段。在指挥过程中，年迈的李斯特，相较于年轻时的他简直判若两人。此时他的精力、劲头都不再一如从前，但是他

走近大音乐家

仍然努力把身板挺得很直,把自己最好的状态展现出来。后来,他又在拜雷特参加了《帕西法尔》的演出,这部作品对李斯特有着特殊的意义,它是挚友瓦格纳去世前留下的最后一部作品。李斯特在观看这场演出时,不禁想起了瓦格纳。他又陷入了沉思之中,故人已经不再。李斯特开始思考,人的一生其实很短暂,想要让人生过得有意义,就要在自己的领域不断钻研,不断发展。现在回头想想,自己已经在钢琴领域深耕了几十年,也算是得偿所愿了,只希望未来的一段日子里,能够继续这样过下去。不一会儿,李斯特就在沉思之中等到了演出的结束。之后,李斯特还与前来握手和合影的人们进行了短暂的交谈,结束后便回自己的住处去了。

1886年夏季的一天,李斯特突然感觉身体很不舒服,于是去看医生,被确诊为水肿和白内障。即便身体这样,他还想要前往拜雷特,女儿科西玛直接拒绝了这一要求。在他们看来,李斯特的身体才是最重要的。出人意料的是,经过大约一个月的休养,李斯特的身体没有好转的迹象,反而更加严重了,并被确诊为急性肺炎。这直接让他的亲朋好友慌了神。就在这年的7月31日,一代钢琴巨人李斯特去世了!但是关于大师去世的消息并未及时公开,因为拜雷特音乐节即将开始。为了"骗"过人们,科西玛一家盛装打扮前往拜雷特参加盛典。会场十分热闹,众多伯爵也都来参加这场音乐节,但是只有李斯特最亲近的人内心悲痛万分。直到8月中旬,李斯特的死讯才被公开,人们简直无法相信这一消息:伟大的钢琴家、伟大的炫技大师

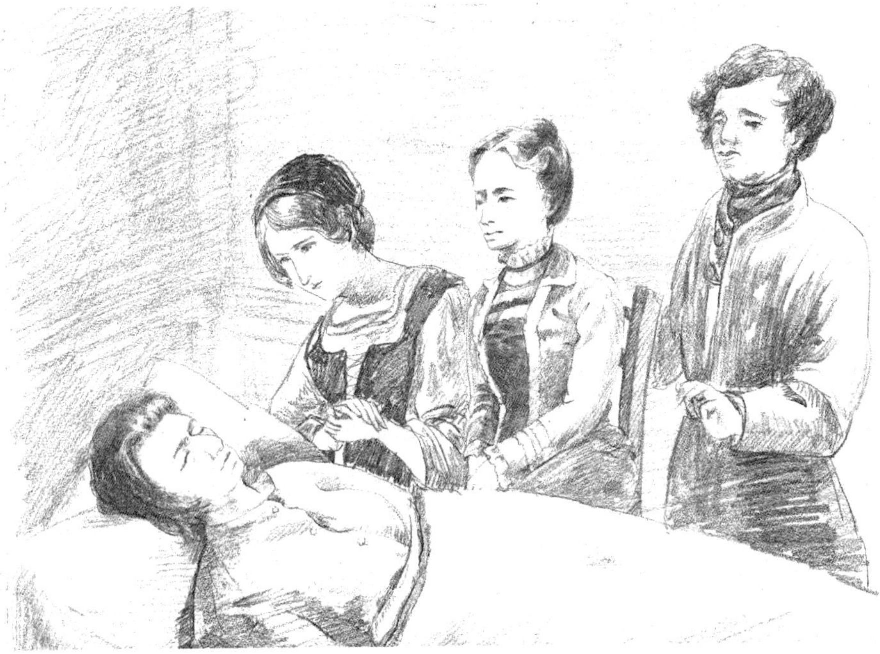

去世了！

为了纪念这一伟大的"世界公民"，无论是认识还是不认识李斯特的人都在葬礼这一天自发来到街上，为李斯特送行。葬礼仪式在拜雷特举行，当天人头攒动，但是很有秩序。人们怀着沉痛的心情悼念这位大师，有的人一直跟随在棺材后面，有的人痛哭不止，尽管他们中的好些人并没有和李斯特说过一句话，甚至连眼神的交流都没有过。可是只要听过他的作品，人们大多受到李斯特精湛琴技的感染，成了他的"粉丝"。葬礼就这样按照既定的程序进行着，直到人们将李斯特的遗体下葬在拜雷特城的一角。其实关于李斯特到底应该葬在哪里，人们也有过争论，也出现过不同的声音，魏玛、罗马都是候选地区。不过在女儿科西玛的强烈要求下，人们将李斯特葬在了拜雷特，她认为只有这里才是最合适的地方，而且符合李斯特应得的尊重和地位。

李斯特，一代钢琴奇才，无论是他生前还是死后，他所产生的影响都是难以估量的。他撼动了当时的欧洲艺术社会，也对此后钢琴弹奏技法的创新和发展产生了重要影响。

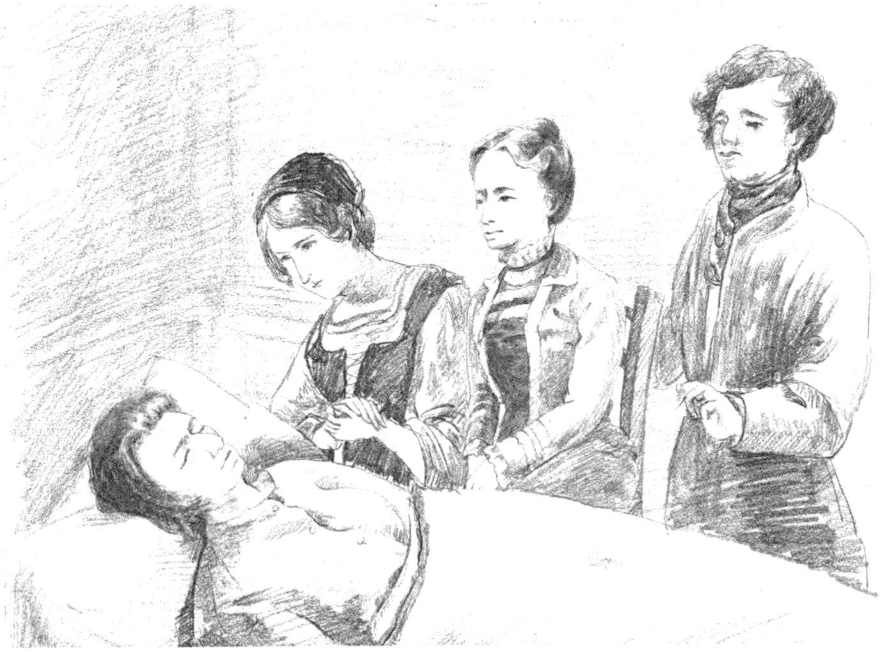

去世了！

　　为了纪念这一伟大的"世界公民"，无论是认识还是不认识李斯特的人都在葬礼这一天自发来到街上，为李斯特送行。葬礼仪式在拜雷特举行，当天人头攒动，但是很有秩序。人们怀着沉痛的心情悼念这位大师，有的人一直跟随在棺材后面，有的人痛哭不止，尽管他们中的好些人并没有和李斯特说过一句话，甚至连眼神的交流都没有过。可是只要听过他的作品，人们大多受到李斯特精湛琴技的感染，成了他的"粉丝"。葬礼就这样按照既定的程序进行着，直到人们将李斯特的遗体下葬在拜雷特城的一角。其实关于李斯特到底应该葬在哪里，人们也有过争论，也出现过不同的声音，魏玛、罗马都是候选地区。不过在女儿科西玛的强烈要求下，人们将李斯特葬在了拜雷特，她认为只有这里才是最合适的地方，而且符合李斯特应得的尊重和地位。

　　李斯特，一代钢琴奇才，无论是他生前还是死后，他所产生的影响都是难以估量的。他撼动了当时的欧洲艺术社会，也对此后钢琴弹奏技法的创新和发展产生了重要影响。

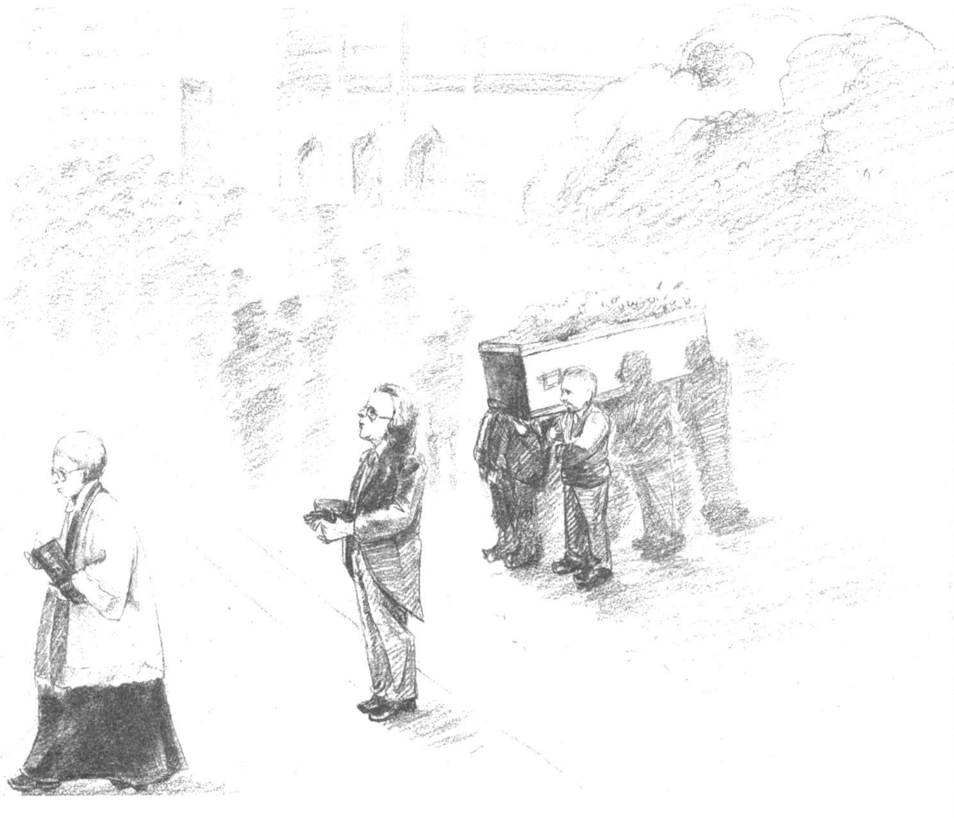

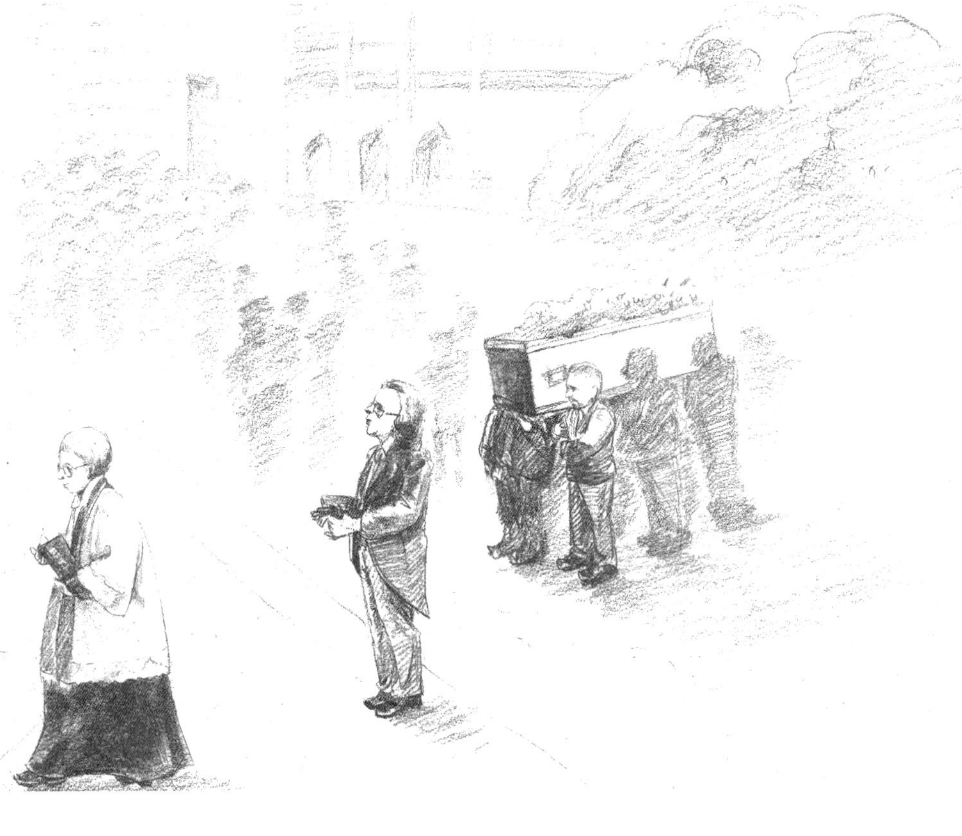

走近大音乐家
ZOU JIN DA YINYUEJIA

海顿

HAIDUN

李丹丹 著

河北出版传媒集团
河北少年儿童出版社
·石家庄·

图书在版编目（CIP）数据

走近大音乐家．1，海顿 / 李丹丹著．－－ 石家庄：河北少年儿童出版社，2024. 6. －－ ISBN 978-7-5595-6807-6

Ⅰ．K815.76-49

中国国家版本馆CIP数据核字第2024L4Q180号

走近大音乐家

李丹丹　著

责任编辑	潘　雁　王玮淞	特约编辑	米　甲
装帧设计	寒　露	插　　图	柴占伟

出版发行　河北少年儿童出版社
地　　址　石家庄市桥西区普惠路6号　　邮编　050020
经　　销　新华书店
印　　刷　定州启航印刷有限公司
开　　本　880毫米×1230毫米　1/32
印　　张　12.25
字　　数　267千字
版　　次　2024年6月第1版
印　　次　2024年6月第1次印刷
书　　号　ISBN 978-7-5595-6807-6
定　　价　96.00元（全三册）

版权所有　侵权必究

PREFACE 前　言

18世纪的欧洲，处于一个动荡与变革并存的时期。一方面，战乱不断，导致欧洲很多国家卷入战争；另一方面，随着民主思潮的崛起，整个欧洲的艺术和文化开始向新古典主义阶段迈进。

在这样的背景下，奥地利偏远的村落中，一个嗓音极具灵性的小村童诞生了。不远的将来，这个小村童，凭借着自身的勤奋，耗费了数十年的时间，成长为享誉世界的音乐界开拓者，被人们尊称为"海顿老爹"。

相较于同期的音乐家，如莫扎特和贝多芬，他们的人生经历较为曲折，充满苦难、磨砺、病痛。而海顿的一生，可谓极为平稳，没有那么多的波澜起伏，也没有那么复杂的人生路径。也正是这样平稳的生活，使得海顿能够专心地学习和创作。

从现代艺术角度来看，海顿的音乐成就，也许比不上莫扎特和贝多芬。但不可否认的是，在18世纪与19世纪相交的年代，他是极具声望、备受赞赏的音乐界巨擘。而且，莫扎特与贝多芬在音乐道路上的成长，都受到了海顿的教诲，并被莫扎特亲切地称为"海顿老爹"。

海顿不断地创新和尝试,对不同的音乐形式、音乐结构进行了探索和发掘。他的音乐也许不够震撼,但能够带给人凝聚、平衡、豁然开朗的深切感受。他的一生,丝毫无愧于他的称号——令人尊崇又才华横溢的"海顿老爹"。

CONTENTS
目　录

第一章 拥有一副好嗓子的小村童 / 001

　　马车匠和厨娘的音乐爱好 / 002

　　寄人篱下的小海顿 / 005

　　维也纳，我来了！ / 006

　　启蒙——唱诗班歌童 / 010

　　第一次作曲 / 013

　　海顿家的"摇钱树" / 016

　　可怕的变声期 / 018

第二章 被现实击碎的短暂自由 / 021

　　被赶出唱诗班 / 022

　　残忍的现实 vs 虚幻的自由 / 025

　　街头卖唱的流浪汉 / 028

　　觅得良师 / 031

　　潜心学习 / 033

第三章 羽翼渐丰 / 037

第一部歌剧 / 038

授课之路 / 040

弦乐四重奏 / 043

宫廷乐师的稳定生活 / 046

《第一交响曲》 / 047

令人痛苦的婚姻 / 049

第四章 宫廷乐师生涯 / 057

受雇于人的无奈 / 058

豪华宫殿中的孤独天才 / 062

繁忙职务＝充实快乐 / 064

宫廷生活的决定性转折 / 068

"海顿老爹"诞生记 / 071

亲王宫殿中的歌剧季 / 075

创作重焕生机 / 079

亲王的补偿 / 082

交响乐作品的重新崛起 / 086

莫扎特的献礼：《海顿四重奏》 / 088

无瑕的异性友谊 / 092

第五章 独立乐人——久违的自由 / 097

退休的海顿 / 098

与所罗门的缘分 / 099

心痛：知音的离世 / 102

伦敦演出，名满欧洲 / 105

完全跳脱的社交达人 / 109

桀骜的贝多芬与惜才的海顿老爹 / 111

第二次伦敦之旅 / 115

第六章　盛名下的高光晚年 / 117

尼古拉斯二世的邀请 / 118

清唱剧《创世记》《四季》 / 120

供养和崇拜中的遗憾 / 122

欣慰的海顿老爹 / 124

老爹的终曲 / 127

第一章

拥有一副好嗓子的小村童

马车匠和厨娘的音乐爱好

1732年3月31日,在奥地利一个远离世界音乐之都维也纳名叫罗劳的小村落,本书的主角弗朗茨·约瑟夫·海顿降生了。

海顿出生的地方位于奥地利和匈牙利交界处的莱塔河畔,环境恬静、优美,生活本也应该如田园风光般惬意,但是当时的土耳其战争和匈牙利战争波及了这里。

由于罗劳处于国界线附近,村子里住着很多逃离和出走的人,人员混杂,纷争自然也会比较多,所以人们的生活动荡不安。

海顿的祖祖辈辈都是工匠和普通的农民,并没有音乐家。

海顿的祖父,本来在罗劳附近的另一个小镇工作,是位有一定手艺的造车匠,海顿的父亲马提亚斯·海顿才两岁的时候,他父亲就去世了,然后他的母亲就带着六个孩子嫁给了马提亚斯·塞弗兰茨。巧的是,马提亚斯的继父也是一名造车匠,所以马提亚斯继承了这门手艺。

海顿

当马提亚斯结束学徒生涯后,开始沿袭比较传统的做法,即到各地车匠坊工作。这样既能增长见识,又能磨炼技艺。后来到罗劳的时候,哈拉赫伯爵提供给了马提亚斯一份稳定的工作,他成了伯爵家的车匠。

海顿的母亲玛利亚·科勒,出生于一个世代务农的家庭,原本家境不错。玛利亚的父亲在她六岁的时候,成为罗劳的地方秩序官,可这种威望仅仅维系了五年,玛利亚的父亲就去世了。很快,玛利亚的母亲改嫁了,年仅十一岁的玛利亚不得不自食其力,后来成为罗劳本地哈拉赫伯爵家的厨娘。

走近大音乐家

　　共同在哈拉赫伯爵家工作的车匠马提亚斯和厨娘玛利亚，在 1728 年步入婚姻的殿堂，两人共生了十二个孩子，海顿排行老二。虽然马提亚斯和玛利亚出身平凡，但是两人都酷爱音乐，一家人经常在夜晚进行音乐演奏。

　　当然，所谓的进行音乐演奏，仅仅是马提亚斯用游走各地时拿回的一个小竖琴弹奏，玛利亚则伴着琴声唱罗劳的民歌。虽然两人都不识谱，但马提亚斯自学了竖琴弹奏，而玛利亚则有一副宛如夜莺的好嗓子。

　　正是因为两人对音乐的这份热爱，所以在他们家有这样一个习惯：所有孩子都会积极参与唱歌，学习歌曲，锻炼自己的嗓子。

　　海顿就在这样一个惬意又朴素的音乐环境中逐渐成长。在父亲和母亲弹琴唱歌时，海顿也会用他清脆的童声伴唱，还会一手拿细棍，不断在木头上划来划去，仿佛自己在拉小提琴。这就是海顿对音乐的初步认识。

　　虽然马车匠和厨娘并没有多么深的音乐底蕴，但他们对音乐的热爱，深深地影响了小海顿，同时使得小海顿能够在童年受到乡间朴素音乐的熏陶。

寄人篱下的小海顿

在每天弹琴唱歌的氛围中,小海顿逐渐呈现出自己在音乐方面的天赋。但是如果小海顿一直生活在罗劳这个村子里,他的音乐天赋必然不会得到大的发展,好在小海顿的机会来了。

1738年的春天,小海顿刚过完生日不久,他的一位亲戚来探访。这位亲戚是小海顿的姑父——约翰·马提亚斯·法兰克,法兰克的妻子是小海顿父亲同母异父的妹妹。

法兰克除了是小海顿的姑父,还有多重身份,其一便是海恩堡一所学校的校长,而且兼任海恩堡教区教堂合唱团的指挥,时不时就会带着孩子们参加弥撒的合唱演出。

法兰克来小海顿家探访时,正好赶上马车匠和厨娘带着小海顿一起唱歌,他一眼就看中了小海顿的那副好嗓子,于是就给小海顿的父母提了个建议:让小海顿跟着他到海恩堡接受更好的教育。

小海顿的父母本就对小海顿寄予了厚望:期望小海顿有朝一日能够成为教堂的牧师。听了法兰克的建议非常开心,于是把小海顿托付给了法兰克,并每月给孩子一些补贴。

就这样,小海顿在年仅六岁的时候远离了家乡,来到多瑙河畔的海恩堡,开始了寄人篱下的生活。

虽然小海顿的父母每月会给他一些补贴,但是法兰克一家也有三个孩子需要照顾,所以只有六岁的小家伙过得并不好。

小海顿不仅只有屈指可数的几件衣服，而且仅有一副假发，还经常受法兰克家里其他几个孩子的欺负，可以说挨打的次数比吃饭的次数都多，甚至有时候会吃不饱。

这种寄人篱下的日子，使小海顿学会了如何避免把为数不多的衣服弄脏，而且得到了学习乐器的机会。从到海恩堡开始，小海顿就投入到教堂合唱团的工作，并正式系统地开始接触音乐。

说是接触音乐，其实绝大多数是在礼拜天合唱的时候，听到仅有的一部管风琴和两把小提琴的伴奏。法兰克的合唱团并不大，只有在喜庆大事来临的时候，才拥有更多机会，甚至可能邀请到维也纳的音乐大师前来演奏。

虽然维也纳的音乐大师来合唱团演奏的机会不多，但是依旧给予了拥有一副好嗓子的小海顿被发现的契机。

● 维也纳，我来了！

在寄人篱下的日子里，小海顿虽然经常挨饿，还时常受欺负，但他牢牢抓住了接触音乐的机会。除了进行合唱工作，他还学会了小提琴和管风琴演奏，当然，技术不会太高。

1739年，维也纳著名宫廷作曲家约翰·格奥尔格·洛伊特继承了他父亲的职业，成为维也纳圣斯特凡大教堂的主教教堂第一指挥。

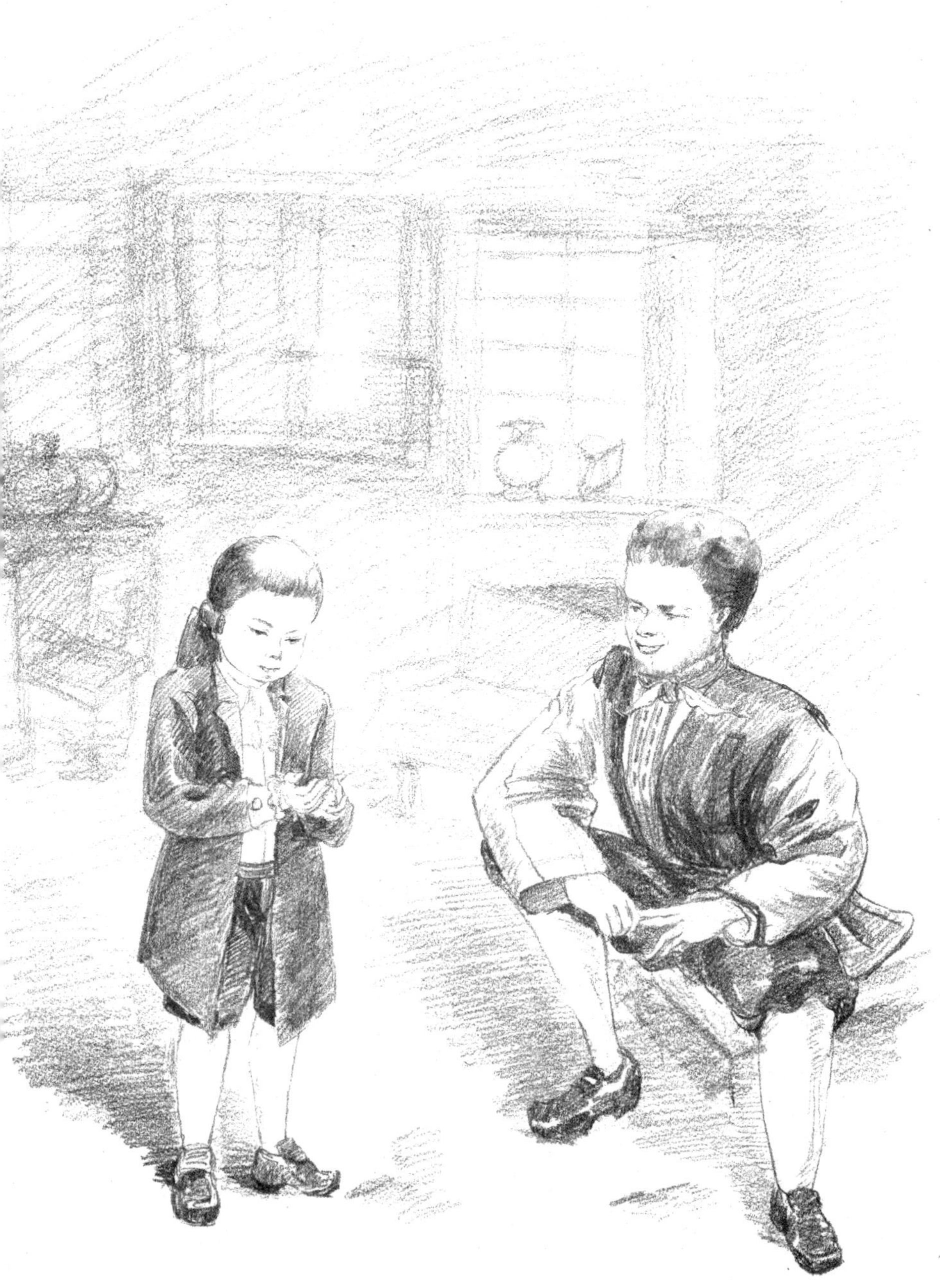

为了扩大维也纳圣斯特凡大教堂的男童声合唱团，洛伊特开始了他的第一次公务旅行，也就是到各地寻找拥有嗓音天赋的男童声。

经过海恩堡的时候，小海顿的那副好嗓子一下子就吸引了洛伊特的注意，而且在后续的筛选中，难度最大的声乐练习，依旧被小海顿轻松完成。

洛伊特感觉自己挖到了一个潜力股，但并没有立马将小海顿带到维也纳，而是向小海顿的父母建议：小海顿会拥有很好的前途，但毕竟还小，音乐底子比较差，得好好练习演唱音阶，把那副好嗓子练得更成熟、更稳定、更纯净。

马车匠和厨娘虽然音乐底蕴不够深厚，但依旧感觉这是一个良好的机会，于是同意了洛伊特的建议，让小海顿跟随洛伊特勤学苦练。

1740年，小海顿八岁了，正式被选入维也纳圣斯特凡大教堂唱诗班，开始和另外几名小伙伴一起住在洛伊特家中，由洛伊特负责他们的生活开销，同时对他们进行具体的训练。

进入维也纳的小海顿，开始了他真正意义上的音乐学习之旅。洛伊特不仅教授小海顿声乐、小提琴、键盘乐器（其实就是钢琴）等方面的知识，而且传授了一些拉丁文和其他学科的知识。

小海顿进入维也纳之后依旧会饿肚子，但是，他开始接受较为系统的音乐知识，即使缺少他最感兴趣的乐理知识和相关的作曲法，他也乐此不疲。

小海顿之所以会非常卖力地学习，原因非常简单，他只想

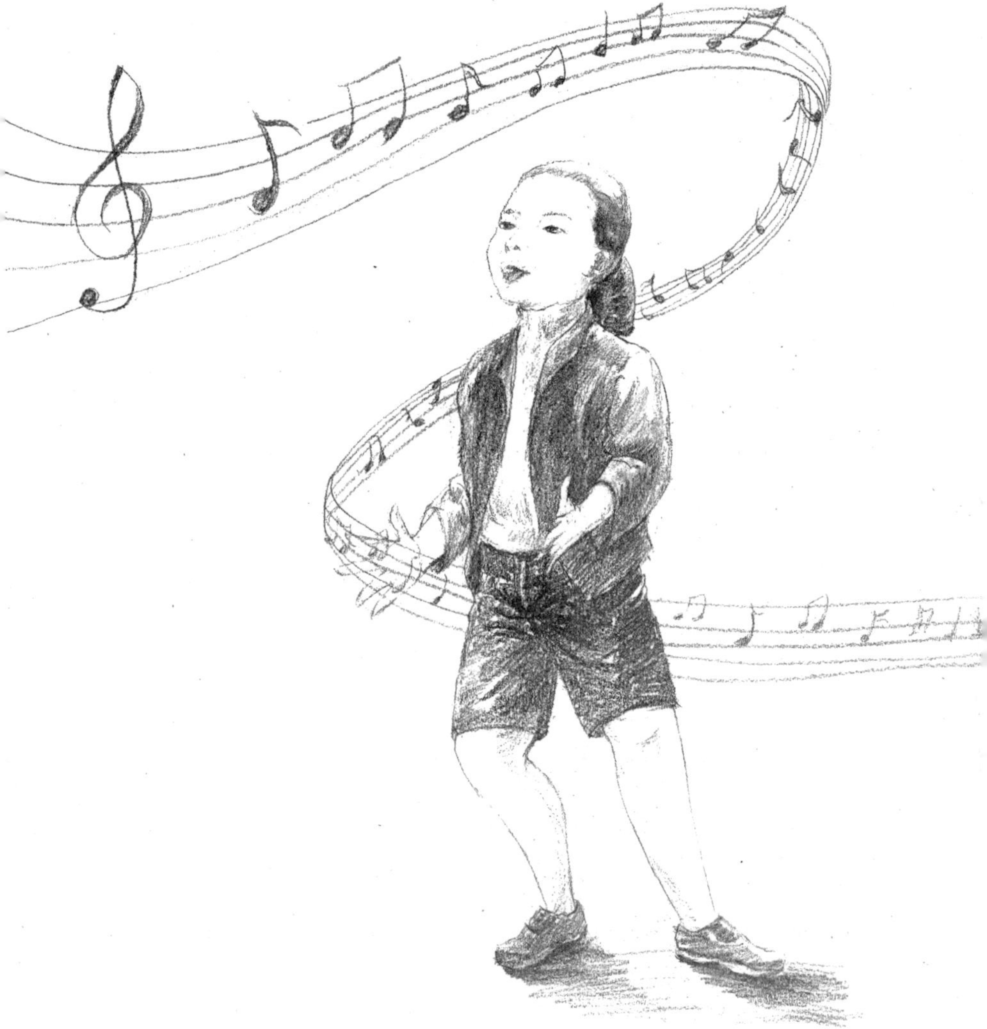

填饱肚子。只要努力唱歌、努力学习，就有机会到维也纳的贵族家中演出，而在贵族家中，就能够吃到很多美味的点心。

多么朴素又天真的想法！但正是这个想法，推动着小海顿逐渐在维也纳圣斯特凡大教堂唱诗班立足，也为小海顿日后的成才奠定了基础。

启蒙——唱诗班歌童

小海顿来到维也纳，作为圣斯特凡大教堂唱诗班的一员，开始住在洛伊特家中。洛伊特会对唱诗班的这些小家伙，以及教堂乐队成员的生活和培养负责。

虽然洛伊特会为唱诗班的小家伙们提供吃饭、穿衣等生活上的支持，但这笔费用并不多，以至于小海顿依旧很容易饿肚子。在培养小海顿方面，虽然洛伊特安排了两位家庭教师，但他并不是很上心。

尽管如此，小海顿对自己在维也纳的生活还是很满意的。虽然家庭教师没有为他开设乐理课和作曲法课，但乐队中有很多教授不同器乐的老师，这使小海顿像块瘪瘪的音乐海绵，开始快速吸收相应的声乐知识。

不过，作为圣斯特凡大教堂唱诗班的歌童，小海顿真正的音乐启蒙，并不是家庭教师和器乐老师的教授，因为这些内容根本不成系统，而是各种各样的歌唱实践。

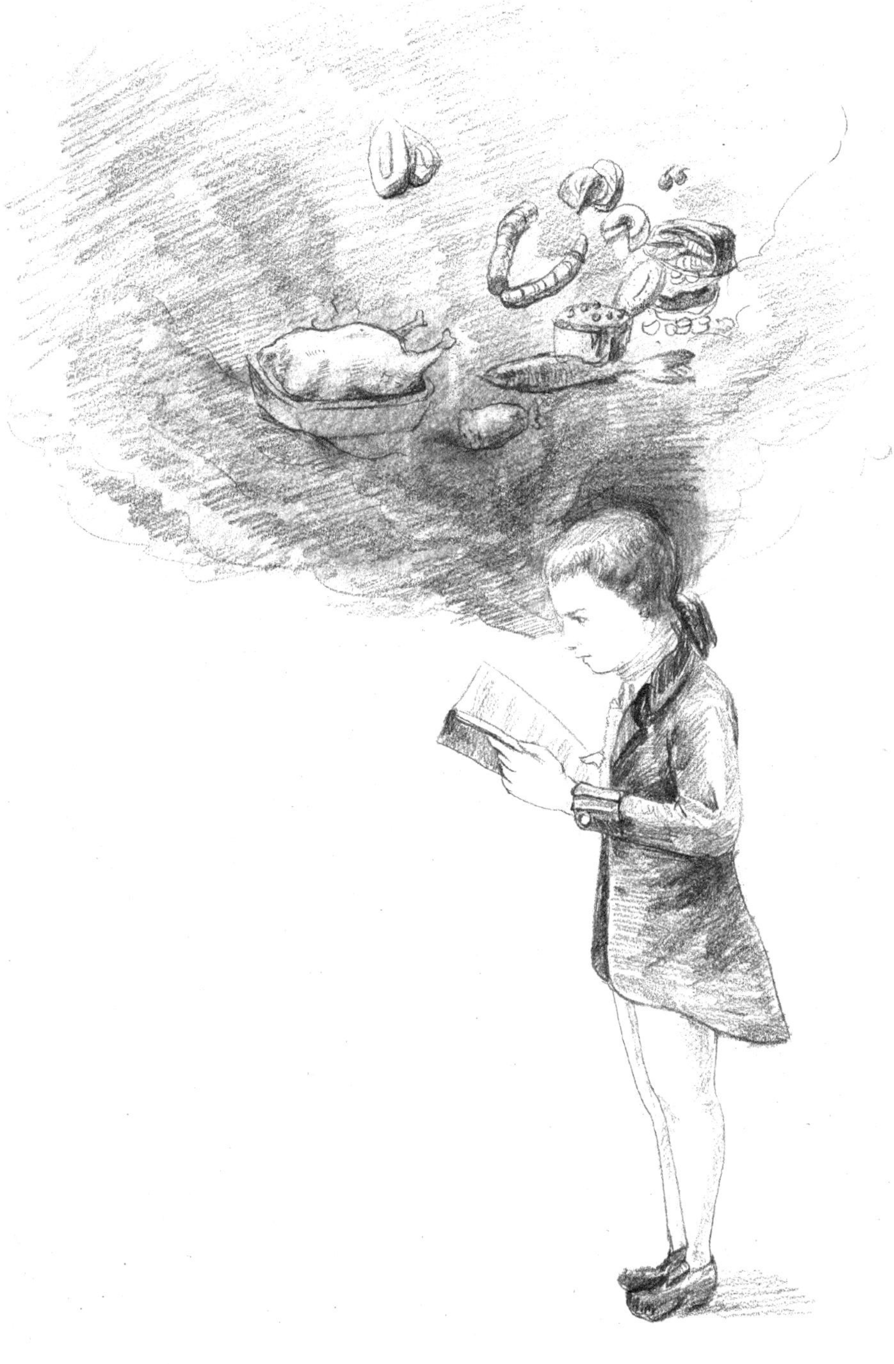

小海顿之所以会得到各种各样的歌唱实践机会，是因为洛伊特创作的维也纳前古典主义风格的各种作品，包括歌剧、弥撒曲、赞美诗、清唱剧、交响曲、小夜曲、奏鸣曲等，获得了很多人的认可。

这让洛伊特的乐队，不仅要演奏教堂音乐，还有机会为宫廷、贵族演奏各种室内乐曲和宴会曲，甚至还会出席一些非常重要的学术活动和礼仪活动。

这些各种各样的活动，就是前文说到的那些能够提供点心的活动。为了能够获得点心，以犒劳自己的肠胃，小海顿每次表演都非常卖力，对各种音乐活动的兴趣也提高了许多。

虽然小海顿的目标是那些能够填饱肚子的点心，但无形中也给了小海顿更多接触音乐的机会。他在各种各样的活动中，不仅满足了肚子的需要，还听到了包括教堂音乐、世俗音乐、民俗音乐、巴洛克音乐、新风格音乐等在内的各种音乐。

为了能够获得更多品尝点心的机会，小海顿力求准确地记住这些乐曲谱子。久而久之，他不仅掌握了视谱演唱的能力，而且在这个过程中学到了虽然不成体系但多种多样的音乐知识！

虽然洛伊特对小海顿的培养不太上心，但是依旧给予过小海顿两次像样的指导。一次是鼓励小海顿要逐渐学习，能够随意变化赞美诗唱法和颂歌唱法。这让小海顿受到很多启发，也更大限度地挖掘了小海顿好嗓子的潜力。

另一次则是推荐给小海顿两本书，其中一本是小海顿极为珍惜的、著名音乐理论家约翰·约瑟夫·富克斯的《艺术津梁》。小海顿完全靠自己不断去领悟富克斯的理论，而且每次都是从头到尾认真研读之后，搁置几个星期再仔细进行推敲。

就这样，小海顿不断通过实践发展自己的音乐天赋，在最大化挖掘自己好嗓子潜力的基础上，尽全力在每次歌唱中尽善尽美，从而一步步提升了自己的知名度。

同时，小海顿在点心的"诱惑"下，最大限度地激发了自己对音乐的兴趣，并借助兴趣的推动，尝试不断丰富自己的音乐知识，即使这些音乐知识如同碎片一般松散，但小海顿一直乐此不疲。

● 第一次作曲

小海顿成为维也纳圣斯特凡大教堂唱诗班歌童之后，通过不断的歌唱表演实践成为教堂乐队中的女高音（唱诗班男童声的一个重要发展方向）。

小海顿非常出众的嗓音（当然离不开小海顿的努力），让他脱颖而出，从而经常可以得到独唱的任务，自然也就有了更多品尝点心的机会。

小海顿这种不遗余力填饱肚子、满足饥饿肠胃的追求，推动着他不断努力向上。

就是小海顿那天真的追求，以及他对音乐领域的初步认知，

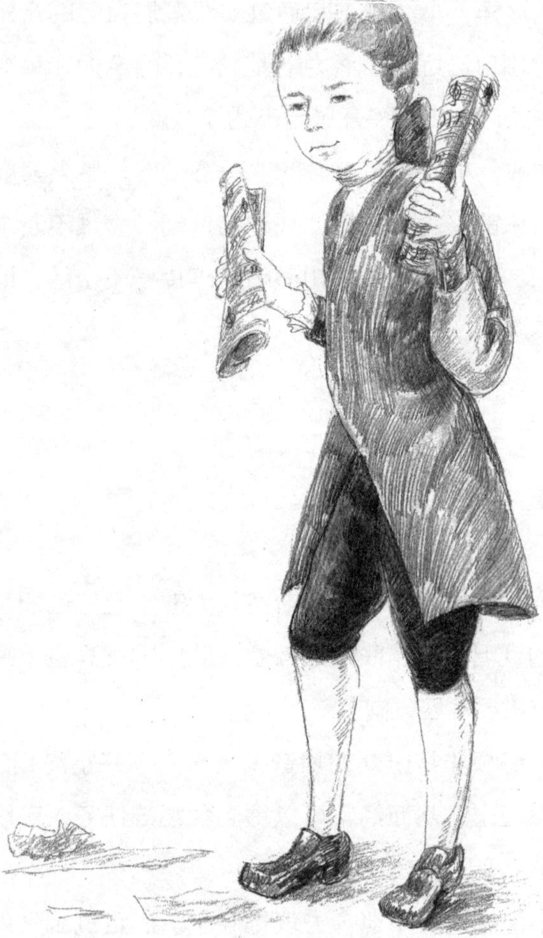

使得他有了一股子初生牛犊不怕虎的冲劲。这股子冲劲，让十来岁的小海顿自学富克斯的《艺术津梁》之后，竟然开始一知半解地谱写曲子。

虽然小海顿对乐理知识一知半解，仅有的乐理也是从富克斯的书中自学来的，但是这并不影响小海顿幻想自己成为宛如洛伊特般的作曲师。

于是，十来岁的小海顿自顾自地开始谱写八声部乃至十六声部的曲子。在当时还没有足够音乐底蕴和音乐认知的小海顿眼中，只要将纸写得满满当当，就应该属于一部很好的作品了。

就这样，小海顿的第一次作曲就风风火火地结束了。当然，小海顿作出这样的曲子，和他识谱唱歌的基础密切相关。

不过，当他满怀期待地把曲子拿给洛伊特看时，遭到了洛伊特的无情嘲笑。

洛伊特的评价是，小海顿写的这些乐句，根本没有办法实现，因为没有任何一副嗓子能唱出来，也没有任何一件乐器能演奏。

当然，洛伊特在嘲笑之后，也对小海顿第一次创作的曲子进行了"指点"，他告诉小海顿，连双声部都没明白，就想尝试十六声部？这真是好高骛远呀！

也就是说，小海顿的第一次作曲，其实完全没搂住，是建立在他对音乐极为肤浅的认知上的一次尝试，而洛伊特也指出了小海顿的根本问题——小家伙，你的基础忒差了，就这，还想作曲呢？

洛伊特的嘲笑，虽然打击了小海顿的积极性，但是也有效地给了小海顿一棒,为小海顿的成长铺设了一条越发清晰的大道。

● 海顿家的"摇钱树"

1745年,十三岁的小海顿已经有了一定的音乐基础,至少他是乐队里的独唱,而且因为嗓音天赋,还成了乐队里的女高音。

就在这一年,小海顿八岁的弟弟米歇尔·海顿,也被洛伊特带到了圣斯特凡大教堂唱诗班。

在米歇尔的眼中,自己的哥哥是那么神奇,他之所以能够被洛伊特带来维也纳,都是因为自己这个哥哥。

在十三岁的小海顿眼中,这个甚至素未谋面的弟弟,应该嗓音条件更加优越,因为他自己在被选入唱诗班前,还在海恩堡狠狠地训练了一段时间。

在洛伊特的眼中,老海顿一家正是自己维系童声合唱团的基础。当年去海恩堡发现拥有一副好嗓子的小海顿时,他就感觉老海顿一家貌似拥有非常完美的童声嗓音基因。

所以,洛伊特在建议老海顿让小海顿到维也纳时,给老海顿提了个非常有意思的要求:老海顿,你多生几个儿子吧!我愿意把他们全部带进我的唱诗班!

海顿

可以说,洛伊特是妥妥地将老海顿一家的男孩,当作了自己乐队的"小摇钱树"。

当然,这种做法并没有任何问题,毕竟洛伊特负责培养这些男孩,管他们的吃住,虽然投入的金钱不足,但至少减轻了老海顿家的生活压力。

老海顿在送走小海顿之后,听取了洛伊特的建议,于是就有了小米歇尔和小米歇尔的另一个小弟(1743年出生的小家伙)。

这几个男孩子的确非常争气，小海顿后来成长为非常优秀的作曲家，乃至被称为"交响曲之父"；小米歇尔同样成长为优秀的作曲家和管风琴演奏家；他们的小弟，也成长为优秀的男高音歌唱家和作曲家。

不得不说，老海顿一家的基因的确适合在音乐领域发展，而洛伊特一句本来是为自己乐团创收的建议，变相造就了三位优秀的作曲家。

可怕的变声期

小海顿在圣斯特凡大教堂唱诗班茁壮地成长，直到1747年，这一年小海顿十五岁。

洛伊特的乐团中，与小海顿一起成长起来的那些唱诗班歌童，也差不多在同样的年龄。而十五岁的男孩，开始步入青春期，其中一个极为重要的变化，会严重影响唱诗班的发展，那就是变声！

作为唱诗班歌童，清脆宛如女声又颇具特点的童声，是养活乐团的关键，可青春期的变声，会在某一时刻直接将这天籁般的嗓音给毁掉。

小海顿十五岁时，他们合唱团的一些团员就已经开始变声了，这让洛伊特非常焦虑，时常关注着合唱团的"顶梁柱"小海顿，总怕某一天某一刻小海顿突然变声。

为了能保住小海顿天籁般的嗓音，洛伊特甚至还给小海顿的父亲老海顿写了封信。老海顿收到信之后，吓了一大跳，赶紧来到维也纳。

这一天，小海顿刚唱完歌，就看见父亲跟跄着跑到自己面前一把抱住自己，哽咽着说："儿子，你难道真的要为了自己的嗓音放弃做男人的权利吗？"

老海顿这话同样吓了小海顿一跳！原来，洛伊特写给老海顿的信中，说明了小海顿即将变声的情况，为了保住小海顿的嗓音，建议老海顿带着小海顿去做阉割手术，这样小海顿就能成为一名阉伶歌手。

这里不得不提一下欧洲十七八世纪时为何会盛行阉伶歌手。当时欧洲的很多国家，利用宗教的影响力掌控国家，小海顿所在的唱诗班，其实就是为大教堂服务的乐队。

而在此阶段的欧洲，教会早已颁布了一项规定：禁止女性出现在教堂中。这项规定直接剥夺了女性参加唱诗班的权利，那唱诗班咋唱歌呢？毕竟唱诗班的一些曲目必然有女高音段落，尤其是歌剧，于是，就有了唱诗班歌童。

歌童必须是嗓音极佳的男孩，进入唱诗班后，优秀者就可以承担曲目中的女高音部分，小海顿就是其中之一。也就是说，教会的规定是小海顿得以在维也纳发展和成长的根源。

不过，男孩要承担女高音部分，就得接受长期训练，而且男孩到了变声期，也就意味着他们的演唱生涯该结束了。

为了能够延长男孩的演唱生涯，阉伶歌手就诞生了。因为有人发现阉割能够保留男孩天籁般的嗓音，而且男孩本身肺活量更大，所以阉割之后高音声域更广，职业生涯更长。

小海顿在老海顿的拥抱下，吓了一跳，以为自己要被阉割，但是好在这种事他是可以自己做主的，所以赶紧安慰老海顿：绝对不会为了唱歌做一个阉人。

　　小海顿的决定让老海顿放下了心，可洛伊特更加焦虑了，甚至有些恼怒，毕竟小海顿已经进入变声期，指不定哪一天就没法唱女高音了。可这事又不能逼迫，洛伊特只能暗自咬牙切齿。

　　也得亏小海顿有自己的主见和决定，否则未来就不会出现那位才华横溢的"海顿老爹"，而是会出现一位歌唱生涯极长却又"泯然众人"的阉伶歌手。

第二章

被现实击碎的短暂自由

被赶出唱诗班

跟着洛伊特进入圣斯特凡大教堂唱诗班的小海顿,其实在独唱女高音之后,就有很多机会接触奥地利的贵族乃至皇家。

1740年,奥地利的统治权交接到了哈布斯堡的唯一女性统治者玛丽亚·特蕾莎手中,这一年恰巧是小海顿加入唱诗班的时候,所以小海顿自童年开始就受到女皇特蕾莎的关注了。

多次为女皇表演歌唱的小海顿,虽然充分发挥其嗓音天赋的根本目的是吃到好吃的点心,但是同样有着这个年纪的心性和调皮捣蛋的一面。

有一次,小海顿作为合唱团中的独唱者,竟然领着一群小伙伴,爬到了皇室城堡的鹰架上玩耍,被人发现后汇报给了女皇,女皇下令打了这群调皮娃娃的屁股。

也就是说,其实女皇特蕾莎对小海顿非常熟悉,这份熟悉也造就了海顿变声之后遇到的、堪称命运转折的事件。

1749年,海顿十七岁了,让洛伊特焦虑两年的事——变声,

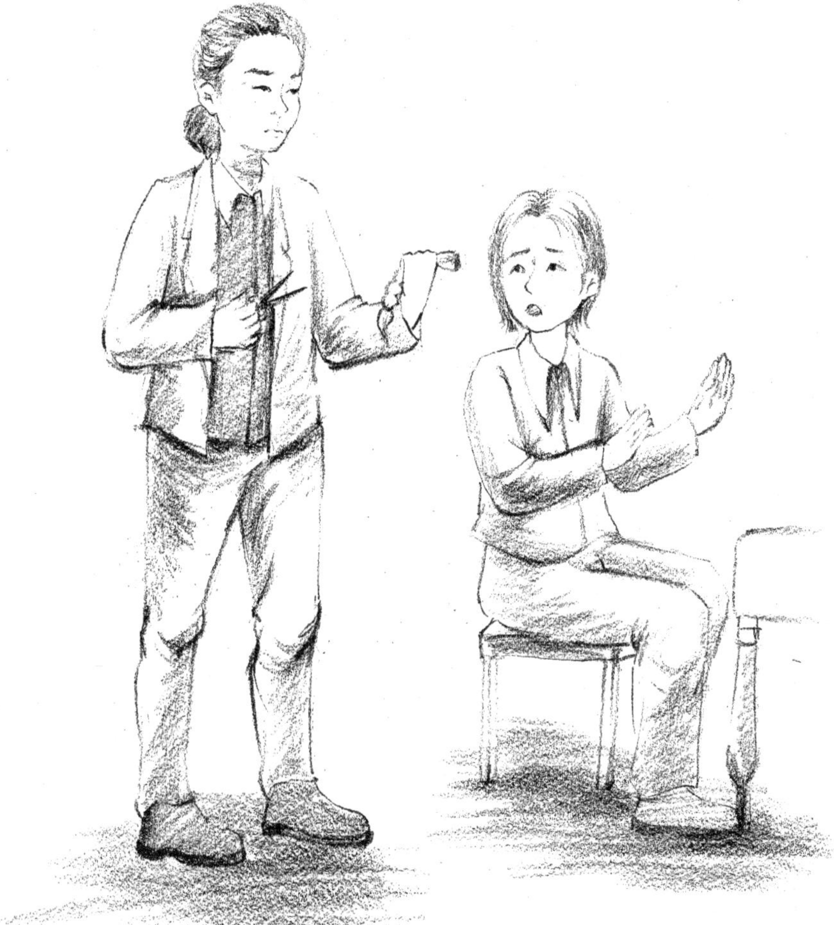

终于出现了，而且恰巧赶上了一年一度的庆贺盛事，还被参加盛事的女皇点了出来。

在海顿向女皇特蕾莎进行独唱表演时，变声突然发生，女皇都吓了一跳，之后还向洛伊特开玩笑说："哦，海顿根本不是在唱歌，更像是公鸡在打鸣。"

这句玩笑，让洛伊特不得不临时寻找接替海顿的男童，恰巧此时，海顿的弟弟，十二岁的米歇尔表现出了宛如当年海顿的嗓音天赋，完美替换了海顿。

甚至米歇尔独唱完成后，还被叫到了女皇面前，女皇亲自赏赐给米歇尔二十四枚金币。等米歇尔拿着钱下来之后，洛伊特就找了上来，问米歇尔这些金币用来干吗。

米歇尔思考了一会儿，说要留十二枚金币给老海顿买牲口，剩下十二枚金币则留在洛伊特手里存起来，等自己变声的时候再拿回来。

洛伊特当然不会记得把钱还给米歇尔，毕竟一个小孩子，几年之后估计就会忘记这一茬儿了。

海顿变声了，这意味着他已经无法在唱诗班待下去，同时意味着他再也无法给洛伊特赚钱了，于是洛伊特开始想方设法把海顿踢出唱诗班，而且海顿的替代者已经找到了，就是嗓音还处在巅峰的米歇尔。

很快，洛伊特的机会就来了，虽然海顿已经十七岁，但调皮捣蛋的习惯依旧没改。当时合唱团有个男孩不遵守规定，私自把长发梳成了辫子，海顿就买了把剪刀，在男孩身后偷偷把男孩的辫子剪掉了。

男孩一脸伤心地把状告到了洛伊特那，洛伊特可算逮到了机会，当众把海顿鞭打了一顿，然后就将海顿赶出了大教堂。

就这样，海顿在十七岁时被辞退了。但在海顿看来，这却是自己真正的命运转折点，因为从此以后，再也不需要过寄人篱下的生活，只要赚了钱，就能够美美地饱餐一顿。

海顿，自由了。

残忍的现实 vs 虚幻的自由

理想是丰满的，现实却非常骨感。十七岁的海顿渴望脱离寄人篱下的生活，去追逐属于自己的自由，但是现实给了他结实的一棒。

1749年，本来在大教堂混得风生水起的海顿，遭遇了现实的巨大打击：没有了天籁般的嗓音，凭借他自己的资历找不到合适的工作。

这一度让海顿感觉自己非常失败。他被赶出大教堂后，马车匠和厨娘曾经赶来维也纳，期望能够规劝他成为受人尊重的牧师。

但这个期望被海顿拒绝了，在大教堂唱诗班的时间，使海顿对音乐产生了极大的兴趣，他渴望继续在音乐领域发展。

虽然不能说海顿在十七岁的时候就产生了成为音乐家的雄心壮志，但是在他的潜意识里，的确有一个声音在引导他继续深挖音乐。

虽然身无分文的海顿受到了双亲的关注，可马车匠和厨娘毕竟需要养活一大家子，加上本身也贫穷，自然无法给予海顿任何经济支持。

海顿在环顾现实境遇时残忍地发现，自己不仅陷入了贫困潦倒的生活，而且无法快速找到养活自己的手段。

对比一下当时的诸多年轻音乐家，人家身上有着崭新整洁的西装，出入各种活动场所。反观自己，身无分文，只有从大教堂带出来的三件已经过时很久的衬衣，以及一件破破烂烂的外套。

虽然在大教堂的近十年，海顿过的是寄人篱下的日子，可至少有吃有住，即使吃不太饱，也不至于饿死……

从大教堂被赶出来，海顿瞬间感觉到了自由，这种呼吸自由空气、不再看人脸色的日子的确很舒爽，可他没地儿住、没饭吃，只有仿佛虚幻的自由陪伴。

这无疑让海顿陷入自我怀疑中，认为自己所掌握的知识仿佛什么用处都没有。这种怀疑加上极为现实的境遇，让海顿信心全无，他不得不踏上了一次朝圣之旅。

朝圣之旅的目的地，是距离维也纳一段距离的一个小村镇——玛丽亚采尔。在玛丽亚采尔，有一座外形独特的圣母教堂，这是天主教徒朝圣的场所。

被赶出大教堂的海顿，成了朝圣的一员。他带着几部自己创作的赞美诗，跋涉到玛丽亚采尔之后，就请求圣母教堂的合唱团考虑一下进行咏唱，可遭到了拒绝。

但海顿没有死心,虽然他变声之后无法再唱女高音,但嗓音的天赋依旧存在。为了能够让人听到自己的歌声,他打算悄悄收买一个唱女低音的小家伙,可小家伙害怕担责根本不敢交易。

情急之下,海顿在轮到小家伙唱歌的时候,把摆在小家伙面前的乐谱打翻了,然后凭借自己对乐谱的熟练掌握,取代小家伙,尽情发挥了一次自己变声之后的歌喉。

海顿的这次演唱，得到了教堂演唱团的认可和好评，并将此次歌唱募集到的一些钱捐给了海顿，这让海顿拥有了重回维也纳的路费。

这次朝圣之旅，让海顿重新找回了自信：自己需要继续在残忍的现实中挣扎，去寻找自己想要的自由。虽然前途坎坷，但他不再迷茫。

街头卖唱的流浪汉

完成朝圣之旅的海顿，虽然重拾了信心，但是现实的残忍依旧在提醒着海顿：你得先活下来，才能去寻找属于你的自由。

就在这样的背景下，海顿不得不开始靠打零工来维系基本的生活，而且经常依靠朋友的接济。

因为毫无社会生活经验，海顿只能一步步摸索着去尝试支撑起自己的生活。为了能够赚钱生活，海顿可谓完全挖掘了自己的潜力。

可以说，从被赶出唱诗班开始，海顿就成了一名标准的流浪汉：没有稳定的工作、没有固定的住所、没有稳妥的收入，什么都没有……

但是，海顿本身幽默、乐观、正直的性格，让他拥有了不少认可他的同行朋友。

就在海顿无家可归又贫困潦倒之际，他得到了同行约翰·米歇尔·施庞格勒提供的一间顶层陋室。房子虽然简陋，却解了海顿的燃眉之急。

这间看似普通的陋室，为海顿带来了一系列发展机会。在这间屋子居住的几年里，海顿认识和交往了一些人，这些人为海顿未来的发展提供了更加广阔的联系。

在这追逐自由的几年时间里，海顿最主要的两项生活来源就是授课和参加乐队演奏。而且，在夜晚来临时，海顿还会与音乐界的同行到街头卖唱。

可以说，这几年海顿忙得脚不沾地，为了生活，为了一年为数不多的报酬，他在维也纳郊区的慈善兄弟会担任小提琴手。

每个礼拜日和宗教节，海顿都需要早晨八点赶到慈善兄弟会拉琴，十点到当地伯爵家（这个伯爵就是女皇的政治顾问，估计是借助曾为女皇演唱的经历得到的机会）的小教堂演奏管风琴，十一点还需要到他的老东家——圣斯特凡大教堂演唱……

海顿还借助自己在唱诗班学到的东西，尝试给比他小的小家伙授课，这为后来"海顿老爹"的诞生提供了基础。

虽然海顿被这些琐碎的零工折腾得脚不沾地，但为了更好的生活，海顿乐此不疲。而且，即便这么忙碌，工作之余，海顿也一直在努力学习作曲，当然，只能在晚上进行。

这些零工为海顿接触和演奏乐器奠定了非常扎实的基础。同时，为了能够演奏自己创作的曲子，海顿还会在夜晚和朋友、同行参加街头演奏。

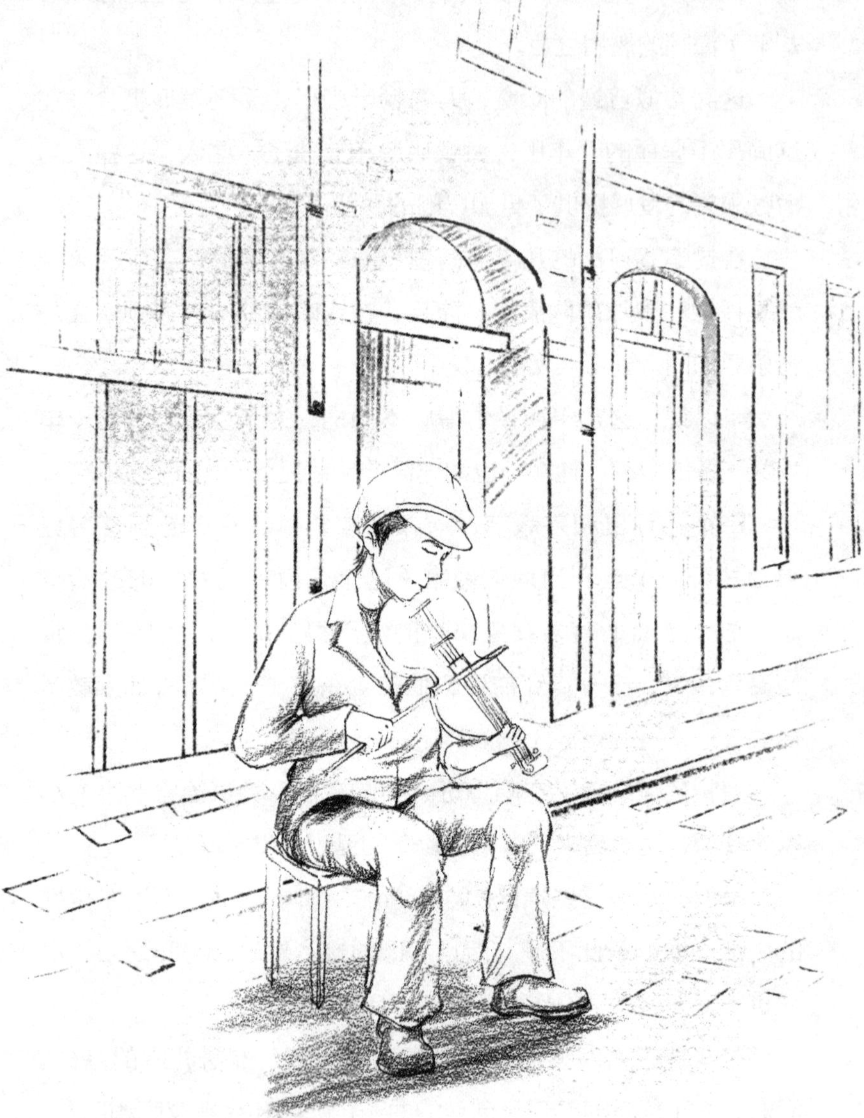

虽然当时海顿一直在努力创作，但毕竟缺乏正规且系统的基础学习，所以海顿极为缺乏音乐理论知识和作曲法功底。即使在这样的条件下，海顿也没有放弃，而是一直在努力创作，甚至为了能够参加街头演奏，时不时就会弄出点儿作品。

觅得良师

获得了久违却虚幻的自由的海顿，其真实状态是一个街头卖唱的流浪汉。

不过这个流浪汉一直在寻找机会，而机会则通常是留给准备充分的人的，海顿的准备就极为充分。他虽然忙于维系生活的各种零工，但同时会利用晚上的空闲时光，进行创作和学习。

很快，拼尽全力、不断努力的海顿赢得了属于他的绝佳机会。而这个机会，就是在他所居住的陋室获得的。

说到这个，就不得不提一下海顿居住的这间陋室。海顿住在顶层，而他的邻居可谓大咖云集。

其中，这栋楼房的一楼住着的是当时奥地利两位亲王的母亲——埃斯特哈齐的遗孀。请记住这个名字，这可是未来海顿服务长达三十年的最大的东家。

另外，这栋楼房的三楼，住着一位著名的意大利诗人和剧作家——彼得罗·特拉帕西（后改名为梅塔斯塔齐奥）。他是当时非常著名的宫廷诗人，他的很多剧作被改编为歌剧，一时风光无限。

除了上边这两家，这栋楼房里还住着一个大户——马丁内斯一家。马丁内斯家族富裕，其家主是教皇派到维也纳的大使。马丁内斯家的长女，就是后来奥地利著名女歌手、作曲家玛利亚娜·冯·马丁内斯，只是当时这个女孩还小，不足十岁。

之所以要将海顿居住的这栋楼中极具身份和地位的家庭阐述清楚，是因为海顿未来的发展都将与他们息息相关。

当时，梅塔斯塔齐奥是玛利亚娜的剧作老师，后来海顿能够成为玛利亚娜的钢琴老师，也离不开梅塔斯塔齐奥的引荐。甚至可以说，海顿最终能够成长为受人尊敬的"海顿老爹"，就和成为玛利亚娜的老师密切相关。

梅塔斯塔齐奥还有一个身份，那就是当时极具名气的作曲家和声乐教育家尼古拉·波尔波拉的学生。波尔波拉的学生不仅有剧作家梅塔斯塔齐奥，还有著名的阉伶歌手法里内利、卡法雷利，以及著名的作曲家约翰·阿道夫·哈塞及哈塞的妻子、著名的歌唱家法奥斯提娜·波尔多尼。

梅塔斯塔齐奥和海顿同住在一栋楼，自然逐渐了解到年轻海顿的能力和情况。于是，1752年，二十岁的海顿被梅塔斯塔齐奥介绍给了自己的老师——波尔波拉。

波尔波拉很欣赏海顿的才华，于是将其雇佣为自己的伴奏，虽然类似于一种师徒关系，但是以海顿当时的实力，最多属于波尔波拉的随从。

虽然仅仅是波尔波拉的随从，但是波尔波拉对海顿的才华很欣赏，因此这位作曲家和声乐教育家，并不吝啬于对海顿进行指点和教导。

同时，波尔波拉会带着这位年轻的随从出入一些豪门望族，从而为海顿之后的崛起打开了非常关键的通道。而这些豪门望族乃至一些音乐界名流，也感受到了海顿的才华，给予了海顿不少的鼓励和支持。

海顿依托随从的身份，不仅能够从波尔波拉那里得到指点和教导，而且波尔波拉的那些学生，同样是当时音乐界的名流，也能够给予海顿一些帮助。

就这样，仅仅是波尔波拉随从的海顿，开始不断被打磨，最终得以成为闪亮的金子，释放出属于自己的耀眼光芒。

潜心学习

在成为波尔波拉的随从之前，海顿经受了现实的残忍鞭打，但是他从未放弃过通过学习弥补自身短板的想法。

当海顿第一次作出八声部和十六声部乐曲时，洛伊特对他的评价并非没有任何用处。当海顿被赶出大教堂后，这份评价让他明白了自己欠缺的东西：基础的乐理知识。

所以，海顿成为街头卖唱的流浪汉后，也进入了所谓的自由职业音乐家阶段。此时，海顿通过不断地自学、创作、实践来弥补自己的短板。

即便那几年大部分的时间被各种各样的零工占据，海顿也不曾放松自己，而是一直在劲头十足地求学和自学。海顿十来岁就开始不断研读《艺术津梁》，这为海顿成为波尔波拉的随从奠定了基础。

也就是说，海顿之所以能够被梅塔斯塔齐奥介绍给自己的老师，又能够被波尔波拉认可，其孜孜不倦、劲头十足的求学和自学精神，是重要的敲门砖。

成为波尔波拉的随从之前，虽然海顿一直在孜孜不倦地进行创作，但是那些作品并不那么完美，究其根源，就是海顿并未系统学习过音乐理论和作曲法。

成为波尔波拉的随从之后，海顿正式承担了波尔波拉的内务工作，也就有了随波尔波拉旅行并跟随波尔波拉学习的机会。

海顿一边跟随在波尔波拉左右照顾他的生活起居，一边在波尔波拉授课的时候担任伴奏，同时跟随波尔波拉到贵族乃至皇室家中授课。

波尔波拉是一位极为优秀的声乐教育家，虽然有着非常随心所欲的教育方式，甚至时不时会对海顿拳打脚踢、一顿臭骂，但海顿的音乐理论短板在快速补齐。

在此过程中，海顿不但快速补齐了音乐理论短板，还跟随波尔波拉学会了很多作曲知识、作曲技法，更重要的是，学到了正统意大利歌剧的创作法，同时海顿的意大利语得到了快速提升。

此时的海顿宛如干瘪的海绵，快速从波尔波拉那里学到了自己最渴求的知识。与此同时，海顿依旧在孜孜不倦地研究《艺术津梁》，并借助补齐的音乐理论知识，彻底吸收了巴洛克时代的作曲精髓。

此外，海顿还挖掘出了一本好书，里边有卡尔·菲利普·埃马努埃尔·巴赫所创作的钢琴乐曲。这个作者可是极具音乐底蕴的，因为他父亲就是有着"西方音乐之父"美誉的约翰·塞巴斯蒂安·巴赫！

据说，当时海顿来到一家书店，提出自己想要买一本非常优秀的音乐理论方面的书籍，店长就把这本刚出版的书推荐给了他。海顿简单浏览后，觉得这就是自己想要的，直接掏钱购买后离开。

海顿之所以当下就购买这本书，是因为他从书中感受到了一种别样的东西：一般一首乐曲只能表达一种情绪，但这本书中的乐曲，能够在一首乐曲中表达出不同的情绪。

就这样，海顿借助波尔波拉，乘上了增强音乐底蕴的快车。他虽然受到了波尔波拉随心所欲的教学方式的"摧残"，但是一直痛并快乐着，原来学习知识的感觉这么爽！

第三章

羽翼渐丰

第一部歌剧

海顿师从波尔波拉后，自身的音乐理论短板得以补齐，并开始真正拥有自由创作的资本。原本稚嫩的海顿，羽翼渐丰，缓慢崛起。

就在海顿跟随波尔波拉不懈学习的过程中，他有幸认识了另一位贵人，也是继梅塔斯塔齐奥和波尔波拉之后，认识的第三位维也纳音乐界和戏剧界极为知名的人士——约瑟夫·菲利克斯·库尔茨。

库尔茨是维也纳人民剧院一位极具影响力也非常受人喜爱的戏剧演员，他凭借自己创作的滑稽剧中的角色，接替了维也纳人民剧院创始人的院长职位。

1752年，女皇特蕾莎颁布了一项关于剧院表演内容的条文，规定剧院演出的必须是高雅文学剧，而不能是滑稽剧，不能出现讽刺性角色，以及通过这种角色进行的舞台即兴表演。

不过，上有政策下有对策。奥地利的剧院并未完全杜绝滑稽剧的演出，而是对其中的讽刺性角色进行了调整。

库尔茨认识海顿之后，同样十分欣赏海顿的才华，并鼓励海顿创作了一部歌剧，这也是海顿的第一部歌剧——《诡诈的新恶魔》。

这部歌剧同样是一部滑稽剧，其中运用喜剧人物，对当时的一位影响力极大的剧院经纪人进行了辛辣的讽刺。该剧于1753年首演，并大获成功。

这部歌剧的成功和火爆，让海顿真正开始打出口碑，年仅二十一岁的海顿也由此走上属于自己的成名之路。

不过，《诡诈的新恶魔》是在女皇特蕾莎颁布条文第二年火爆起来的，而且反讽性强、涉及人员影响力大，所以没演几次就直接被迫停演了。

虽然这部歌剧被迫停演了，可海顿的名气还是打出去了，而且这部被迫停演的歌剧内容，如"新恶魔"的狡诈、欺骗、阴谋等，被多位音乐家提及和使用过。

不过可惜的是，海顿的第一部歌剧，不论是音乐还是其中的文字内容，都没有被保留下来，所以海顿的第一部成名歌剧，并没有流传下来。

授课之路

1749—1754 年,海顿为了生活一直在连轴转:1752 年之前,以街头卖唱的流浪汉身份,不断通过各种各样的零工获取生活费用;1752 年之后,他开始成为波尔波拉的随从。

整个五年,海顿涉猎了钢琴师、小提琴手、管风琴师、歌手、老师等多份工作,同时会在夜间不断尝试作曲。需要指出的是,海顿这时候所作的曲目,主要是为了满足特定的客观要求。例如,为了宫廷贵族的嗜好作曲,为了宗教仪式和活动需求作曲,为了上流社会人士的艺术鉴赏需求作曲,为了业余爱好者和求上门来的人作曲,等等。

最为值得称道的是,海顿还会为了学生练习需要作曲。海顿创作的第一部钢琴奏鸣曲,就以非常低的价格卖给了他所教授的学生。

海顿在这段时间所作的各种圆舞曲、小步舞曲等,大多是为了满足学生的练习需要。当然,这种创作,自由且目的明确,通常会在给定时间内完成。

海顿除了为满足特定要求创作作品,海顿也会尝试按照自己的思路和想法创作一些作品。据说,海顿为了街头音乐会,创作了一首五重奏。

海顿师从波尔波拉之后,作曲法逐渐完善,所以这之后创作的作品,才是更加成熟也更具魅力的作品。

1753年，海顿仍在做着各种与音乐相关的"零工"，他的音乐底蕴就在丰富多样的零工生活、紧锣密鼓的按需创作中，逐渐得到提升。而海顿这几年为了生计所从事的各项工作中，最影响海顿未来发展的，就是老师的身份。

1754年之前，海顿一直在零星地教授一些比他年龄小的学生，但是师从波尔波拉之前的海顿，音乐底蕴还较薄弱，远远达不到"师者"的水平。

而海顿师从波尔波拉之后，短短不足两年的时间，音乐理论短板就补齐了，而且创作能力、创作手法有了更大突破。因此，这之后的老师生涯，才算真正开启了向"海顿老爹"的蜕变。

1754年，海顿借助第一部歌剧和自身的才华，已经在维也纳音乐界小有名气。就在施庞格勒提供的这栋老房子里，海顿认识了前面提到的马丁内斯。

马丁内斯有一个极具音乐天赋的女儿——玛利亚娜·冯·马丁内斯，玛利亚娜当时年仅十岁，但已经开始接受梅塔斯塔齐奥的教育，同时师从波尔波拉学习声乐，在梅塔斯塔齐奥的牵线搭桥下，海顿成为玛利亚娜的钢琴老师。

其实，当时玛利亚娜的钢琴已经弹得非常不错，海顿成为她的钢琴老师只能算作锦上添花，但海顿依旧尽心尽力地教这个小家伙，最终玛利亚娜成为维也纳著名的歌唱家和作曲家，而且一直和海顿保持着联系。

海顿教授玛利亚娜钢琴，并不收取学费，而是搬到玛利亚娜家中居住，学费与房费相抵。也就是说，海顿成为玛利亚娜

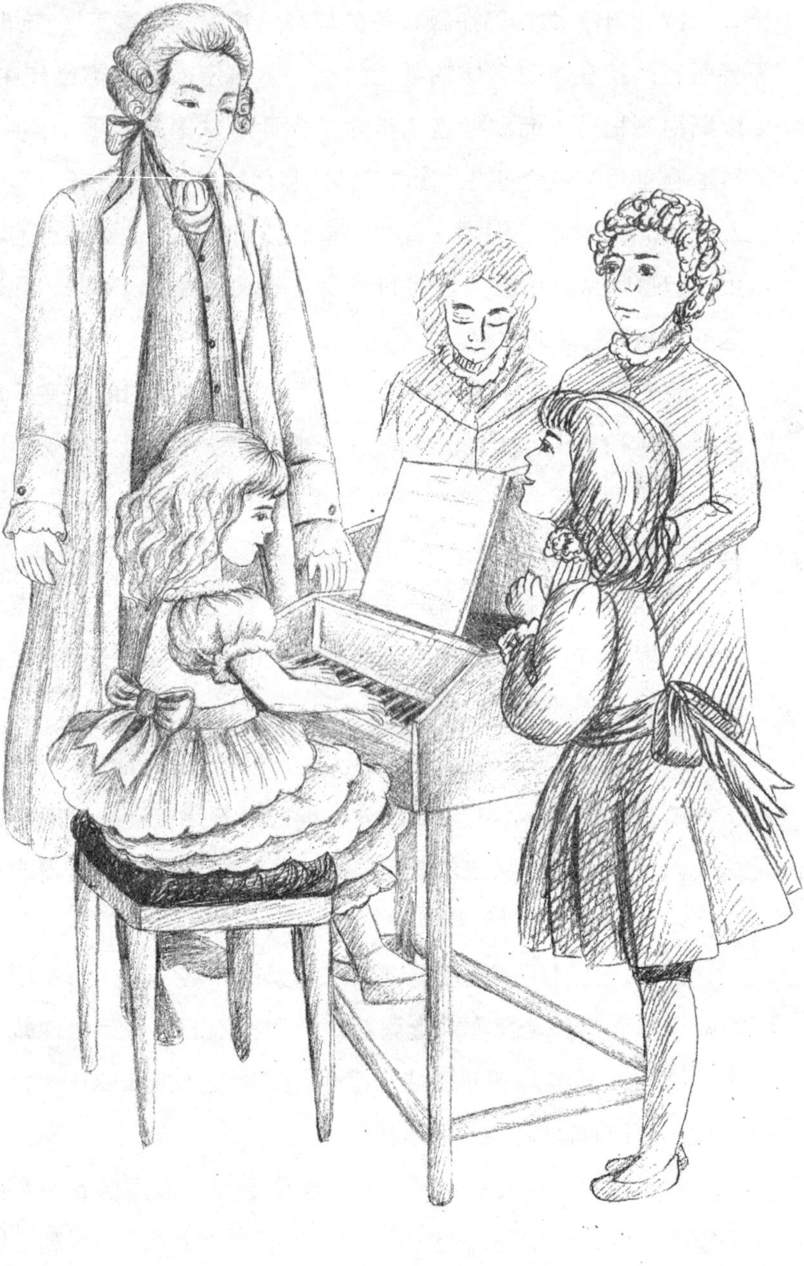

的老师，不收学费，但自己可以免费住在玛利亚娜家中，避免了流离失所的流浪生活。成为玛利亚娜的钢琴老师，也为海顿成为"海顿老爹"提供了依据。

从此时开始，海顿当老师的潜质开始凸显，他极为关怀青少年的音乐水平，而且质朴又诚恳、善良且厚道，幽默、乐观，任何人向他请教音乐方面的知识，他都会竭力指点。

估计，这和海顿从小就未接受良好且系统的音乐教育有关系。早在海顿成为唱诗班歌童之时，他就一直在努力自学；被赶出唱诗班之后，也只能依靠自己的天赋自学。所以，海顿在教授这些小家伙的时候，必然会想到自己艰难的求学之路，他的善良品质，在他逐渐成名之后，推动着他将质朴的性格融入为师生涯中。

恰恰是海顿的这种性格，最终造就了广为人知的"海顿老爹"。

● 弦乐四重奏

海顿成为玛利亚娜的钢琴老师，用不收学费换取了在玛利亚娜家免费居住的权利，这也让海顿能够更加静心地学习和创作。

同时，海顿的名气越来越大。这位才华横溢的年轻人，受到了卡尔·约瑟夫·冯·费恩贝格男爵的青睐。

1755年,费恩贝格男爵邀请已经小有名气的海顿来到离维也纳不远的维因齐尔宫殿。

费恩贝格男爵非常喜欢音乐,又恰好他的牧师、管家和哥哥都拥有演奏技能。当他熟识海顿之后,就经常邀请他们四个人到维因齐尔宫殿,欣赏四人的合奏。

正是在这个过程中,费恩贝格男爵发掘了海顿的创作天赋。于是,费恩贝格男爵鼓励海顿创作针对他们四人一起演奏的乐曲。就这样,海顿创作了他的第一部弦乐四重奏曲目。

虽然海顿创作的初衷,依旧如以前一般,是为了满足特定的客观需求,但这部弦乐四重奏乐曲的诞生,拥有突破性的作用。

日后,很多人将这部诞生于维因齐尔宫殿的乐曲,视为弦乐四重奏的诞生标志。

当时,整个欧洲的音乐以巴洛克时代的音乐形式为主,而其最突出的特征,就是乐曲以三重奏奏鸣曲为主要形式,即乐曲中有一个三声部的中部曲,需要四个人演奏,而且通常分为三个乐章。

1755—1757年,海顿从创作第一部弦乐四重奏开始,一直在不断创作。他创作的早期十部四重奏,被他自己称为嬉游曲,作为初创作品,不仅和当时盛行的巴洛克式三重奏有所不同,而且和完善后的交响乐也有很大区别。

这些四重奏共有五个乐章(交响乐为四个乐章),更类似街头音乐会上各种乐队创作的嬉游曲,中间乐章为如歌的慢板,以前后两个带三声中部的小步舞曲连接，首尾则分别是两个快板乐章，前后对称，极具娱乐特征。

不过海顿创作的四重奏，还体现出了乐章的不同性，其开端乐章通常最重要，连接的小步舞曲风格严谨且极为复杂，终曲乐章则通常带有很强的反讽性，整个乐曲没有形式规范约束，属于交响曲成型之前非常重要也极受关注的一类作品。

海顿创作的弦乐四重奏推动了乐曲形式的突破和创新，并引发了一系列非常强烈的反响。它虽然由巴洛克三重奏发展而成，但自成体系。这也使海顿的名气越来越大。

宫廷乐师的稳定生活

随着海顿名气的不断提升,依托费恩贝格男爵的引荐,1758年前后,海顿终于获得了一份稳定的工作。

1757年,海顿虽然刚刚二十五岁,但和比他小五岁的弟弟米歇尔相比,海顿在维也纳混得的确不尽如人意。

1757年,海顿的弟弟米歇尔二十岁,他离开了圣斯特凡大教堂的教堂乐队,并很快在当时的大主教那里觅得了一份教堂乐队指挥的职业。

而当时的海顿,虽然已经创作出不少独具创意的弦乐四重奏,但依旧没有稳定的收入,可想而知海顿承受着怎样的压力。

好在海顿的机会马上就来了,1758年前后,经费恩贝格男爵介绍,海顿认识了卡尔·约瑟夫·弗兰茨·冯·摩尔琴公爵。

摩尔琴是波希米亚的公爵,自身非常喜爱音乐,甚至供养着一批还没有结婚的年轻艺术大师。在认识海顿之后,他非常认可海顿的才能,将海顿雇佣到波希米亚的王府宫殿中担任宫廷乐师,并带领一个由十六位演奏者组成的乐队。

终于,挣扎、飘荡八年的海顿,在维也纳成功寻得了一份稳定的工作。他在公爵家中拥有了属于自己的房间,还有免费的三餐,同时拥有了更多可以自由支配的时间。

1758—1761年,海顿以宫廷乐师的身份,过上了出道以来最无忧无虑、最稳定的生活。在成为摩尔琴公爵的宫廷乐师之前，海顿的时间一直被各种零工占据。

最重要的是，那些零工虽然会给海顿带来一定收入，但吃饭、住房都需要额外花销，而成为宫廷乐师之后，摩尔琴公爵是以年薪的方式进行薪酬结算，而且作为宫廷乐师可以获得免费住宿，也能够享受官员用餐配给，海顿可谓真正过上了好日子。

《第一交响曲》

海顿入住摩尔琴公爵家后，先是担任乐队的宫廷乐师，后来又在1759年被正式委任为摩尔琴公爵的音乐总监。

作为音乐总监，海顿自然需要承担起为乐队进行谱曲的责任。为了感谢摩尔琴公爵为自己提供免费食宿，确保了自己衣食无忧，海顿开始尽心尽力地创作乐队演奏的乐曲。

虽然在海顿眼中，这种创作依旧属于满足客观需求的范畴，并非完全的自由创作，但是善良又懂得感恩的海顿并未简单应付。

就这样，海顿的《第一交响曲》诞生了。海顿在摩尔琴公爵家任职的短短两年时间里，连续为乐队创作了多达11首交响曲。

每年的冬天，海顿都会带着乐队，跟着公爵到维也纳进行表演，乐队也很快成了维也纳非常著名的宫廷乐队。

海顿的《第一交响曲》已经显现出一种与新特征结合的特点，海顿因此成为奥地利音乐从巴洛克时期向古典主义时期过渡的重要推手之一，也成为维也纳古典乐派的奠基人，更被称为"交响曲之父"。

虽然海顿被称为"交响曲之父"，但任何事物的发展都不是一蹴而就的，交响曲也是如此。交响曲并非海顿发明的，而是在海顿之前很长一段时间，交响曲就已经在逐渐发展，只是海顿对交响曲的成型和发扬光大贡献极大，推动了交响曲的快速成长，因此才有了此称号。

交响曲的起源应该是古典奏鸣曲和序曲。早在巴洛克时期，很多乐曲作品就已经有了交响曲的影子。到了17世纪末18世纪初，音乐开始从巴洛克时期向古典主义时期过渡，交响曲的概念也开始清晰并被明确提出。

交响曲的本质含义，是"一起发出声音"。巴洛克时期的亨德尔和巴赫创作的很多作品，其实可视为交响曲的雏形。而之所以不将巴洛克时期的作品纳入交响曲范畴，主要是因为那时期的作品，在结构上还不太符合交响曲的规范。

18世纪初期，开始进入古典主义时期。在前代音乐界大咖不断探索和创新的基础上，交响曲的结构慢慢得以完善。

但海顿创作的《第一交响曲》，并非严格意义上的第一首交响曲。也就是说，交响曲并非海顿开创，但是海顿创作的交响曲是交响曲的结构真正趋于完善的代表。

同时，海顿自从创作出《第一交响曲》之后，一直在不停地进行创作，而且他所创作的交响曲对后人产生了极为深远的影响，可谓推动交响曲结构大成，并成为影响至深的古典曲式结构的开端。

在创作《第一交响曲》之前，海顿也创作过不同结构的交响曲，但直到这部作品，海顿才大体规范了交响曲的结构。

交响曲由四个乐章组成，具体的结构和顺序并不太严格，只是后来成熟后发展为第一乐章为快板、第二乐章为慢板、第三乐章为小步舞曲、第四乐章为快板的标准结构。

虽然海顿的《第一交响曲》并非严格意义上的交响曲，但是为海顿后来创作上百部交响曲埋下了丰实的种子。

海顿在担任宫廷乐师期间创作的交响曲，不仅推动了他名气的继续提升，也为他后来获得稳定的工作奠定了基础。

令人痛苦的婚姻

海顿被摩尔琴公爵认可，并成为摩尔琴公爵乐队的宫廷乐师，其实还有一个很重要的原因，就是摩尔琴公爵喜欢雇佣没有结婚的单身音乐艺术家。

1759年，海顿已经二十七岁，在当时的奥地利已经算是大龄男单身了。其实早在几年前，海顿尚未成为摩尔琴公爵的宫廷乐师时，作为音乐教师，他教授过一个令他心动的女孩。

那个女孩是维也纳一名叫约翰尼·彼得·凯勒的假发匠的小女儿，名为约瑟芙·特蕾莎·凯勒，虽然凯勒家在维也纳属于平民阶层，但是当时的维也纳盛行音乐艺术盛行，为了赶时髦，凯勒就将自己的小女儿送出去，让她学习弹钢琴。

通常，钢琴课的授课方式是一对一上课，即一名老师面对一名学生。此时的海顿二十来岁，特蕾莎应该比海顿小几岁，海顿在教授特蕾莎的时候不知不觉被她迷住。

不过，海顿的情感好像并没有得到回馈，具体的原因也不得而知，也许是特蕾莎没有喜欢上海顿，或者是有些其他的隐情，反正两人没成。

如果两人仅是没成为恋人，可能就不会有海顿后来失败的婚姻。特蕾莎没有接受海顿的情感，更让人没想到的是，1756年，特蕾莎竟然进入修道院。

在当时的奥地利，修道院有非常严格的规定，进入修道院的修女必须发誓保持纯洁，也就是进修道院就不能结婚，要想结婚就必须马上离开修道院。

可以说，特蕾莎进入修道院的做法，不仅是海顿失恋的表现，而且有些打海顿的脸，毕竟当时海顿已经是一位小有名气的音乐艺术家，两人的情感无法延续，大不了分手，可直接进修道院就有些太伤海顿自尊了。

或许海顿被特蕾莎的做法刺激到了，失恋之后的海顿，愈加勤奋，名气渐盛，受到了摩尔琴公爵的青睐，成为宫廷乐师。

后来也不知道为什么，也许海顿是为了报复特蕾莎，或许海顿想快点结婚，更或者是凯勒的缘故（好像是同意了海顿对特蕾莎的爱情，可特蕾莎直接进了修道院。为了弥补海顿，凯勒提出可以把特蕾莎的姐姐嫁给海顿），海顿最终同意了和特蕾莎的姐姐结婚。

海顿和玛丽亚·安娜在1760年签下婚约，当时海顿二十八岁，玛丽亚·安娜则大海顿两岁，已经三十岁。同年，两人步入婚姻的殿堂。

1760年左右，海顿的确已经名声大噪，可说实话，海顿这位从小村庄走出来的音乐艺术家，并没有英俊的外貌，甚至外貌可能给他拉低了不少分数。

那些记载海顿外貌的文献，均说明了海顿虽然身材匀称，但个子矮小，只能算中等以下的身高，皮肤也较黑，脸上还留存着小时候得天花后留下的坑洼疤痕，另外海顿还有一个硕大的、带有息肉的鹰钩鼻子。

也就是说，虽然海顿才华横溢，性格善良幽默且态度和蔼，但完全属于一个内秀的人，并不属于外貌出众的人。

不管是出于何种心态，海顿同意了和凯勒的大女儿结婚，而这也成了海顿一生的痛。

玛丽亚·安娜虽然算不上漂亮的美人，但长相端庄，而且相较于海顿中等以下的身高和匀称的身材，玛丽亚·安娜的体魄显得非常强壮。

海顿和玛丽亚·安娜结婚，并没有让摩尔琴公爵知晓，他们简单地度过了一个还算幸福的蜜月旅行。可是真正到了平淡过日子的时候，两人的"门不当户不对"就显现出来了，导致海顿不得不承受了数十年的痛苦婚姻。

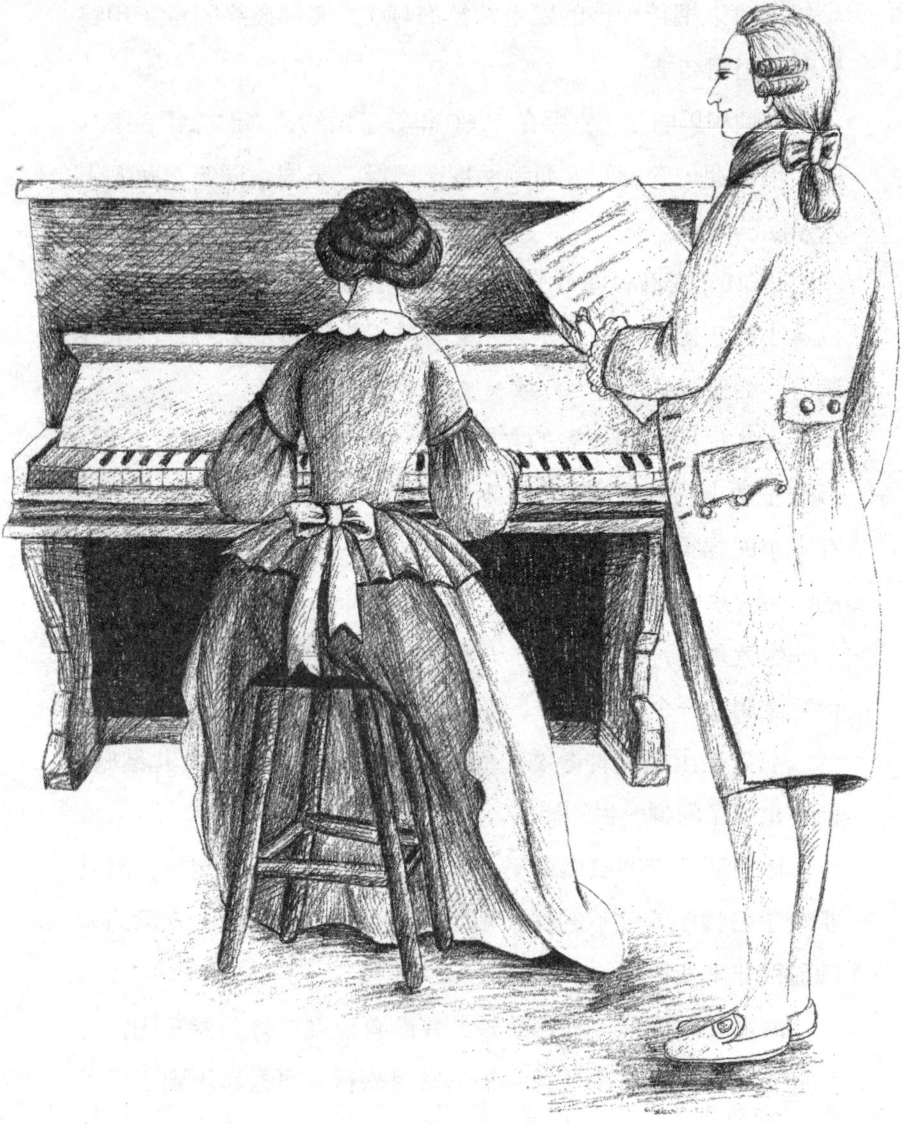

与其说两人"门不当户不对"的最根本源头是玛丽亚·安娜根本不喜欢艺术，更不懂艺术，与当时维也纳的艺术环境相比较，玛丽亚·安娜就仿佛一个头脑固执且顽固不化的低素质妇女。

在玛丽亚·安娜的眼中，海顿的音乐艺术家身份什么都不是，他只是为家庭提供生活费用的工具而已。她对艺术的丝毫不懂，导致她的行事完全无法入人眼。

比如，玛丽亚·安娜根本就不理解海顿的工作，甚至会用海顿耗费大量心血创作出来的乐谱手稿，去卷头发、包糖果、做垫纸、做点心盒等。也就是说，她根本不会考虑手稿的内容，而是把这些手稿当作普通的纸。

又如，虽然玛丽亚·安娜和海顿都是虔诚的天主教教徒，但是，海顿的虔诚主要体现在无法突破天主教教义的约束，向妻子提出离婚；而玛丽亚·安娜的虔诚体现在两人结婚之后，海顿刚刚拥有较为稳定的收入，两人的生活还不算富裕，而玛丽亚·安娜从来不操心收入，见钱就花，并时常请神职人员来家中祈福、做弥撒，还会大手大脚地将钱花在款待牧师的午餐、晚餐、夜宵上。

海顿本是一个需要安静环境创作乐曲的音乐艺术家，可妻子时不时请牧师来家中做客，让海顿根本得不到一个安静的环境。而且玛丽亚·安娜时不时会向神职人员捐助，且捐助金额时常会超出自己的经济水平，海顿不得不精心藏匿自己好不容易挣来的钱。

玛丽亚·安娜花钱大手大脚，同时又体魄强健，因此当海顿无法支持她的花销时，就免不得会受到她霸道又凶蛮的对待，这无疑让海顿极为痛苦。

就在这样的痛苦中，海顿一直受制于天主教教义的约束，加上他善良、正直和超高容忍度的作风，让他无法下定决心离婚，只得艰难地维系着两人早已感情破裂的婚姻。

海顿这场被失恋冲昏头脑导致的失败婚姻，让他极为煎熬。好在，海顿还有音乐，而玛丽亚·安娜也有海顿用音乐挣来的钱。

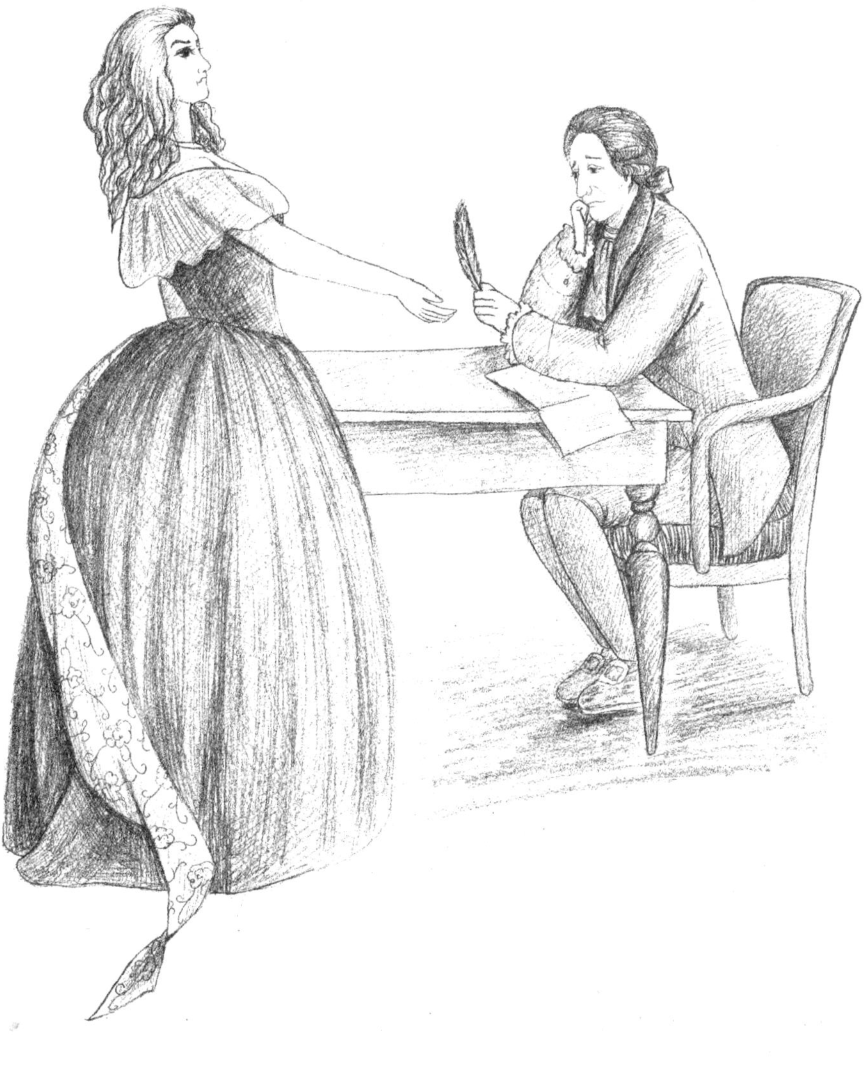

第四章

宫廷乐师生涯

受雇于人的无奈

1760年,海顿在自己的东家摩尔琴公爵毫不知情的情况下,进入婚姻殿堂,同时走进了失败婚姻的坟墓。

摩尔琴公爵供养的乐队,大多数人是单身未婚的年轻人,这种习惯持续很久之后,自然也就有所松懈,以至于海顿结婚一年了,摩尔琴公爵依旧未发现。

不过,摩尔琴公爵一直在大肆挥霍自己的财产,导致他的经济状况出现了巨大问题,不得不精减自己的花销,他供养的乐队被他解散了。

海顿所在的乐队被解散,结束了本来稳定的宫廷乐师生活。不过此时的海顿名气盛大,所以没过几天,就得到了一份更加稳定的工作。

1761年,海顿从摩尔琴公爵家中的乐队退出,很快就成为埃斯特哈齐家族乐队的副乐长。

海顿之所以能够和当时奥地利最具盛名和势力的埃斯特哈齐公爵家族搭上线,一方面是因为海顿在施庞格勒的房子居住时，有幸认识了当时的埃斯特哈齐的遗孀；另一方面是因为海顿在摩尔琴公爵乐队中创作的《第一交响曲》曾被埃斯特哈齐公爵听到过。埃斯特哈齐公爵对海顿极为赞赏，希望摩尔琴公爵能够将海顿转雇给他，恰好当时摩尔琴公爵经济状况不佳，所以自然不会驳公爵的面子。

埃斯特哈齐公爵对海顿的雇用时间，应该是在1761年初，但是当时埃斯特哈齐公爵忘了立马签服务协议，所以拖了一段时间，最终海顿正式为埃斯特哈齐公爵服务的时间，定为1761年5月1日。

16世纪时，埃斯特哈齐家族还是一个微不足道的小家族，但是经过百余年的发展，18世纪时，埃斯特哈齐家族已经成为奥地利最富贵的家族。

海顿之所以能够成为埃斯特哈齐家族乐队的副乐长，和当时埃斯特哈齐家族的鲍勃·安东·埃斯特哈齐公爵密切相关。鲍勃·安东是一位十分喜爱音乐的公爵，会演奏小提琴、长笛等。

鲍勃·安东在1750年左右被皇帝派往那不勒斯，在那里，他对意大利歌剧产生了极为浓厚的兴趣，当他回到奥地利之后，就开始在艾森斯塔特宫殿兴建属于自己的音乐舞台。

1755年，艾森斯塔特宫殿开始上演各种意大利歌剧，埃斯特哈齐家族的乐队自然也开始快速发展。1761年，鲍勃·安东招募了很多知名音乐家，并为乐队指挥配备了一名副乐长，也就是本书的主人公海顿。

走近大音乐家

从 1761 年开始，海顿开始了长达三十年的宫廷乐师服务生涯，因为主要在艾森斯塔特宫殿工作，所以海顿搬离了维也纳，住进了与世隔绝的豪华宫殿。

虽然说起来海顿是乐队的副乐长，看似身份地位极高，但这仅仅是表象，以当时埃斯特哈齐家族的权势范围来看，海顿其实就是一名音乐仆役而已。

这名音乐仆役虽然薪酬较高，生活无忧，还管理着自己的乐队成员，但毕竟是受雇于人，作为乐队副乐长，任务非常繁

重,囊括了多个截然不同的领域。同时,作为副乐长,海顿还需要遵循极为苛刻的行为举止规定。

海顿受雇于人的无奈与辛酸,完全可以从海顿与埃斯特哈齐公爵签订的服务协议内容看出。

其一,海顿是副乐长。他有一位顶头上司——服务于埃斯特哈齐家族二十多年的乐长格里戈里乌斯·维尔纳,虽然维尔纳年事已高,甚至很多属于他自己的工作已经无法完成,但是乐长的职务还保留着(仅负责宗教音乐),海顿不仅需要完成除宗教音乐外的与音乐相关的事务,还需要听从维尔纳的指挥。

其二,海顿作为宫廷乐队副乐长,既属于音乐仆役,也属于官员,所以行为举止需要有官员的样子,不能蛮横无理,需要礼让、温和、谦逊、诚实……所有乐队成员,包括海顿,表演时需要统一着装。

其三,海顿要给其他乐队成员做好表率,而且要避免和他人有亲近的接触。

其四,海顿作为副乐长,需要按照亲王的需求作曲,且新曲不能传给别人,还不能让他人抄袭,未经批准不能给别人作曲。也就是说,海顿的作品,埃斯特哈齐家族享有独家版权。

其五,海顿作为副乐长,还得担任乐队的人事领导,监督整个乐队成员的纪律,调解成员之间的纠纷。

从这些协议内容就可以看出,海顿成为音乐仆役之后,尽管生活有很大起色,但海顿根本不自由,只能根据亲王的需求进行创作（当然，海顿还是会偷偷创作自己的作品），而且还得管理一大摊子事。

也许，这就是海顿受雇于人的无奈吧。但是海顿又无法逃离这样的生活，毕竟他离开唱诗班之后，所拥有的那短暂的自由，被残忍的现实撕扯得支离破碎。

● 豪华宫殿中的孤独天才

从1761年开始，海顿成为埃斯特哈齐家族乐队的副乐长后，年薪足足比在摩尔琴公爵那里提高了一倍，而且薪水在一直上涨。但是，海顿所有的创作都要以亲王的需求为主。

也就是说，海顿每天用餐之后，都需要恭候在宫殿的客厅，等待他的主人对当天乐队音乐活动的指示，而且着装须得体，行为举止须符合宫廷贵族的身份（但明显海顿不是贵族，只是仆役）；音乐创作方面，也得按照主人的要求准时完成，而且海顿还得监督乐队成员的各种纪律问题。

可以说，海顿成为副乐长之后变得更忙碌了。这位年仅二十九岁的年轻人，不得不在豪华的宫殿中过着完全不属于自己的生活。

成为副乐长的第一年，海顿就创作了一大批乐曲，当然，是依据亲王的需求所作。他不但为乐队谱写了协奏曲，而且为亲王写了三部交响曲，即《早晨》《中午》《黄昏》三部交响曲。值得一提的是，这几首交响曲的结构形式介于传统交响曲和大协奏曲之间，里面还有一定的乐器独奏篇章，能够有效给予拥有才华的乐队成员独奏的机会。这也是海顿精湛的作曲技巧的表现。

仅仅一年的时间，海顿卓越的才华就被亲王极为看重，这为海顿未来的事业发展打下了坚实的基础。本来在海顿被雇用后，鲍勃·安东还在兴建一座用于歌剧演出的新剧场，可还没等新剧场建设完成，鲍勃·安东就因病猝然离世了。

鲍勃·安东猝死之后，海顿的副乐长身份并未发生变化。因为鲍勃·安东没有儿子，所以由鲍勃·安东的弟弟，也就是尼古拉斯·埃斯特哈齐公爵（也称尼古拉斯一世）继位。

尼古拉斯更是一位音乐迷，他对音乐的喜爱程度超出了鲍勃·安东，所以从尼古拉斯继位之后的近三十年里，他成了海顿最大的保护人和雇主。

而且尼古拉斯亲王非常慷慨，不论是海顿创作出优秀的作品，还是乐队表演得到好评，都能够得到尼古拉斯亲王的金钱奖赏，这无疑极大地刺激了海顿的创作。

海顿最开始和埃斯特哈齐公爵签约时，年薪为400盾，是他为摩尔琴公爵服务时的两倍。尼古拉斯公爵继位后，海顿的年薪立马提升到了600盾，后又提高到了782盾，最高到1000盾。同时，尼古拉斯亲王还会时不时给予海顿赏金、捐助等。

说实话，在海顿服务埃斯特哈齐家族时，海顿的经济状况已经非常不错。1766年，海顿就在艾森斯塔特宫殿附近购买了带有土地的房子。

不过，尼古拉斯作为音乐爱好者有极大的局限性，他根本无法挖掘海顿无尽的才华。因此，海顿在作为音乐仆役的三十年里，在音乐艺术方面的发展确确实实受到了影响。

海顿作为乐队的二把手，拥有非常多的创作机会，而且在慷慨的尼古拉斯亲王的支持下，海顿还有很多试错的机会，创作的乐曲能够在满足亲王需求的基础上，不断进行改进和创新。

但是，尼古拉斯亲王也让海顿受困于他所在的豪华宫殿，同时受到签约协议的掣肘，海顿不能与音乐界的其他人进行亲密沟通和交流，宛如一个被困于宫殿之中的孤独天才，过着与世隔绝的日子。

但也正是这种与世隔绝，让海顿能够免于外界的迷惑和侵扰，更好地进行沉淀和增强底蕴。就如海顿自己所说，在这样一个与世隔绝的宫殿中，他必须做到足够优秀。

● 繁忙职务 = 充实快乐

海顿在成为音乐仆役的前几年，将大部分时间和精力用在了创作宴席音乐作品和两周一次的音乐会作品上，即使亲王在此过程中外出远足，海顿的创作依旧非常频繁。

海顿在副乐长的位置上，承担着极为繁忙且烦琐的职务，而这也让海顿的整个生活变得更加充实。虽然海顿是一个身陷豪华宫殿的孤独天才，而且需要遵守协议上的各种规范，但是海顿天生的幽默和乐观精神，让他的生活在充实之余充满了快乐。

1765年，海顿遭遇了一件因为才华过分显露而被诋毁的事，这也让海顿遭受了一生中唯一一次亲王的惩戒。

前面提到过，海顿这位副乐长需要承担很多本该是乐长的工作，相当于海顿完全盖过了只有乐长岗位头衔的维尔纳。

海顿作为副乐长，承担了除宗教音乐之外的所有音乐事务，可谓真正意义上的独揽大权。这无疑让乐长非常不爽。

于是，在亲王外出的某个时间，维尔纳决定写信状告海顿。这份告状信上明确罗列了海顿的失职行为，包括作品丢失、歌手错过演出等。

恰巧的是，当时海顿因为一位乐师的待遇问题，和尼古拉斯亲王的代理人发生过争执。

亲王的代理人和乐长合起伙告了海顿一状，这其实无可厚非，毕竟海顿的这些失职行为可能是存在的。从亲王的角度来看，这种事其实可大可小，毕竟海顿的行为并未影响到亲王的乐队发展。

有趣的是，尼古拉斯亲王的反馈非常特别，他的确对海顿有所惩戒，可具体的惩戒方式非常独特：海顿必须比以前更勤勉地创作乐曲，而且必须创作更多的维奥尔琴曲。

也就是说，尼古拉斯亲王对海顿的惩戒是给海顿安排更多的创作工作。之所以让海顿创作更多的维奥尔琴曲，是因为亲王自己极为喜爱这种音色温柔的乐器。

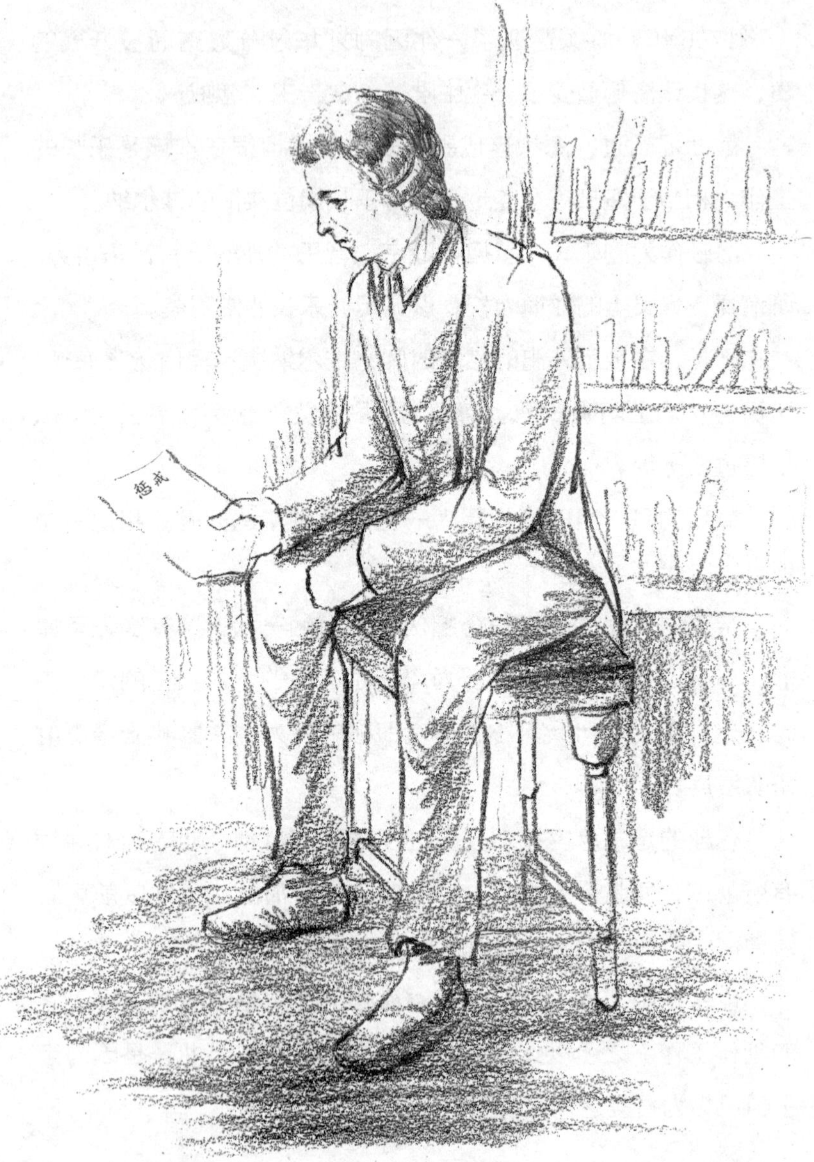
惩戒

相较于其他乐器，维奥尔琴根本就没有大范围流行过，海顿和尼古拉斯亲王算是这个乐器的忠实粉丝。

海顿接到尼古拉斯亲王的惩戒后，自然需要通过自己的努力让亲王看到自己的忙碌，于是1765年之后的十年，海顿洋洋洒洒创作了上百首维奥尔琴和中提琴、大提琴协奏的三重奏乐曲，还有很多首维奥尔琴的独奏曲，以及一些维奥尔琴和其他乐器的二重奏曲。

为了避免让他人继续诟病自己占着副乐长之位，却不好好努力干活，海顿还在1765年亲自制定了一套所创作品的主题目录，不仅涉及已经创作完成的作品，还涉及他构思的创作方向和作品主题。

这套主题目录，一直记录到了1777年。最开始的记录极为清晰明了，分类也非常明确，包括交响曲、协奏曲、维奥尔琴曲、弦乐三重奏、宗教乐曲、世俗乐曲、小步舞曲、歌剧等，分类可谓非常繁杂多样，内容也极为充实，充分表明了海顿极高的创作频率，也变相展现了海顿的反击：作为副乐长（后来变成乐长），创作的作品也极为丰富……而且，之后的一段时间里，海顿创作的乐曲越来越多，甚至这个主题目录都没地方书写分类了，所以海顿并未继续进行详细分类。

虽然如今留存下来的海顿作品的主题构思目录，是后来海顿重新制作的第二个目录，但这个目录上的很多内容，是从第一个目录上整理过来的。

海顿在服务尼古拉斯亲王乐队的时间里，根据亲王的需求，创作了非常多的作品，非常充实的创作经历，也算是枯燥的宫廷生活中少有的快乐。

● 宫廷生活的决定性转折

1766年开始，海顿的宫廷生活出现了一次决定性的转折，这主要源于两件极具决定性意义的事件。

一直看不惯海顿才华的乐长维尔纳在1766年病逝了，结束了他在埃斯特哈齐家族长达三十年的服务。而海顿作为乐队的二把手，自然得到扶正。1766年，海顿正式成为亲王宫廷乐队的乐长，这也意味着海顿需要将宗教音乐创作的重任扛起来。当然，这对于海顿而言并不困难，毕竟他曾经受过良好的宗教音乐熏陶。

另一件则是尼古拉斯亲王在匈牙利境内新建了一座宫殿，名为埃斯特哈萨。1766年，埃斯特哈萨的一期工程竣工，尼古拉斯亲王将宫廷完全转移到了埃斯特哈萨，此处成了新的宫廷和艺术中心。尼古拉斯亲王开始在埃斯特哈萨常驻，仅会在冬季到艾森斯塔特居住几个月，海顿作为其宫廷乐队的乐长，自然也需要随着主人转移，所以海顿也搬到了埃斯特哈萨。

这两件事给海顿的宫廷生活带来了决定性的转折：原本在艾森斯塔特的孤立式创作状态，延续到了埃斯特哈萨，而且显得更加孤立、更加封闭。

虽然在艾森斯塔特宫殿时孤立,但是依旧在奥地利境内,而埃斯特哈萨位于匈牙利,海顿几乎没法和任何熟人联系。

海顿自搬迁到埃斯特哈萨后,除负责亲王需要的各种音乐表演和艺术实践之外,可以说完全与外界的音乐发展隔绝开来。而且按照与亲王家族签订的协议,海顿不能和乐队的乐师过分亲近。

这就造成海顿宛如一座孤岛,只能独自进行乐曲创作。加之海顿那失败的婚姻,导致他根本无法在家庭中获得足够的情感支撑。于是,1766年之后,海顿将他的情感不断倾注于他创作的作品。

在这样的环境和背景下,海顿进入空前绝后的音乐创作巅峰期,而且该创作巅峰期从1767年持续到了1772年。这段时间,因为没有任何人的打扰,海顿又荣升乐长,所以拥有足够的机会进行创新和试验,这也让海顿在此期间创作的作品极具独创性。

在创作巅峰期,海顿的作品可谓遍地开花,音乐风格也极具多样化,海顿的古典主义风格开始融入这些作品。

1767—1772年,海顿创作的作品涵盖多种类型,其中有六种(宗教乐曲、歌剧、交响曲、维奥尔琴乐曲、弦乐四重奏、钢琴奏鸣曲)完美融合了古典主义特色。

宗教乐曲是海顿停止创作五年之后重新开始的,而且海顿本就擅长宗教乐曲的创作。所以在此阶段,海顿完全是怀着一种愉悦的心情进行宗教乐曲创作的。短短四五年时间,海顿就创作了多部经典的弥撒曲。

从 1766 年开始，多部歌剧佳作也出自海顿之手。当然，此时海顿创作的歌剧并未形成自己的独特风格，但依旧是当时歌剧中的优秀作品。

此阶段海顿创作的交响曲，在风格上非常多样化，体现出了强烈的独创性。这些交响曲呈现出了非常明显的情感特征，也拥有更加丰富的音乐艺术效果。

海顿之所以被称为"交响曲之父",除了在于他创作的《第一交响曲》拥有非常显著的交响曲新特征,还在于他在1767—1772年创作的交响曲。虽然这些作品是海顿在几乎与世隔绝的情况下创作完成的,但是恰好应和了当时欧洲戏剧文学界出现的浪漫主义早期运动,也被称为狂飙突进运动。

奥地利音乐界受到戏剧文学界浪漫主义运动的影响,掀起了一股浪漫主义音乐浪潮。而海顿的交响曲极富情感,因此这一阶段海顿创作的交响曲,也被称为狂飙交响曲;而这些交响曲具备的特征,也被称为"浪漫危机"。

海顿的音乐作品开始融入丰富的情感,乐曲的结构和风格也得到完善,这与海顿不断修改、完善创作过程息息相关。同时,海顿在经历了数年的创作巅峰之后,很快就意识到,自己的创作速度需要慢下来,以便进行沉淀。这也决定了海顿的未来发展之路更加顺畅。

"海顿老爹"诞生记

海顿成为乐长之后,职务方面再未发生太大变化,而且海顿作为乐长的协议,和做副乐长时相差无几。

也就是说,海顿即使成为乐长,还是需要担起原有的责任,而其中有一项责任,就促成了"海顿老爹"的诞生。

在协议中有一项教学义务,即海顿需要在服务期间给歌手上课,还需要将一些器乐经验传授给乐队成员。

其实海顿在被赶出唱诗班、获得短暂自由的那几年所做的各种各样的零工中,就有教师这个行当,而且海顿骨子里的善良,让他非常乐意去教授学生。

成为乐长之后,虽然签署的协议中并未规定海顿需要向乐队成员教授作曲经验,但海顿依旧对乐队成员关心备至,甚至潜移默化地传授他们作曲的相关知识。

从海顿成为乐长开始,"海顿老爹"的爱称就开始出现。虽然海顿身为乐长,甚至属于宫廷的官员,但是海顿本就是平民出身,又极富幽默和乐观的性格,所以从来不会端架子,对乐队的成员都非常好。而这,正是海顿逐渐向"海顿老爹"的过渡,整个过程也是"海顿老爹"的诞生过程。也就是说,"海顿老爹"的称号,和海顿自身的性格、行为准则息息相关。

真正让海顿绑定"海顿老爹"的称号,源于海顿在埃斯特哈萨宫殿流传的一段轶事。

从1766年开始,尼古拉斯亲王将宫廷重心转移到了埃斯特哈萨宫殿。作为亲王雇用的乐师自然也需要跟随。可这里就有一个巨大的矛盾,就是这群乐师绝大多数是奥地利人。

艾森斯塔特宫殿虽然离维也纳有一段距离,但至少还在奥地利。但是埃斯特哈萨位于匈牙利,而且仅有海顿和少数几个乐师能够将家人接到新宫殿,多数乐师只能将自己的家人留在艾森斯塔特。

当然,尼古拉斯亲王在埃斯特哈萨逗留的时间会受到外出旅游和一些活动的影响。有时候尼古拉斯亲王并不会在埃斯特哈萨逗留太长时间，这也使得海顿带领的乐队成员有返回艾森斯塔特与家人聚首的机会。

1772年，尼古拉斯亲王竟然一反日常规矩，在埃斯特哈萨一连逗留了好几个星期，这可把乐队成员郁闷坏了。

毕竟亲王在宫廷逗留，他们作为音乐仆役，就必须随时响应，以便时刻满足亲王的音乐需求。这批乐队成员实在忍受不了与家人的长久分离，于是，纷纷找到海顿，渴望海顿能够为他们出谋划策。

海顿虽然婚姻生活并不幸福，一直忍受着自己冲动之下造就的失败婚姻，但是海顿天生的善良让他对乐队成员的渴求非常同情。

于是，海顿作为"老爹"的那根弦被触动了，他决定想个好方法帮帮这些乐队成员。可海顿虽然身为宫廷乐长，但是依旧受到协议的制约，又不能直接向亲王提出要求。

该怎么办呢？海顿灵机一动，想到了一个神奇的方法——创作一首特殊的交响曲。创作新乐曲，是海顿的权利和义务，而且此时的海顿，已经拥有足够的实力将自身的情感融入作品之中。

于是，海顿决定用音乐作为暗示，让对音乐有足够喜爱和了解的尼古拉斯亲王，自己感受包含在乐曲中的情感和渴求。

海顿创作的这首交响曲，共有四个乐章，前三个乐章其实与其他交响曲差别不大，如第一乐章是快板，能够快速吸引听众的兴趣；第二乐章则是宁静又温和的慢板，能够让人感觉到舒心惬意；第三乐章则是小步舞曲，显得明亮轻快，可以让人感觉到清新如意。

这首交响曲的重点和独特之处在第四乐章。新交响曲创作完成后，尼古拉斯亲王就和家族成员，以及邀请的各方好友，在埃斯特哈萨宫殿进行了聆听和欣赏。

前三个乐章让亲王和众多聆听者沉浸其中，但进入第四乐章的终章后，本来应该是快板的乐章，出现了非常独特的变化，而且演奏过程也越发奇怪。

亲王和聆听者在最初的快板节奏中听到了些许黯淡的情绪，而随着乐章的推进，整个乐曲终章的节奏和速度开始变得越发平缓，之后，逐渐有乐师吹熄身边的蜡烛，然后拿着乐器默默退场。

随着吹熄的蜡烛逐渐增多，退场的乐师逐渐增加，终章音乐的声部变得越发寥落，乐曲织体也变得越发稀薄，但是，负责弦乐声部的乐手依旧在演奏。

直到最后，负责弦乐声部的乐手也陆续吹熄蜡烛，并退场，最后退场的是两位小提琴手，他们随着乐章的最后一个音符奏完，也吹熄了蜡烛，并默默退场。整个乐队都退场了，乐曲结束了，台上也变得黑暗了……

这首新乐曲演奏完毕后，除了尼古拉斯亲王，很多人没有听懂乐曲的含义，甚至不知道这到底是什么音乐。

第二天，尼古拉斯亲王就下达了一条命令：所有乐队成员，准许离开埃斯特哈萨宫殿，返回艾森斯塔特宫殿与家人团聚！

尼古拉斯亲王不愧是音乐艺术的忠粉，他听懂了海顿这首交响曲隐藏的含义，也真正理解了这首交响曲终章要表达的内容，那就是乐队成员的渴求：回家。

当然，这也与海顿对尼古拉斯亲王的喜好、理解力等了如指掌有巨大关系。尼古拉斯亲王不仅理解了乐曲中的请求，而且十分慷慨地同意了，并为这部乐曲起名为《告别交响曲》。

这一轶事，让海顿真正成为众人（尤其是这批乐师）心目中的"海顿老爹"。

亲王宫殿中的歌剧季

尼古拉斯亲王是一个热爱音乐的人，从 1762 年继位开始，就对乐队极为慷慨。同时，尼古拉斯亲王还格外偏爱戏剧，因此在修建埃斯特哈萨宫殿的时候，也建造了对应的剧院。

1766 年，埃斯特哈萨宫殿一期工程完成后，宫廷重心就已经转移到该宫殿，同时对应的剧院也开始动工，并于 1768 年建造完成。

在此期间，海顿已经被任命为乐长，因此除了原本的工作任务，还需要满足亲王对戏剧的需求。当然，海顿有针对性创作的就是歌剧。

虽然对应的剧院还未修建成，但歌剧作品不能少，所以海顿相应地创作了几部传统歌剧。例如，海顿在 1766 年创作的歌剧《爱歌唱的人》，在 1767 年于匈牙利的普雷斯堡进行了公演；

1768年创作的《药商》,则在1768年埃斯特哈萨宫殿的剧院落成启用之时进行了公演;1769年创作的《渔女》,则在1770年玛丽亚公主的结婚庆典日进行了公演。

1773年,海顿创作的歌剧《不忠的欺骗》在埃斯特哈齐公爵遗孀命名日进行了公演;同年秋天,玛丽亚·特蕾莎女皇访问埃斯特哈萨,《不忠的欺骗》再次上演,同时在木偶剧场上演了海顿的木偶剧《菲利蒙和鲍西斯》;1775年,有公爵访问埃斯特哈萨,海顿的新歌剧《不期而遇》上演。

海顿成为宫廷乐长之后,一直有创作歌剧。只是在1766—1775年期间,海顿作为乐长的主要职责是创作和表演各种音乐,歌剧只是附带。

从1776年开始,尼古拉斯亲王的兴趣向歌剧转移,对歌剧新作的需求大幅度提高,这使得海顿这位乐长不得不也将工作重心转移到歌剧,负责歌剧的配乐创作、表演指挥等工作。

1776年,尼古拉斯亲王决定在埃斯特哈萨定期组织歌剧季,每个歌剧季从2月持续到11月,这就要求海顿将自己的创作重心转移到歌剧,还需要寻找和挖掘保留剧目和作品,并负责为乐队配乐、排练剧目、指挥演出等工作。

埃斯特哈萨的歌剧季,从1776年一直持续到尼古拉斯亲王去世的1790年。在此期间,海顿创作了很多部歌剧,而且承担了很多著名戏剧作品的谱曲工作。

海顿的歌剧创作一直持续到了1783年,而且歌剧风格和特点,需要满足尼古拉斯亲王不断变化的喜好。需要说明的是,海顿对歌剧创作的艺术情趣和亲王有所不同。

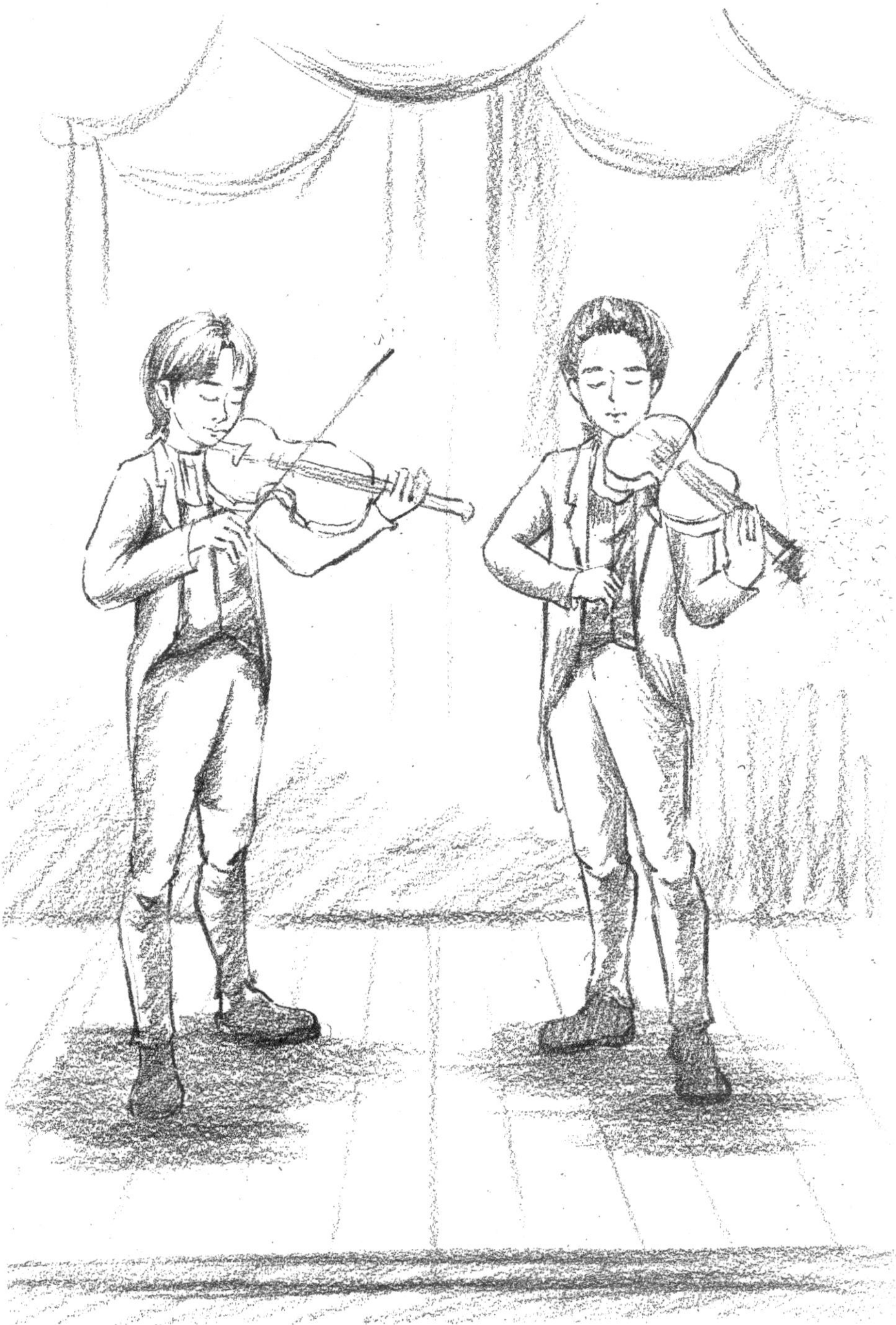

海顿虽然在创作乐曲时更喜欢创新，但对歌剧而言，他更喜欢创作严肃、庄重类型的。

从海顿担任乐长期间创作歌剧的整个过程就能看出，他创作的歌剧类型一直在向自己的喜好靠拢。前期，海顿创作的歌剧中滑稽场面和讽刺场面较多，喜剧意味浓厚；中间一段时间创作的歌剧，则属于半严肃歌剧，剧中插入了一部分滑稽场景和场面；而到了后期，海顿创作的歌剧完全蜕变成严肃剧。

1783年，海顿创作的《阿尔米达》就是标准的严肃剧，其中没有任何滑稽场面，人物也较少，乐曲和伴奏采用的手法也更加传统，更被海顿认为是他创作的歌剧中最好的。

然而，尼古拉斯亲王更喜欢不太严肃、不太庄重的歌剧风格，因为海顿前期创作的歌剧还有一定的滑稽剧特征和场景，所以尼古拉斯亲王在埃斯特哈萨歌剧季，时不时会添加海顿的新作歌剧。

但从1783年开始，海顿创作的歌剧已经和尼古拉斯亲王喜欢的风格迥异，所以尼古拉斯亲王就不再让海顿创作更多的正剧。

因此，从1783年到海顿不再服务亲王家族的这段时间，海顿都没有创作新的歌剧作品，这也使得海顿能够将更多的精力投入乐曲创作中。

创作重焕生机

海顿是一个容忍度很高的男人,性格正直又善良,同时幽默又乐观,脾气很好。这也是海顿和脾气暴躁的玛丽亚·安娜一直维持着岌岌可危的婚姻关系的一个原因。

到了1779年,海顿已经服务埃斯特哈齐家族将近20年,成为拥有官衔的乐长也已十几年。

1761—1779年,海顿以音乐仆役的身份度过了辛酸的18年。同时,他已忍受那无以言表又无可奈何的失败婚姻长达19年之久。

即使海顿是一个拥有超强忍耐力的人,在长达19年的失败婚姻的摧残下,也已经精疲力尽,这毫无感情可言的羁绊,更是让海顿的创作灵感几近枯竭。

1779年,尼古拉斯亲王招聘了一对意大利夫妻,让他们加入了海顿的管弦乐队。

这对意大利夫妻,丈夫是一位小提琴手,名为安东尼奥·波尔杰里;妻子则是一位女中音歌手,名为露易莎·波尔杰里。两人刚刚结婚不久,露易莎也才十九岁。

虽然两人是尼古拉斯亲王从意大利招聘来的,但是他们俩并不是一流艺术家,音乐才华只能用平平无奇表示。所以尼古拉斯亲王仅仅签了两人一年,就不再续签服务合同。

不过两人都没有离开埃斯特哈萨宫殿，而是继续留在这里一直工作到 1790 年。之所以两人没有离开，就是因为在海顿眼里，露易莎称得上是一位颇具魅力的女人。两人相似的家庭境遇，推动着彼此产生了强烈的感情。

在露易莎不再被续签之后，海顿向尼古拉斯亲王进言，成功恢复了他们的职务。

而且，为了露易莎能够更轻松地演唱，海顿还专门为她量身打造和修改了很多歌剧唱段，如将难度比较大的咏叹调部分修改得更简单些，并修改为适合露易莎嗓音的风格。

同时，两人之间的感情还为海顿带来新的创作灵感。

从 1768 年开始，海顿开始基于自己的兴趣创作更加完善且成熟的弦乐四重奏。1772 年，海顿的《六部四重奏》将弦乐四重奏推向了一个巅峰，但是自此之后，海顿就进入长达将近十年的创作间歇期。

估计这和海顿繁忙的职务有关，尤其是 1775 年之后，海顿就开始将创作重心逐步转移到尼古拉斯亲王越发感兴趣的歌剧方面。同时，这也和他极为失败又无可奈何的婚姻有关。试想，作为一个音乐艺术家，本来应该借助优美的爱情创作更多富含情感的乐曲，但海顿的灵感和情感，估计完全被凶悍的玛丽亚·安娜榨干了，因为玛丽亚·安娜的眼中只有钱。

直到 1781 年，海顿才重新焕发出生机，创作并出版了《六首弦乐曲》。这部作品的风格明显发生了改变，并成为古典主义时期的开端。

而此时，露易莎正在海顿身边。

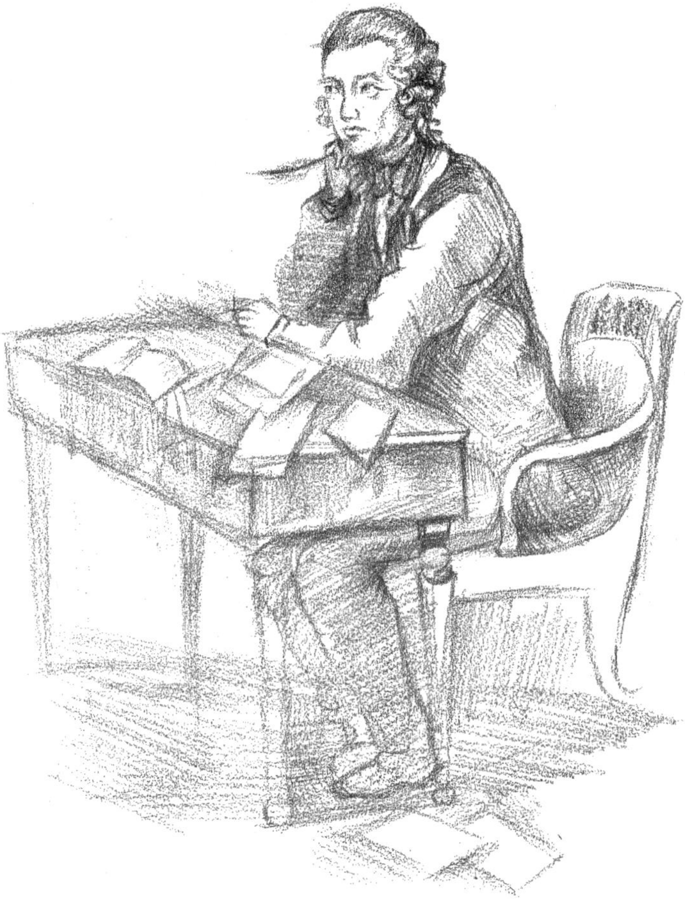

从海顿的角度来说，情感的顺畅和宣泄，自然而然能够让他重新焕发生机。这部古典主义时期的开端作品，用显而易见且极为自然的手法，融合了博学和潇洒的风格，而且极具大众化和简单化特征，同时又具备海顿式幽默。

当然，海顿和露易莎并没有拥有完美的结局。1790年，露易莎的丈夫病逝后，露易莎就回到了家乡意大利，海顿并没有将她留下。

亲王的补偿

1779年初，在海顿服务埃斯特哈齐家族的第十八年，海顿迎来一次来自尼古拉斯亲王的回报，这也许是尼古拉斯亲王对海顿工作的肯定，也许是尼古拉斯亲王对海顿越发增多的工作内容的补偿。

反正尼古拉斯亲王给了海顿更多的机会，在海顿与亲王家族的聘用协议续签多次即将到期的时候，海顿签署了一份更有利于他发展的协议。

当然，这份协议延续了原本协议中的一些内容，尤其是关于亲王面子问题的内容。例如，乐长作为宫廷官员，行为举止需要符合规范；作为虔诚的天主教教徒，行为举止必须符合教义规范。

又如，乐长需要时刻满足亲王的音乐需求，不论亲王何时何地需要音乐，乐长都需要满足，且不能随意离开宫殿。

再如，作为乐长和官员，需要对乐队成员客气有礼，保持和蔼与礼节。

虽然海顿作为乐长依旧属于音乐仆役，但是对海顿最为重要的一项协议内容发生了改变。

之前的协议明文规定亲王享有海顿创作的作品的所有权。也可以理解为，在这份新协议之前，海顿对他创作的所有作品都没有所有权，不论是版权还是处理权。而在新协议中，这条明文规定消失了。也就是说，从此之后，海顿作品的版权真正属于他自己了。

从这份合同中的一些条款可以看出，海顿和亲王之间的关系发生了微妙的变化，至少作为乐长的海顿，在乐队中的地位有了很大提高，职位也更加稳定，亲王对他的态度也越发平等。

这样一份对海顿有巨大优势和机会的合同，带给海顿最大的好处，就是海顿终于拥有了对自己创作作品的所有权和支配权。这意味着，海顿能够自主决定出版或者不出版自己的作品。

当然，在1779年之前，海顿的很多作品也出版过。但是，在新协议签署之前，海顿的所有创作和表演都属于埃斯特哈齐家族。市面上出版的海顿的作品，其实都属于非法翻印，也就是如今所谓的盗版。

1779年之前，唯一由海顿授权出版的作品印刷本，是1774年出版的六首钢琴奏鸣曲，而且这六首乐曲均是海顿献给

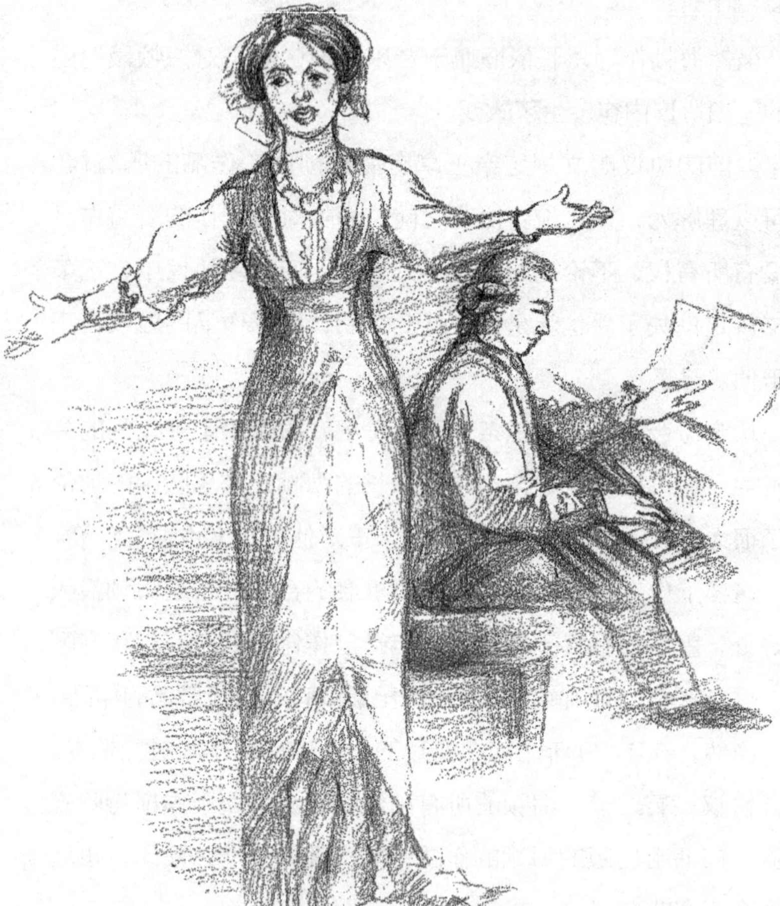

尼古拉斯亲王的作品。而市面上的其他出版物，都未经海顿允许，甚至海顿都不知道作品被出版。

因为当时的音乐出版圈比较乱，所以当时的很多音乐家不愿意将自己的音乐作品印刷出版，而是雇佣职业的抄谱手，将作品抄下来进行售卖，海顿也是如此。

但从1779年起，海顿开始正式和出版行业合作。1778年，阿塔里亚音乐出版公司成立，并建立了音乐出版业务，之后该公司成了海顿音乐作品的主要出版商。

虽然海顿在1779年之前并不享有自己作品的所有权，但这并未阻碍才华横溢的海顿成为音乐出版圈的红人。所以，海顿获得自己作品的所有权后，面对的问题并不是怎么寻找合适的出版商，而是是否拥有足够的作品来满足出版商的需求。

1779年之后，海顿出版了大量的作品，而且合作的出版商也不止一家，这一方面是因为海顿的确需要更多的稿酬和资金，另一方面则是因为海顿出版的这些作品，依旧会在埃斯特哈萨宫殿演出，亲王只需要欣赏到新作即可。

在尼古拉斯亲王的认知里，只要海顿没有妨碍做一位负责所有工作的乐长，那么他就不会去干涉海顿的其他事务。

就这样，海顿开始广泛接触出版商、委托人等，这也变相推动海顿的创作再次进入高峰期。有时候为了能够满足不同出版商或委托人对作品的需求，也会出现将同一个作品卖给不同的出版商的情况。

1779年之后，海顿开始大量出版音乐作品，就如同一个完全自由的作曲家、音乐家，不断创作、出售各种音乐作品，如钢琴奏鸣曲、钢琴三重奏、交响曲等。

随着多篇音乐作品的陆续出版，海顿的名声越来越大，而且在出版商的推动下，海顿的名声开始享誉国际，逐渐成为具有国际影响力的音乐名家。

交响乐作品的重新崛起

自从根据协议获得作品的所有权之后，海顿的作品就如雨后春笋般出版，而且海顿音乐作品的风格和特点，拥有很强的阶段性。

比如，1781年海顿在停笔近十年之后，再次创作了一批极具灵性的弦乐四重奏，而这批弦乐四重奏被海顿誉为是一种新风格和创新式作品。

当然，这批弦乐四重奏并非海顿绝对的创作风格转折点，而是在停笔十年之后的再一次风格展示，同时海顿在向世人宣告：弦乐四重奏的创作灵感，重新回来了！

1779—1785年，海顿创作和出版的作品有一部分受到了出版商的影响，如原本并不太受人关注的钢琴三重奏在此阶段成为时髦，海顿则借助钢琴三重奏又吸引了一波粉丝。

但对于海顿而言，1779—1785年出版的各类音乐作品，风格的变化特点并不是特别出彩。之所以会出现这种境况，其实和海顿在此阶段不得不将绝大部分精力投入亲王喜爱的歌剧创作有关。

1783年之后，海顿创作的歌剧和亲王的喜好出现了巨大差异，于是减少了歌剧创作工作，而这让海顿开始快速完善其音乐作品的风格。

随着多家出版商向海顿约稿数量的增加，海顿在音乐界的声望也在不断提升，这无疑为海顿提供了巨大的信心支撑。于是，享誉世界的交响曲又一次奏响在世人面前。

1785年，巴黎一个音乐组织委托海顿创作一批作品，其中最为亮眼的，就是海顿笔耕不辍用两年时间创作的六部交响曲，这六部作品合称为《巴黎交响曲》。

其实巴黎这个音乐组织的委托，对海顿而言，是机遇，也是挑战和突破。毕竟在此之前的几年间，海顿在亲王宫殿的日常工作比较单调，而且出版商多数的需求是钢琴三重奏、钢琴奏鸣曲。

当巴黎这个音乐组织的委托到来时，海顿终于有机会，再次展现其独具创新性的交响曲。1788年，巴黎的这个音乐组织再次委托海顿创作新品。

1785年之后，海顿创作的交响曲给了他再次向世人完美展现他音乐底蕴、音乐内涵和音乐格调的机会。这一批新创作的交响曲更加成熟，同时结构和风格也更新颖，无疑再一次为海顿音乐名家的名头起到添砖加瓦的作用。

莫扎特的献礼：《海顿四重奏》

1779年，海顿和尼古拉斯亲王重新签署了服务协议，这份协议的确让海顿拥有了更加广阔的发展平台，但同时使海顿十分忙碌。

其一，海顿需要完美地履行作为乐长的职责，这一点对于担任乐长已十几年的海顿而言还是比较轻松的，因为海顿对尼古拉斯亲王非常了解，完全可以摸到亲王的"脉"。

其二，为了挣钱，也为了展示自己的音乐才华，海顿开始应对日益频繁的外界委托，包括满足出版商的作品创作需求等。

其三，在应对忙碌的工作和频繁的委托之余，海顿还得不断跑维也纳，估计最直接的原因，就是当时维也纳有一位让海顿极为推崇的音乐天才——莫扎特。

莫扎特出生于1756年。1761年，仅仅五岁的莫扎特就已经开始作曲，并从1762年开始，他已跟随父亲和姐姐开始了为期十年的旅行献演生涯。

莫扎特在1764年就已经出版了自己的第一部作品集，那年他才八岁。同年，莫扎特创作了自己的首部交响曲。该作品的面世，如海顿一样也受到了巴赫儿子的影响。

1771年，十五岁的莫扎特在旅行献演之余，回到了自己的家乡——奥地利的萨尔茨堡。恰好这一年，莫扎特在家乡观看交响曲演出时，聆听到了海顿创作的交响曲，一时间莫扎特就被海顿的才华迷住了。

也就是说，虽然莫扎特和海顿在1771年之前根本不相识，甚至连一面之缘都没有，但莫扎特已经开始向这位才华横溢的前辈学习了很多东西，如莫扎特在此阶段创作的交响曲，就和海顿的交响曲在结构、风格上如出一辙。

1773年，莫扎特创作了几部弦乐四重奏，其采用的手法和风格，同样借鉴了海顿在1775—1777年间创作的首批弦乐四重奏的精髓。

1772年，年仅十六岁的莫扎特被雇佣为萨尔茨堡的宫廷乐师，结束了长期的旅行献演生活。其比海顿幸运的是，莫扎特仅维持了九年的宫廷乐师生涯，1781年，他就脱离了对宫廷的依赖，成为真正意义上自由的音乐艺术家。

不过，莫扎特也没有摆脱残忍现实的蹂躏。1781年，莫扎特来到维也纳，并居住在未婚妻家中，开始了长达十年的创作、卖稿、养活家庭的日子。

巧合的是，莫扎特在维也纳谋生活时，海顿带着乐队在维也纳演出。这让两位相差二十多岁的音乐家得以谋面并相识。

虽然1781年是两人的第一次见面，但两人一见如故，成为忘年交。海顿此时已经和亲王签署了新协议，所以拥有了更多的自由时光。

这让海顿能够借到维也纳参加音乐艺术活动的机会，和莫扎特见面、交流、畅谈、切磋技艺等。

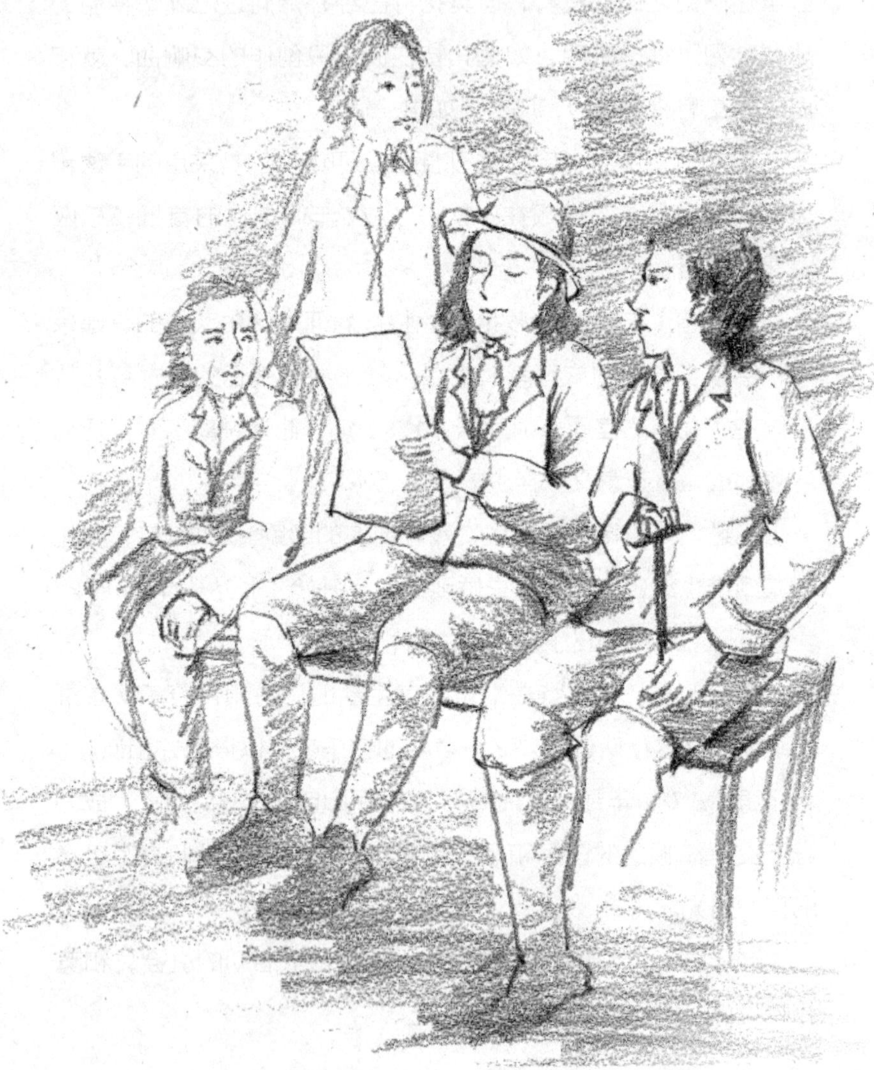

1781年，海顿为了满足出版商的需求，在停顿了近十年之后，重新开始创作一批新的弦乐四重奏，后被称为《六首弦乐曲》。

莫扎特作为音乐天才，以及自由音乐艺术家，自然也受到了这批作品的影响，他学习了海顿更加成熟的作曲手法和风格。

1773年，莫扎特借鉴海顿的手法和风格，创作了弦乐四重奏，之后沉淀了十年有余，又汲取了1781年海顿新作的手法和技巧，最终于1785年创作了《海顿四重奏》。

说起来，莫扎特的新作其实在1785年初就已经完成，而且恰好这个时候，海顿在维也纳停留，还到莫扎特的住所去探望他，同时莫扎特的父亲也来维也纳看望儿子。于是，海顿和两代莫扎特交上了朋友。

莫扎特将自己创作的六首四重奏中的三首，在海顿面前进行演奏，海顿非常欣喜。面对老莫扎特时，更是没有丝毫吝啬对这位音乐天才的赏识和夸赞。

海顿称莫扎特是自己认识的人当中最优秀也最伟大的音乐家（当时莫扎特仅二十九岁）。同样，莫扎特对海顿也极为尊崇，甚至将这六首四重奏，以一封长长的感谢信——献辞的方式，献给了海顿，并取名为《海顿四重奏》。

据说，1785年海顿与莫扎特分享音乐时，莫扎特还和海顿开起了玩笑。莫扎特开玩笑说，海顿虽然钢琴演奏水平很高，但他创作的一首新曲，海顿肯定完不成。

海顿虽然认可莫扎特的实力和才能，却不信自己完不成曲目的弹奏，于是不服气地现场演奏起来。可在中间部分的确有一个音符无法弹出来。

莫扎特笑着坐到钢琴前，等到那个无法用手弹奏出来的音符时，迅速低头用自己高耸的尖鼻子点在了那个音上。原来，是莫扎特临时添加的一个音符，莫扎特有着天生高耸的尖鼻子，而海顿没有这个条件，这也成了发生在两人之间的一件趣事。

尤其是在1785年之后，海顿和莫扎特两位音乐界的天才，都视对方为知己。莫扎特创作的《海顿四重奏》，不仅是对"海顿老爹"的认可，还是对两人友谊的见证，更是献礼。

● 无瑕的异性友谊

海顿与莫扎特的友谊，缘于两人非常相似的经历，尤其是两人都曾服务于宫廷乐队，虽然角色不同，但是处境是相同的——看似风光，实则为音乐仆役。

同时，两人还均有一段被残忍现实蹂躏的时光，只是海顿被残忍现实蹂躏是在成为音乐仆役之前，而莫扎特被残忍现实蹂躏是在摆脱音乐仆役身份之后。

正是这种相似的经历，让才华横溢的海顿和有音乐天才之誉的莫扎特成了忘年交，彼此守护，友谊长存。海顿对莫扎特的才华极为追捧，莫扎特对海顿极为尊敬，视海顿为他的老师、他的"海顿老爹"。

其实海顿在这段时期，除了获得了莫扎特这位音乐天才的友谊，还获得了一位异性粉丝的友谊。

1789年，海顿收到了一封信。这封信是尼古拉斯亲王的私人医生的夫人——玛丽安妮·冯·根金格所写。

两人的相识，源自海顿随亲王到维也纳根金格医生这里就医。根金格夫人弹的一手好琴，自然对海顿这位宫廷乐长知之甚详。

后来根金格夫人选了海顿的一部交响曲，对其中的乐章进行了改编，然后将改编的乐章以写信的方式寄给了海顿，期望海顿能够斧正，同时表达了以后能够在维也纳继续面见海顿的期望。

就这样，海顿和根金格夫人之间开始了长久的通信。海顿内心的孤独与根金格夫人家庭的温馨形成了鲜明对比，尤其是根金格夫人对音乐艺术的喜爱和尊敬，让海顿极为感动。

于是，每一次到维也纳，海顿都会造访根金格夫人家，家乡的美食、绕膝交流的天真的孩子，都让海顿冰冷的内心更加温暖。两人成为真正的异性知己，维系着无瑕又长久的友谊。

海顿和根金格夫人的友谊，之所以能够长久维系，一方面是因为海顿自己家中那位夫人的的确确让他极为失望，玛丽亚·安娜眼里只有钱，根本不会在乎海顿的音乐，而且两人还没孩子。另一方面是因为根金格夫人懂海顿，她喜欢音乐，爱好艺术，尊重艺术，属于真正被海顿才华征服的崇拜者，甚至主动联系了海顿，这自然让海顿感觉找到了知己。

根金格夫人对音乐的爱,让海顿找到了抒发自己情感的渠道。两人来往的信件,也成为他们纯洁友谊的见证。

海顿在写给根金格夫人的信件中,不止一次表露了自己的思想和感情,而且将他在与世隔绝的豪华宫殿里所承受的寂寞和没有朋友的感受,一股脑儿告诉了根金格夫人。

正是因为根金格夫人懂海顿,所以根金格夫妇会邀请海顿参加他们举办的音乐之夜,这让海顿获得了足够的精神慰藉。

同时,海顿也会将自己创作的新作品邮寄给根金格夫人进行欣赏和学习,甚至在1790年,海顿还创作了一首钢琴奏鸣

曲献给了根金格夫人。这首钢琴奏鸣曲，也是海顿作品中最成功的一部奏鸣曲，即《降E大调奏鸣曲》。

1790年6月底，海顿在写给根金格夫人的信件中，表达了自己对命运越发的不满，恰好当时在海顿心目中占据重要位置的那位有魅力的女人——露易莎也回到了意大利，所以海顿感觉自己连唯一的女朋友都没有了，即使算有，也离得非常遥远。

正是这种源自内心深处的感受，使得海顿极为珍惜与根金格夫人的友谊，他期望根金格夫人不会忘记他。根金格夫人并没有让海顿失望，她甚至保留着与海顿的所有来往信件。令人遗憾的是，根金格夫人在1793年去世了，这份珍贵的友谊，仅仅维持了四年。

第五章

独立乐人——久违的自由

退休的海顿

就在海顿以书信的方式向自己的异性知己根金格夫人抱怨命运后不久,自己的老东家——尼古拉斯亲王在1790年9月病逝了。

海顿以音乐仆役的身份为埃斯特哈齐家族服务了将近三十年,而且海顿需要遵循协议的要求,履行自己的责任和义务,这也使海顿在豪华的宫殿之中显得极为孤独。

不过,尼古拉斯亲王对海顿的确没的说,不仅给予了海顿生活上的保障,年薪不断提高、创作极为自由,而且为海顿这位宫廷乐长设立了终身退休金,即从海顿退休开始,每年依旧可以获得1000盾的退休金。可以说,这为海顿未来的生活提供了巨大的经济保障。

尼古拉斯亲王去世后,安东亲王执掌了家族。虽然安东是尼古拉斯亲王的儿子,但是他并没有继承尼古拉斯亲王对音乐的爱好。

于是,安东亲王直接遣散了宫殿中的管弦乐队。当然,安东亲王对海顿这位音乐家比较客气，保留了海顿的乐长职务，而且允许海顿继续留在宫殿中。只不过海顿的乐长职务完全变成了闲职，因为安东亲王并不喜欢音乐，所以海顿根本不需要负责宫殿的音乐事务。虽然海顿不需要干活，但是依旧能够从安东亲王那里得到一笔附加年薪。

海顿此时已经五十八岁，身体依旧健康。继续担任乐长职务，可以享受到原本没有的自由，这让海顿得以重回维也纳。

毕竟，维也纳是海顿崛起之地，也是音乐之都。这里有海顿的朋友们，更有海顿渴求的各种音乐活动。

即使在尼古拉斯亲王时期，海顿也常到维也纳表演，他的很多作品都在维也纳表演过。因此，回到维也纳，让海顿有极强的归属感。

1790年10月，海顿退休了！他已经声名远扬，他决定迁回维也纳，在维也纳享受生活，安度晚年，做一位真正拥抱自由的独立乐人。

● 与所罗门的缘分

海顿在维也纳休养生息的愿望很快就落空了。回到维也纳后，海顿与一位朋友一起找到了一幢住宅，可没住几天，海顿平静的日子就被打破了。

1790年10月的某天，海顿刚刚在维也纳安顿没几天，就

走近大音乐家

有一位伦敦的小提琴家——约翰·彼得·所罗门,找上了门。所罗门是伦敦的一位著名的小提琴手。同时,他首要的身份是音乐会的一位经理。

所罗门和海顿素未谋面,甚至可以说本就是两个陌生人,但是这并未影响所罗门直接到维也纳海顿新安的家中找他。而且,所罗门和海顿的缘分,就在这一次见面时开始了。

所罗门本来在德国活动,旨在寻找能够支撑下一年度音乐会活动演出季的音乐家,当他听到尼古拉斯亲王去世的消息后,很快就敏锐地意识到,这是自己的一次机会。

于是他马不停蹄地来到了维也纳,并通过自己的人脉关系找到了海顿的住所,并前往拜访,他开门见山地向海顿说出了此次拜访的目的:专程且诚挚地邀请海顿前往伦敦出席音乐会。

其实,早在海顿获得自己作品所有权并开始广泛出版自己的作品前,他的名声就已蔓延到整个欧洲(当然,靠的其实是那些盗版的作品)。

当海顿获得自己作品的所有权并正式出售作品时,他在整个欧洲乃至世界上的名声迅速得到提升。因此,1780年之后,有很多策划组织者,期望海顿能够接受邀请,到英国伦敦表演或出席音乐会。

比如,1782年,伦敦的阿宾顿伯爵就邀请海顿前往英国出席音乐会;1785年,《伦敦日报》也呼吁海顿还不如到伦敦发展,以摆脱"暗无天日"的宫廷生活;1786年,海顿将自己的一批作品寄给了一个专业音乐会组织,之后就有多个音乐会组织、出版商,邀请海顿到伦敦去发展。

但是,海顿感恩于尼古拉斯亲王,一直遵循着与亲王家族的协议,并没有接受任何邀请,所以上述的多次邀请、呼吁都未能如愿。

而此次所罗门的邀请,恰好卡在了尼古拉斯亲王去世、海顿与亲王家族的捆绑不再紧密、海顿退休并获得了真正的自由之时。而且,所罗门给予了海顿非常丰厚的报酬,所以,这一次海顿答应了。

据说,此次所罗门邀请海顿前往伦敦,是让海顿为即将到来的音乐会创作一部歌剧、六部交响曲以及二十首其他音乐作品，同时要亲自担任指挥。

所罗门会为海顿安排专场演出，并将专场演出的收入全部交给海顿，而海顿创作的作品也能够获得对应的收入，总体算下来，差不多得有5000盾（当然，伦敦方会以英镑结算）。

除了所罗门，还有其他几方也邀请了海顿，只是所罗门给予的报酬的确非常丰厚。因此，海顿没有任何犹豫，直接选择了前往伦敦。

心痛：知音的离世

从海顿离开埃斯特哈萨宫殿搬到维也纳休养生息，到海顿明确接受所罗门的邀请，中间其实有大约两个月的时间。

在此段时间，海顿获得了真正的自由，所以经常到自己的红颜知己根金格夫人家中做客，同时经常与定居在维也纳的音乐天才莫扎特相聚，或者与莫扎特一起到共同的音乐家朋友家中演奏乐曲。

可以说，海顿在脱离亲王家族之后，过得非常自在。当海顿的朋友们得知海顿受到了所罗门的邀请，而且海顿还非常有意前往伦敦参加音乐会之后，纷纷劝说他。

毕竟，海顿此时已经五十八岁，而且前往伦敦必然需要长途跋涉，因此朋友们都劝说海顿最好能够三思。

作为海顿的知音,同时师从海顿,并对海顿极为尊敬的音乐天才莫扎特,很小就随着父亲和姐姐进行旅行献演,自然清楚旅途的艰辛。

所以,莫扎特一直竭力劝阻海顿前往伦敦。不过,海顿去意已决。直到海顿临近出发伦敦的前几天,莫扎特依旧在不停地劝阻。

莫扎特亲切地称呼海顿为"老爹",并提出了自己的担忧:

毕竟年岁已经不小，还语言不通，而且海顿之前多数时间又工作生活在亲王宫殿中，对外面的大千世界根本就不熟悉。

海顿则宽慰着莫扎特，毕竟他的很多作品早已在伦敦出版，音乐作为一种世界性的通用语，完全不需要特定语言进行沟通，仅凭音乐本身的魅力就能够表达情感。

另外，海顿也清楚地知道自己的身体，虽然年岁较大，但是健康状况一直良好，而且所罗门已经安排好海顿到伦敦之后的各种行程与生活，海顿认为自己不会太过辛苦。

莫扎特依旧非常担心，害怕就此一别，就再也无法见到海顿。莫扎特和海顿最后一次见面，是在一次本来非常愉悦的晚餐时间。莫扎特很担心海顿的身体，毕竟海顿已经不再年轻，他认为海顿到伦敦坚持不了太久，就会重回维也纳。海顿则认为，自己身体健康，情绪也非常高涨，同时不再需要小心翼翼地维持亲王家族的面子和礼仪，也不再需要满足亲王的音乐活动需求，所以精力会非常充沛。

就这样，海顿与莫扎特分别了。本来，莫扎特担心的是，海顿已经年迈，长途跋涉艰辛，两人此次分别很可能就再也无法见面了。

但是，让人无法想到的是，这一次晚餐的确是两人的最后一次见面，只不过与莫扎特的担心不同，旅途的劳顿海顿承受下来了，可是比海顿年轻二十多岁的莫扎特，却在1791年底，因为病重离世了。

当时，海顿正逗留于伦敦。在知晓莫扎特去世的消息时，海顿心痛不已,仿佛天都黑了,因为他在这个世界上的知音,先他一步离世了。

● 伦敦演出,名满欧洲

在海顿告别莫扎特前往伦敦之时,海顿并没有太多的担忧,更多的是莫扎特对海顿老爹的关怀。

1790年12月中旬,海顿和所罗门一起开启了海顿的伦敦之旅。经过一个多月的长途跋涉,终于在1791年2月,海顿第一次来到了英国伦敦。

在伦敦,海顿度过了将近一年半的生活,参与和出席了所罗门所在音乐组织的系列音乐会。整个系列音乐会分为两季:一季从1791年3月持续到了6月,另一季则从1792年2月持续到了5月。另外,1792年6月有一次额外的音乐会。

将近一年半的时间,海顿这位出身奥地利乡下、没有见过太多丰富多彩的世界的音乐家,可谓过得忙碌又充实。

海顿在伦敦的时间,不仅出席了所罗门的系列音乐会,而且参与了多次义演音乐会。除此之外,海顿在伦敦的知名度极高,一些其他组织也向海顿发出了邀请,和蔼又善良的海顿没有拒绝这些邀请,欣然参加了这些组织的音乐会。

而且,海顿首次来到伦敦,自然要以一位宾客的身份好好了解一下伦敦。即使语言不通,但音乐无国界,海顿可以用音乐与伦敦的音乐家交流、沟通。

在两季音乐会的间隔时间，海顿还不忘给自己增加了一项工作，就是在伦敦的乡下不断收集和改编民歌，而这也成了退休后海顿的一项重要工作。

另外，海顿既然答应了所罗门的邀请，那所罗门提出的需求自然也要满足，即在音乐会期间，需要创作一部歌剧、六部交响曲、二十首其他音乐作品。

虽然海顿是位极高产的音乐家和作曲家，但也不可能在短短几个月创作出这么多全新的作品。所以在第一季音乐会期间，海顿只拿出了两部新的交响曲，其他表演曲目则是旧时所创。

海顿在伦敦参加的这两季音乐会，当然不只邀请了他一位著名的音乐家和作曲家，即使以如今的眼光来看，当年的音乐会节目也极为丰富多彩。

但海顿在这两季音乐会上，真正做到了力压群雄，在诸多优秀音乐家和作曲家、演奏大师和指挥家面前，确立了自己在音乐界的地位，可谓再一次誉满伦敦、名动欧洲。

海顿在这两季音乐会上的表演，均有流传于后世的轶事发生。在第一季音乐会上，是海顿首次到访伦敦，也是海顿出席音乐会的首演，作为指挥，海顿一上台就引爆了全场。

海顿带给第一季音乐会的首演，是他到伦敦之后创作的首部交响曲。因为这是海顿的首演，很多海顿的仰慕者，都渴望能够清晰地看到海顿大师的真容。

海顿

所以在首演的剧场，无数观众向剧场前方涌动，但这时意外出现了，因为过分拥挤，好像整个剧场都开始晃动，原本悬挂于剧场屋顶的一盏极为巨大的吊灯，就在剧场的晃动中掉落下来了。

令人没想到的是，这盏掉落的吊灯没有砸到拥挤的观众席上的任何一个人，观众纷纷表示这就是一个奇迹，所以当时海顿演奏的那部交响曲，被称为《奇迹交响曲》。

而在第二季音乐会上,同样发生了一件轶事,同时表现出了海顿幽默又调皮的性格。第一季音乐会让海顿真正为伦敦的各权贵、音乐家熟知,所以在第二季音乐会上,有更多的听众欣赏他的演出。

在这批听众中,有一部分其实是对音乐毫无兴趣、对音乐艺术也丝毫不懂的绅士、淑女,尤其是那些淑女,完全将音乐会当作难得的社交场合。

因为她们根本不懂音乐,也对音乐毫无兴趣,所以在一次交响曲演奏过程中,第一乐章舒缓、安详的音乐,让绝大多数附庸风雅的淑女纷纷打起瞌睡。

当第一乐章的第一个乐句演奏完毕,后边是数个小节的重复音乐,这让那些附庸风雅的淑女更困乏了。但是重复的小节结束之后,原本舒缓、安详的声部瞬间提高了数个高度,宛如巨大的鼓声,响彻整个剧场。

这突如其来的声部变化,把那些附庸风雅的人吓了一跳,瞬间被惊醒。但是到第二乐章之后,整个曲子又变成了温文尔雅的古典慢拍。

这也使人们认为,在第一乐章中加入一个突如其来的变声,绝对是海顿故意的,他的目的就是吓人们一跳。虽然当时海顿已经五十九岁,但他骨子里的幽默和调皮,依旧如初。

于是,该交响曲结束之后,获得了一个非常好玩的名字——《惊愕》。

海顿

● 完全跳脱的社交达人

一位音乐才能极高，同时拥有善良、幽默、乐观个性的音乐家，却在幽暗又豪华的宫殿中，孤独创作，服务于埃斯特哈齐家族近三十年，可以想象到他内心的孤独和寂寞。

好在这一切在1790年终于结束了。海顿在五十八岁时终于摆脱了对亲王家族的依赖，成为拥有真正自由的独立乐人。

就在这个时候，一个外出旅行、见识外界风光的机会落到了海顿头上，可想而知，海顿是多么开心。

这也就解释了为什么年近花甲的海顿，兴冲冲地就冲向了英国伦敦，甚至完全放开了自己：不仅参加了所罗门的系列音乐会，而且应邀参加了很多其他音乐会，聆听和参与了很多音乐表演，更是让自己蜕变成了一位完全跳脱的社交达人。

在出席所罗门的系列音乐会之余，海顿还在伦敦参加了纪念作曲家亨德尔的音乐会。在这次音乐会上，当亨德尔的交响曲名作奏响之时，海顿激动地喊着："亨德尔是我们的先师！"然后如同一个孩子般，痛心地哭泣起来。

海顿之所以被称为"交响曲之父"，当然不是因为他自己开创了交响曲，海顿完全是站在了前人的肩膀上，才得到了这一美誉。亨德尔，就是引导海顿完善交响曲结构的音乐巨人之一。

几个月之后，海顿还应邀前往牛津，并在牛津举办了三场音乐会，最终得到牛津大学名誉音乐博士的头衔，海顿在英国的名气再次攀升。

就在第一季音乐会期间，海顿时常会接到各方的邀请，如前往当时英国的詹姆斯国王的宫廷参加舞会，出席当时威尔士亲王举行的音乐会。

还有很多剧场、音乐会、舞会、宴会、庆典等在不断发出邀请，海顿可谓来者不拒。在英国的亲王、贵族圈里，海顿得到了非常高的礼遇，完全变身为社交达人。

海顿还在两季音乐会期间，深入英国的乡下，收集和改编了一大批民歌，并在1792年初将采编的民歌进行了出版。

1791年夏天，海顿在伦敦抽空收了个学生，据说是一位德国著名作曲家的遗孀，名叫丽贝卡·史洛特。丽贝卡当年差不多三十岁，可以说极富魅力，而且作为著名作曲家的遗孀，还很有钱，属于标准的白富美。

丽贝卡在得知海顿来到伦敦后，主动找上门向海顿求教，显露出了对海顿无限的崇拜，而且经常邀请海顿去她家中做客。留存下来的两人的书信显示丽贝卡曾力邀海顿给自己上音乐课，而在当时的社会背景下，单独的音乐课，通常是谈情说爱的烟幕弹。

丽贝卡对海顿的爱意，没有丝毫遮掩。她在给海顿的信中，称呼很快就变成了"亲爱的"。也就是说，海顿在伦敦的音乐会期间，还收获了一段极为浪漫的爱情。

海顿在伦敦将近一年半的时间，可以说真正释放了自己的天性，温和、善良、幽默的个性展现得淋漓尽致，真正化身为一位完全跳脱的社交达人。

年近六十岁的海顿，在伦敦自由的环境中，并没有满足于出席音乐会和创作乐曲，还在这些工作之余四处应酬。有一段时间，海顿甚至因为应酬过多而劳累过度，导致身体出现不适。当时，丽贝卡还写信关怀，甚至日夜祈祷，并不断邀请海顿到自己的家中用餐。

桀骜的贝多芬与惜才的海顿老爹

1792年6月，在伦敦赚得盆满钵满、名声享誉英国的海顿，完美地结束了他的首次伦敦之旅。

海顿是沿着来伦敦的路返回的，途中路过德国的波恩，当时海顿已经名满欧洲，波恩的音乐界为海顿举办了一场盛大的欢迎式。

在这次欢迎式上，海顿接受了一位音乐天才的拜访，之后这位天才也接受了海顿的建议，前往维也纳并成为海顿的学生。

这位天才，就是贝多芬。贝多芬出生于1770年，当时去拜访海顿时，也才二十二岁。不过，贝多芬与维也纳的缘分很深，在1787年，贝多芬仅十七岁时，就前往维也纳，希望能够在莫扎特那里学习作曲。

很显然，贝多芬曾师从莫扎特学作曲。贝多芬当时询问莫扎特一部乐曲中独特的音符，而这部乐曲就是海顿无法演奏下来、莫扎特借助天赋异禀的鼻子演奏完成的乐曲。

莫扎特将自己和海顿老爹的那次轶事讲给了贝多芬，贝多芬第一次真正开心地笑了，而且贝多芬还给这种特殊的演奏法，起了个"莫扎特演奏技巧"的名字。

只是，贝多芬师从莫扎特的时间很短，因为贝多芬到维也纳不久，就接到了母亲病危的消息，所以不得不中断学习，急匆匆地赶回了德国波恩。

不料，这一次贝多芬与莫扎特的分别，竟成了永别。贝多芬在得知海顿前往伦敦并路过波恩之后，基于对莫扎特口中"海顿老爹"的崇敬，决定拜访海顿，渴望能够继续深造。

海顿在看到贝多芬创作的作品后，对贝多芬的天赋和潜质极为赞叹。在海顿的眼中，贝多芬的作品是一种打破枷锁、挣脱束缚、极尽向往自由的突破性音乐语言，带给了海顿极强的震撼。

不过，海顿作为一位音乐大师、作曲大师，自然很快发现了贝多芬的不足。比如，贝多芬在作曲技法方面基础不足，还需要重点塑造，只要补齐这个短板，贝多芬必将谱写出颠覆时代的伟大作品。

惜才的海顿，又一次化身"老爹"，他真诚地邀请贝多芬到维也纳跟随自己学习作曲，而且在邀请贝多芬的那一刻起，海顿就已经有了计划：将让自己受益匪浅的《艺术津梁》作为教授贝多芬的教材，以便为贝多芬奠定扎实的基础。

1792年7月底，海顿终于结束了伦敦之旅，回到自己的家

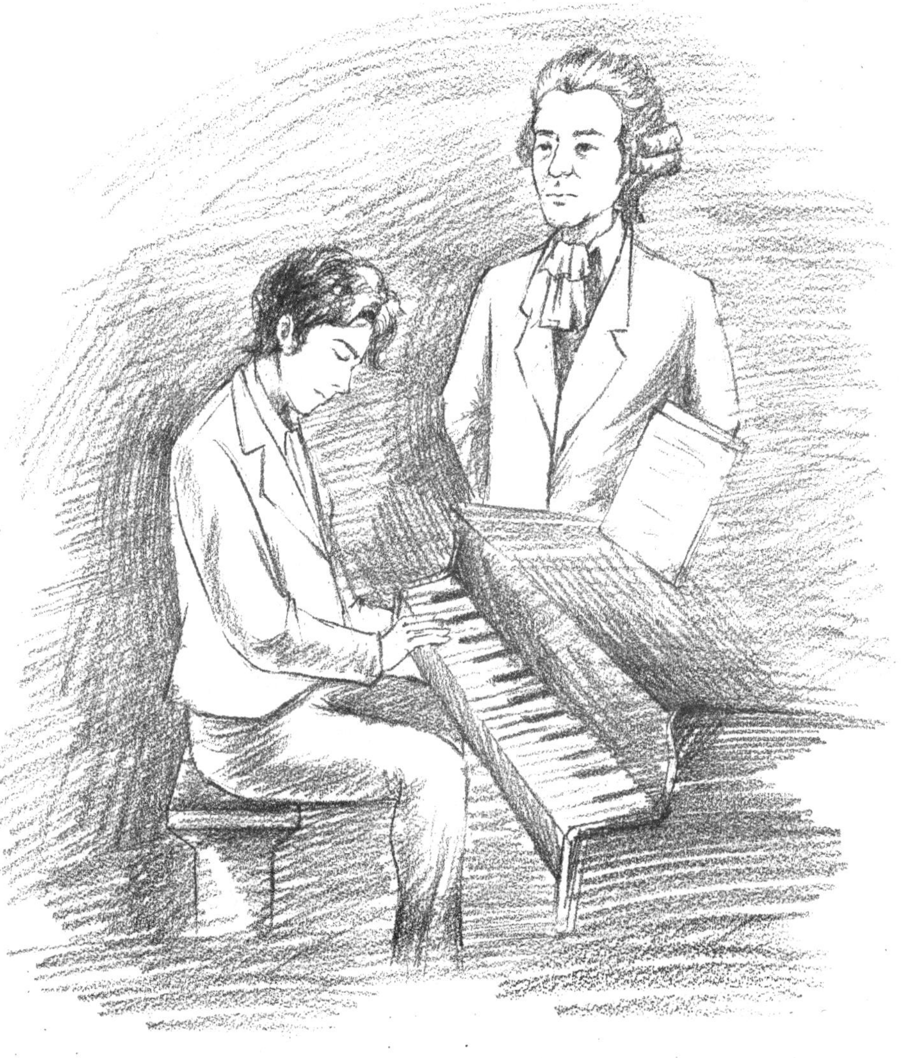

乡维也纳。1792年11月，贝多芬前往维也纳，开启了自己的深造之旅。

贝多芬成了海顿的学生。但是，贝多芬骨子里的桀骜不驯，也成了师生两人关系无法融洽的根源。最初，贝多芬诚心诚意向海顿求教，海顿虽年已花甲，但依旧尽心尽力指导。

可是，海顿和贝多芬在性格、秉性、天赋等方面的差异实在太大。虽然贝多芬师从海顿之后，每天都会准时到海顿家学习，并保持着对海顿的尊重，但是贝多芬骨子里的桀骜不驯依旧无法掩盖。

海顿在评判贝多芬的作品时，虽然难掩对作品亮点和创新的赞叹，但依旧感觉作品的风格难以被大众接受。为了能够帮到贝多芬，海顿以"贝多芬是海顿学生"为宣传点，想借此扩大贝多芬作品的影响力。

可是，海顿老爹的这份善意，却被贝多芬认为是海顿在嫉妒自己的才华。

其实，两人之所以无法融洽相处，很大原因就在于，海顿善于有步骤地教导贝多芬学习，而贝多芬天马行空的创意、渴求突破枷锁的意志，都让他感到海顿没有用心教。

于是，贝多芬在向海顿学习的过程中，也在寻找其他的音乐家教导自己。海顿则极为欣赏贝多芬的才华，即使知道贝多芬骨子里极为桀骜不驯，却依旧妥妥地承担着"老爹"的责任。

海顿曾借助自己的影响力和名声，将贝多芬介绍给波恩的选帝侯，并预言贝多芬必将成为欧洲伟大的音乐家。而在海顿又一次决定开启伦敦之旅时,他计划让贝多芬陪他到伦敦,以便为贝多芬创造更多的机会。

结果,由于两人相处并不融洽,桀骜的贝多芬和惜才的海顿老爹并未成行。1796年,贝多芬的耳疾症状开始出现,同时因其与海顿有些性格不合,所以两人尽管都住在维也纳,却很少再见面。

第二次伦敦之旅

1793年秋天,海顿从伦敦返回维也纳一年之后,所罗门又一次来到维也纳,并拜访了海顿,期望能够和海顿签署第二次出席伦敦音乐会的协议。

海顿虽然已经六十一岁了,但依旧欣然同意,并于1794年初出发,第二次前往英国伦敦。此次音乐会同样分为两季:第一季是1794年的春天演出季;第二季则是1795年的春天演出季。

所罗门作为音乐会经理人,活动嗅觉极为灵敏,海顿的第二次伦敦之旅离第一次仅隔了一年多,海顿对伦敦造成的轰动,余威尚存,因此,海顿的第二次伦敦之旅,再次掀起了音乐狂潮。

只是,从1794年开始,欧洲很多国家被卷入战争,所罗门虽然抓住了最佳的机会,但是这次音乐会也成了所罗门负责的最后一次音乐会。毕竟,在炮火连天的背景下,不会再有多少人能够安心地聆听音乐。

所罗门邀请海顿出席第二次伦敦音乐会，协议中的一项重要内容，就是需要海顿再创作六部交响曲，加上第一次伦敦之旅创作的六部交响曲，十二部交响曲组成完整的《伦敦交响曲》。

第二次伦敦之旅中演奏的曲目，有几部是海顿参加完第一次伦敦音乐会回维也纳后创作的，更多的则是在第二次音乐会的过程中创作的。其中最为知名的有两部：一部是以描述战争、人类在战争中悲惨的命运为主的交响曲《军队》；另一部则是表现内心欢快情绪、旋律宛如时钟走动的嘀嗒节奏的交响曲《时钟》。

也许，《军队》是海顿在看到欧洲陷入战火之后的感悟，展现的是海顿对残酷战争的认识；而《时钟》体现的是海顿对自由、对音乐的感悟，以及对自身乐思不断的倾诉。

海顿在第二次伦敦之旅，再次化身社交达人，不仅逛了各种音乐会、宴会、舞会，而且参加了英国亲王公主的婚礼。英国国王还真诚地邀请海顿留在英国，甚至为海顿准备了住所。

其实，海顿在第一次来到英国伦敦的时候，就想留在英国，只是那一次未能如愿。而这一次，国王的主动邀请，的确让海顿心动不已，可因为另一件事，海顿只能忍痛拒绝了国王的邀请，重新返回维也纳。

第六章

盛名下的高光晚年

尼古拉斯二世的邀请

海顿的第二次伦敦之旅,受到国王定居英国的邀请,自身又有定居英国的心愿,为什么最终还是选择重返维也纳?原来,海顿到伦敦后不久,尼古拉斯亲王的儿子安东亲王就因病去世了。

之后,安东亲王的儿子尼古拉斯二世继位。这位亲王是听着海顿的乐曲长大的,对音乐的兴趣远远高于安东亲王。所以尼古拉斯二世继位后,就亲自写了一封信给身处伦敦的海顿。

在信中,尼古拉斯二世期望海顿完成第二次伦敦之旅后,能够回到奥地利,重新掌管尼古拉斯二世组建起来的宫廷乐队,继续就任乐长职位。

海顿虽然从尼古拉斯亲王去世之后就成为独立乐人,享受着来之不易的自由,甚至在花甲之年出席了两次极具规模的伦敦系列音乐会,盛名高悬。

但是,海顿毕竟名义上依旧是亲王家族的乐队指挥,即使海顿退休了，依旧领着不菲的薪水。所以，海顿并未推辞尼古拉斯二世的邀请。

也许，海顿是念及亲王家族的旧情；也许，海顿同样期望再次指挥乐队、创作乐曲。不论是何缘故，海顿最终答应了尼古拉斯二世的邀请，重返维也纳。

当然，海顿接受尼古拉斯二世邀请的同时，提出了自己的条件，即不能常年居住在宫殿中，而是继续常住维也纳，尼古拉斯二世欣然同意。

其实在尼古拉斯亲王去世之后，远在匈牙利的埃斯特哈萨宫殿就被放弃，尼古拉斯二世将重心转移到了维也纳和艾森斯塔特宫殿。

海顿可以大部分时间留在维也纳，等到夏季的时候，前往艾森斯塔特宫殿待几个月就行。就这样，1795—1802年，海顿再次成为亲王家族的宫廷乐长。

虽然海顿已经是六十多岁的老人，但是创作激情没有丝毫衰退，只是创作重点与之前稍微有所不同。不论是尼古拉斯亲王时期的乐长，还是独立乐人时期的老爹，海顿创作的作品都以交响曲和弦乐四重奏为主。

但是尼古拉斯二世的兴趣，主要在宗教音乐方面，所以他要求海顿能够每年创作一部弥撒曲。担任了乐长，自然就需要负起对应的职责，所以此后的一段时间，海顿的大部分精力向宗教音乐和弦乐四重奏靠拢，而交响曲的创作，则进入搁置期。

短短七八年时间，海顿创作了六部极具感染力的大弥撒曲、两部著名的清唱剧，以及多首弦乐四重奏。

● 清唱剧《创世记》《四季》

因为尼古拉斯二世对宗教音乐感兴趣，海顿自然需要每年创作一部弥撒曲，但是海顿依旧有很大的精力创作其他乐曲。

海顿晚年创作的乐曲中，非常突出的宗教音乐作品就是他的清唱剧《创世记》《四季》。

这里不得不稍微说一说清唱剧，它属于一种宗教音乐作品形式。如果说弥撒曲是带有极为浓郁礼拜仪式和内容的作品，那么清唱剧就是带有故事情节和角色，但不需要舞台布景和表演的一种纯歌唱类作品。

也就是说，清唱剧有文字和情节，同时文字会匹配器乐曲，然后由歌唱者和器乐演奏者共同表现出来。而且，清唱剧的情节并非场景情节，而是根据乐曲需求编写不同的情节。

海顿晚年创作的这两部清唱剧的文字是由他的老朋友、奥地利皇家图书馆的馆长斯威腾男爵所作，两人早在1791年就认识了。

斯威腾的文学修养很高，清唱剧《创世记》就是海顿在第一次伦敦之旅时，受一段献给亨德尔的文字的启发，最终由斯威腾翻译文字、海顿创作乐曲，二人合力打造的。

1798年，清唱剧《创世记》先是以非正式的方式进行了首演，1799年才在维也纳公演。之后这部清唱剧就以燎原之势传遍了整个欧洲，成为风靡整个欧洲的作品。

清唱剧《创世记》的成功，自然引发了大众的需求，随即进行续编。于是，海顿与斯威腾再次联袂创作了享誉世界的第二部清唱剧《四季》。

《四季》是海顿创作的最后一部清唱剧，此时海顿已经六十七岁。因为该清唱剧的文字部分相较于《创世记》的文字，欠缺很多诗意，所以海顿为其谱曲时，可谓绞尽脑汁。

同时，这也让海顿感到自己的确越发衰老，甚至在谱写完《四季》之后，海顿开始发烧并且头疼，有时候还会出现谱曲的幻觉。从现代的评价标准来看，《四季》要比《创世记》逊色很多。

虽然海顿期望《四季》能够达到《创世记》的高度，但是结果不尽如人意。这两部作品的题材截然不同，《创世记》属于接近宗教题材的作品，而《四季》完全属于通俗题材的作品，讲述的是自然生活。

这也造成了虽然两部清唱剧属于前后接续的作品，但是乐曲风格、文字内容均大有不同，产生的轰动效果也截然不同。但无论如何，两部清唱剧的音乐都因展现了海顿这位作曲大师的独创性而经久不衰。

● 供养和崇拜中的遗憾

1795—1802年，海顿一直担任亲王家族的乐长，这段时期海顿的主要创作方向，除了弥撒曲和清唱剧，还有弦乐四重奏。

在海顿晚年创作的弦乐四重奏中，最为知名也最具代表性的就是《皇帝四重奏》。关于这部四重奏的第二乐章，海顿受到英国国歌的启发，为奥地利国王量身打造了特定旋律，而这部分旋律，后来被用于奥地利的国歌。

从1802年开始，七十岁的海顿感到自己的身体状况开始迅速变差，很多困扰他的疾病也开始快速恶化，以至于他的身体根本无法支撑他继续创作。

尤其是到了1803年，海顿开始出现头晕、腿部水肿等症状，以至于他根本无法集中精力再进行创作，甚至已经无法再演出。1803年12月,已经七十一岁的海顿最后一次在公众场合指挥演出,这也是海顿作为一名作曲家、音乐家,最后一次为公众献艺。

因为海顿的身体每况愈下,所以从1803年开始,埃斯特哈齐家族就不再让海顿奔波,也重新聘请了新的乐长,但是依旧在供养着海顿。

同时,"海顿老爹"的名气已经享誉整个欧洲,时不时就会有欧洲著名音乐节的负责人或艺术赞助商前来拜访,这些人无疑都对海顿极为崇拜。

1803年,海顿发表了最后一部作品。这是一部仅有两个乐章的弦乐四重奏,之所以仅仅创作了一半就发表了,是因为海

顿清楚地知道，自己已经无法完成这部作品了，他老了，已经写不完了……

无法进行创作，对这位极为高产的音乐家造成了重创。海顿本来还有很多新鲜的音乐创意，脑海中那如潮般的灵感一直在迸发。但是，海顿的身体和精力根本无法支撑他进行创作工作了。这对一个创作者来说，无疑是巨大的打击。

虽然1803年之后，埃斯特哈齐家族依旧供养着海顿，无数的荣誉包裹着海顿，海顿也一直受到各方的崇拜，但是那段时间，海顿过得并不开心。

海顿一直认为，音乐极为美妙，他还有很多的事要做，可他已经无力去实施，这无疑成了海顿晚年的巨大遗憾。

在海顿晚年，虽然有仆人一直在精心照料他，可巨大的孤独感和无力感，依旧让他无所适从，只能坐在钢琴前，反复弹奏他非常喜欢的《皇帝四重奏》，来寻找精神安慰。

欣慰的海顿老爹

1808年3月27日，海顿老爹马上就要七十六岁了。为了庆祝海顿老爹的七十六岁诞辰，海顿老爹的门生，以及维也纳乃至全欧洲能够赶来的贵族名流，纷纷聚集到了维也纳大学礼堂，为海顿老爹举行庆祝音乐会。

当海顿老爹拄着拐杖、在门生搀扶之下出现在礼堂时，整个礼堂爆发出经久不衰的欢呼声和掌声。

音乐会上，已经七十六岁的海顿老爹，聆听了《创世记》的上半场。在中场休息的时候，海顿老爹决定离开，这时，所有在场人员纷纷起立，面向坐在最后一排的海顿老爹致敬。

海顿老爹在门生的帮助下，颤颤巍巍立起了身子，并右手拄着拐杖，向所有人还礼。

最令海顿老爹欣慰的是，已经完全度过耳聋危机期、早已拥有极高声誉、谱写了一大批不朽的交响曲作品的贝多芬，也来参加了这次音乐会。

已经三十八岁的贝多芬，在海顿老爹即将退场时，缓缓走到海顿老爹面前，并单膝跪地，深情地吻了海顿老爹的手。这一吻，是贝多芬对海顿老爹的崇敬，同时是古典乐派传承者贝多芬向古典乐派奠基人海顿的深情告别。

海顿老爹看着即将步入不惑之年的贝多芬，异常欣慰，因为贝多芬的眼中，已经没有了年少时的叛逆、桀骜，更多的是对自己的感激和崇敬。

也许，在贝多芬的一生中，他所经历的各种苦难和坎坷，促成了他渴望打破枷锁、追寻自由的个性。虽然贝多芬师从海顿老爹的时间并不长，甚至在教学期间，两人的关系也并不是特别融洽，但是贝多芬的确从海顿老爹那里学到了补齐自身短板的知识，海顿也的确尽心尽力对贝多芬进行了教导。

两人的性格差异，曾一度让海顿老爹感到痛苦，直到海顿

走近大音乐家

第二次伦敦之旅结束回到维也纳,两人的关系依旧没有得到缓解。

但在 1808 年庆祝海顿老爹七十六岁诞辰的音乐会上,贝多芬的深情一吻,让海顿老爹感到了欣慰。相信,当时的海顿老爹,虽然垂垂老矣,但看着自己的门生越发优秀,甚至已经成长到与自己齐肩的地步,内心必然极为欢喜,而这个时刻,或许是晚年的海顿老爹最值得骄傲的时刻。

老爹的终曲

1809年，海顿老爹在维也纳的住处，默默度过了他的七十七岁寿辰。然而，没过几天，欧洲的战事蔓延到了维也纳，拿破仑的军队挺进了奥地利防线。

当仆人帮海顿老爹起床时，一颗散弹掉落到了海顿老爹的庭院，巨大的冲击震开了卧室门，所有的窗子都在晃动，这一刻，年迈的海顿老爹受到了巨大的惊吓。

但是，海顿老爹依旧竭力稳定自己的情绪，甚至大喊让孩子们不要害怕。这一整天，时刻不停的枪声一直响彻周边，海顿老爹虽然竭尽全力控制自己，但精神依旧受到了严重的打击。

在维也纳被攻破之后，海顿老爹的身体也垮了，他已经无法自己行走，吃药也无法控制他的病症。

唯一让海顿老爹受宠若惊的是，拿破仑在攻破维也纳之后，知晓了享誉欧洲的音乐家海顿老爹的住处后，专门派了警卫队到他家守护他的安全。

此时，海顿老爹真正理解了音乐的真谛，好的音乐作品，能够跨越政治、国度，乃至战争，甚至可以获得敌对方的尊重和保护，这是一种能够影响灵魂的艺术。

在最后的日子里，海顿老爹虽然行走不便，身体已垮，但是他依旧每天弹奏三遍《皇帝四重奏》，直到5月26日，海顿老爹在中午时分竟然连续弹奏了三次《皇帝四重奏》，他的状态良好，且极为深情。但是，这也燃尽了他最后一丝精力，这是海顿老爹最后一次弹奏自己创作的乐曲。

5月31日凌晨，虚弱的海顿老爹与世长辞，安详又安静，宛如老爹的为人。他用音符铺就的生命旅程，在这一刻画上了休止符，老爹这七十七年的人生交响曲，也终于圆满。

1809年6月1日，海顿老爹的遗体下葬；6月15日，海顿老爹的追悼会在维也纳的一所教堂举行，几乎所有维也纳艺术界的人士都参加了这次追悼会，给予了老爹最崇敬的哀悼。

在这次追悼会上，应海顿老爹的遗愿，奏响了他的忘年之交莫扎特创作的《安魂曲》，仿佛是在述说两个相互尊重的灵魂，终于得以相聚。

1732—1809年，海顿走过了七十七年人生路，他温和、善良的性情，热心、幽默的行事风格，让他成为人们心目中尊敬的"老爹"。

海顿的一生，创作了一百多首交响曲、八十多首弦乐四重奏、二十多部歌剧、五十多部钢琴奏鸣曲、十二部弥撒曲、八部清唱剧，以及数十部多声部合唱曲和近四百部改编歌曲……

海顿为交响曲的成型和完善，作出了无可比拟的贡献，同时为弦乐四重奏的发展奠定了扎实的基础，因此被誉为"交响曲之父""弦乐四重奏之父"。